WING **DAS ANLEITUNGSBUCH ZUM I GING**

易

R. L. Wing

DAS ANLEITUNGS-BUCH ZUM I GING

Aus dem Amerikanischen
von Claudius C. Müller

DIEDERICHS

Die Originalausgabe erschien unter dem Titel *The I Ching Workbook*
bei Doubleday & Co.
Die deutschsprachige Ausgabe erschien zuvor im Eugen Diederichs Verlag und
dann im Heinrich Hugendubel Verlag/Kailash unter dem Titel *Das Arbeitsbuch
zum I Ging.*

Mit 71 Kalligraphien von Shun Yu,
8 chinesischen Holzschnitten und zahlreichen Schaubildern

Die Deutsche Bibliothek – CIP-Einheitsaufnahme
Wing, R.L.:
Das Arbeitsbuch zum I Ging/R.L. Wing.- Kreuzlingen ; München :
Hugendubel, 2001 (Diederichs)
Einheitssacht.: The I-ching workbook ‹dt.›
ISBN 3-7205-2269-5

Neuausgabe 2001
© Immedia 1979
© der deutschen Ausgabe Heinrich Hugendubel Verlag, Kreuzlingen/
München 1980
Alle Rechte vorbehalten

Umschlaggestaltung: Ute Dissmann, München
Produktion: Maximiliane Seidl
Satz: EDV-Fotosatz Huber/Verlagsservice G. Pfeifer, Germering
Druck und Bindung: Huber, Dießen
Printed in Germany

ISBN 3-7205-2269-5

Inhalt

EINLEITUNG 7

KAPITEL I
ERLÄUTERUNG DES BUCHES DER WANDLUNGEN 11
    Das Tao 11
    Yin und Yang 13
    Die Trigramme 14
    Die Hexagramme 15

KAPITEL II
DIE VERWENDUNG DES I GING ALS BUCH DER BEFRAGUNG 17
    Über das Wesen des Orakels 17
    Die Befragung des Orakels 19
    Das Münzorakel 20
    Die Deutung des Orakels 23

KAPITEL III
DIE ANWENDUNG DES ANLEITUNGSBUCHES ZUM I GING 31
    Die Begegnung von Ost und West 31
    Begriffserläuterungen 34
    Das Arbeiten mit dem Anleitungsbuch 36

KAPITEL IV
DIE 64 HEXAGRAMME 39

ANHANG
    Übersicht der Hexagramme nach König Wen 168
    Transkriptionstabelle 169

Ich glaube, wenn wir uns in dieser Welt heimisch fühlen wollen,
müssen wir Asien einen gleichwertigen Platz
in unserem Denken einräumen.
Ich weiß nicht, welche Veränderungen das mit sich bringen wird,
aber ich bin überzeugt,
dass sie tief gehend und von größter Bedeutung sein werden.

BERTRAND RUSSELL
History of Western Philosophy

Konfuzius (links) und Laotse, die Begründer der beiden
wichtigsten philosophischen Schulen Chinas: Konfuzianismus und Taoismus.
Ihre Lehren sind in den „Lun Yü" (Kungfutse, Gespräche)
und im „Tao Te King" niedergelegt.

Einleitung

Das I GING ist für die Chinesen eine Kostbarkeit, ein Werk, das sie seit Tausenden von Jahren benutzen, um den Sinn des menschlichen Lebens zu ergründen. Es wurde in viele Sprachen übersetzt und ist bis heute eine Quelle der Einsicht und Weisheit für Menschen auf der ganzen Welt geblieben.

Das I GING* (wörtlich: BUCH DER WANDLUNGEN, wie es im Folgenden auch genannt wird) ist vielleicht das älteste Buch unseres Planeten und beruht wie das Alte Testa-

---

* Zur Schreibweise der chinesischen Namen siehe Transkriptionstabelle im Anhang.

ment, die Pyramiden oder die großen gotischen Kathedralen auf der gemeinsamen Arbeit vieler, die sich über Jahrhunderte erstreckte. Die frühesten, dem Buch zugrunde liegenden Vorstellungen gehen wohl auf die Stammesältesten sibirischer Nomaden zurück, jener Stämme, die die Kulturen des Orients und Nordamerikas ins Leben riefen. Diese ersten Schöpfer des I GING beobachteten die Gestirne und Gezeiten, die Pflanzen und Tiere sowie die Gesetzmäßigkeiten der Naturereignisse. Zugleich erkannten sie regelmäßig wiederkehrende Beziehungsmuster in Familie und Gesellschaft, in Handel und Politik, in der Kriegsführung und den ewig menschlichen Dramen von Liebe, Ehrgeiz, Konflikt und Ehre. Sie machten jedoch nicht den Versuch, ein geschlossenes Bild des Kosmos zu schaffen, sondern entwickelten im Laufe der Zeit Grundgedanken über die Veränderung der Dinge: ein wunderbares, ineinander verwobenes Beziehungsnetz der acht Trigramme und 64 Hexagramme. Nur deshalb kann das BUCH DER WANDLUNGEN über die Jahrtausende hinweg so eindringlich zu uns sprechen, weil es gleichzeitig den Jahreslauf der Landwirtschaft und die gesellschaftlichen Ereignisse aufeinander bezieht, die höfischen Riten und die militärischen Taktiken, kosmische Vorgänge und innere Entwicklungen.

Die Abfassung des BUCHES DER WANDLUNGEN wurde zunächst dem legendären chinesischen Herrscher Fu Hi (3. Jt. v. Chr.) zugeschrieben, der auf einem Schildkrötenpanzer die Anordnung der acht Trigramme und 64 Hexagramme entdeckt haben soll. In den frühen Schriften heißt es über Fu His Vorstellungen von der Welt:

> In der Urzeit gab es noch keine sittlichen und gesellschaftlichen Ordnungen. Die Menschen kannten nur ihre Mutter, nicht ihren Vater. Hungrig suchten sie nach Nahrung, gesättigt warfen sie die Reste weg. Sie fraßen ihre Nahrung mit Haut und Haaren und tranken das Blut und hüllten sich in Felle und Schilf. Da kam Fu Hi und blickte empor und betrachtete die Bilder am Himmel, blickte nieder und betrachtete die Vorgänge auf Erden. Er vereinte Mann und Frau, ordnete die fünf Wandelzustände und legte die Gesetze der Menschen fest. Er entwarf die acht Zeichen, um die Welt zu regieren.

Im Laufe der Geschichte wurde das BUCH DER WANDLUNGEN zunächst vor allem als Ratgeber für Landwirtschaft, Fischerei und Jagd verwendet, bis König Wen, der Begründer der Dschou-Dynastie (ca. 1150–249 v. Chr.), seine Erläuterungen zu den 64 Hexagrammen schrieb. Die Kommentare dieses hochkultivierten, weltoffenen Herrschers erfaßten die gesellschaftliche und politische Dimension der Hexagramme. Mit der Niederschrift der Kommentare begannen die mythischen Schichten frühgeschichtlichen Wissens in den langen, stürmischen Epochen Chinas wirksam zu werden. König Wen verfaßte seine Kommentare, als er Gefangener des tyrannischen Kaisers Dschou Hin war. Während seiner Haft hatte er eine Vision: Er sah die Bildschrift der Hexagramme auf seinen Kerkerwänden. Diese Vision wühlte ihn derart auf, daß er den Rest der Gefangenschaft damit verbrachte, die geschauten Bilder in Worte umzusetzen. Die so entstandenen „Urteile" stellten eine gewaltige Erweiterung der alten Hexagrammtexte dar, da nun die Welten des Handels, der Politik und der sozialen Beziehungen mit den Grundkräften der Natur in Verbindung gebracht wurden.

Schließlich wurde König Wen aus seinem Verlies befreit, als sein Sohn Wu eine Rebellion anführte, die Dschou Hin vom Thron stieß. König Wen trat seine Nachfolge an, und sein Sohn, der Herzog von Dschou, vollendete das Werk seines Vaters, indem er zu jeder der sechs einzelnen Linien in einem Hexagramm Kommentare verfasste.

Die hervorragendsten chinesischen Philosophen, wie Laotse, Dschuang Dsi, Mong Dsi, Mo Ti und Dschu Hi wurden vom BUCH DER WANDLUNGEN beeinflusst und haben es durch ihre eigenen Werke erweitert. Der bedeutendste Beitrag stammt vom ehrwürdigen Philosophen Konfuzius (551–479) und seinen Schülern, die eine Reihe von Kommentaren zu den Hexagrammen und einzelnen Linien schrieben. Die von Konfuzius getroffene Auswahl von Abhandlungen zum I GING ist als die „Zehn Flügel" bekannt, und ihr ernsthaftes Studium ist für jeden unerlässlich, der tieferen Einblick in dieses Werk erlangen will.

Konfuzius sah das BUCH DER WANDLUNGEN nicht nur als historischen Bilderteppich der Regierungsgeschäfte, der Philosophie, Moral und Ethik oder als Handbuch für Technik und Ackerbau, Wetter und Wissenschaft. Für ihn war dieses Buch darüber hinaus ein Credo, um die eigene innere Entwicklung zu bestimmen und zu gestalten. Er sagte: „Ich halte es für wichtiger und sinnvoller, mich in meinen Handlungen unmittelbar auszudrücken, als leeres Geschwätz von mir zu geben!" Große Teile seines Lebens verbrachte er mit dem Studium und der Erprobung des BUCHES DER WANDLUNGEN, und es heißt, dass er dreimal die Lederriemen durchscheuerte, welche die Bambustäfelchen, auf die es geschrieben war, zusammenhielten. Und ebenfalls von Konfuzius ist die Klage überliefert, nicht weitere fünfzig Lebensjahre zum Studium des I (der Wandlungen) vor sich zu haben, um so Irrtümer zu vermeiden und fehlerlos zu werden.

Als der Psychologe C.G. Jung Ende der Zwanzigerjahre das BUCH DER WANDLUNGEN in der Übersetzung Richard Wilhelms kennen lernte, war es gerade die Treffsicherheit der psychologischen Bilder in den 64 Hexagrammen, die ihn am stärksten beeindruckte. Jung war von der Lektüre so betroffen, dass er eine reiche Patientin und deren Mann überredete, eine amerikanische Ausgabe zu finanzieren. Er erkannte, dass sich die chinesischen Weisen sehr wohl der mythischen Realität bewusst waren, die ihren Helden und Schurken, Göttern und Königen, Kriegern und Staatsmännern zugeschrieben wurde. Im „kollektiven Unbewussten" sah Jung die menschliche Natur und die kosmische Ordnung in Symbolen vereint, die auf Menschen zu allen Zeiten und in jeder Kultur wirken. Das I GING fasst diese Symbole des Lebens in Hexagrammen zusammen: Jung bezeichnet sie als Archetypen.

Das BUCH DER WANDLUNGEN wurde immer dazu benutzt, eine bestimmte Situation herauszugreifen und Vorhersagen für die Zukunft zu machen. Wer das BUCH DER WANDLUNGEN als Orakel verwendet, indem er sechsmal drei Münzen auf eine ebene Fläche wirft oder fünfzig Holzstäbchen nach dem Zufallsprinzip teilt, hält gewissermaßen den Lauf der Zeit an. Es ist wie das Klicken des Auslösers einer Kamera: das Bild eines Augenblicks wird eingefangen, seine Bedeutung bis in alle Einzelheiten ergründbar. Diese rituelle Handlung des Zeitanhaltens (oder des „Wandels", wenn Sie wollen) steht immer unter dem Aspekt einer konkreten Frage von Ihnen. Ihr Selbst und ihre Lebensumstände werden dabei vor dem Hintergrund des sich entfaltenden Universums deutlich. In diesem Moment können Sie Einblick in Ihr Schicksal nehmen. Wenn Sie mit dem BUCH DER WANDLUNGEN einen Blick in die Zukunft werfen, durch das Orakel Ihre gegenwärtige Lebenssituation erkennen wollen, so ist das wie ein Aufblättern Ihres Selbst, sein Enthüllen und Entdecken. Und in diesem Vorgang lernen Sie verstehen, dass Sie diese Welt, verwirrend und verworren wie sie ist, in Ihrem Inneren längst begriffen haben.

Alte Form des Schriftzeichens I – „Wandlung".
Nach einer Steinskulptur der Sung-Zeit (um 1000 n. Chr.)

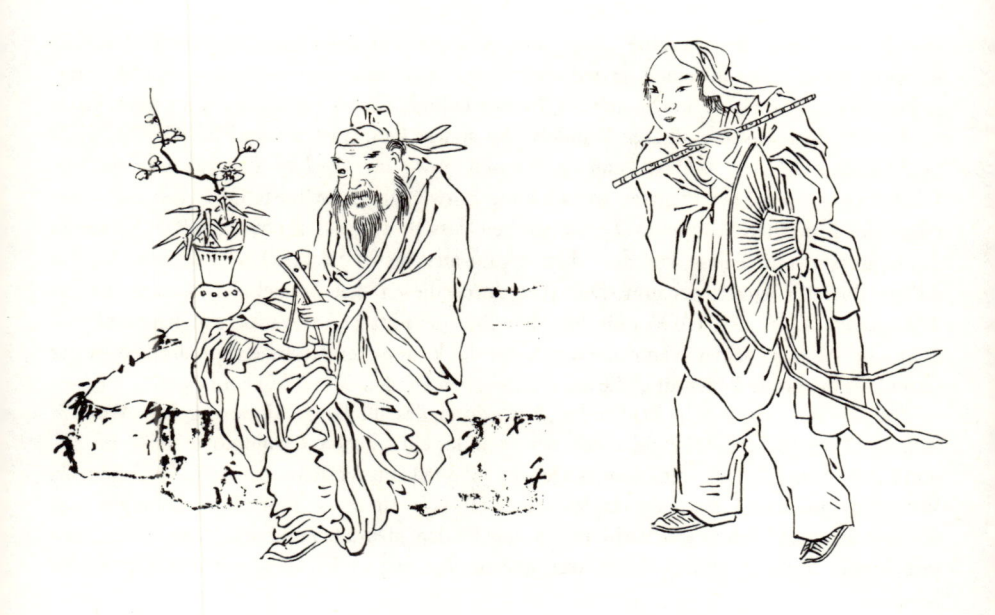

Zwei der „Acht Unsterblichen" (Ba Siän),
die der Sage nach auf die Zeit der Han-Dynastie
(206 v. – 220 n. Chr.) zurückgehen.

Kapitel I
Erläuterung des Buches der Wandlungen

DAS TAO

„Es gibt nichts Beständiges im Universum. Alles ist Ebbe und Flut, jede Gestalt, die geboren wird, trägt in ihrem Schoß den Keim des Wandels." *Ovid, METAMORPHOSEN*

Die Suche nach der Lösung des Geheimnisses, das der beständigen Bewegung und dem Wandel des Universums zugrunde liegt, hat die Physik und schon davor die Metaphysik hervorgebracht. Während nun die Physik versucht, mathematisch die im Universum herrschenden Gesetze auszudrücken, will die Methaphysik, ebenfalls mathematisch, die Auswirkungen dieser Gesetze auf den Menschen ergründen. Zwei Grundgesetze bestimmen den physikalischen

Wandel im Universum: Das eine besagt, dass alles seinen eigenen Gegensatz in sich trägt; so wie jedes neue Leben in seinem genetischen Code* den Ansatz seines eigenen Zerfalls trägt, so liegt in jeder Situation, in der sich ein Mensch befinden kann, bereits der Keim eines kaum merkbaren, doch unvermeidbaren Wandels. Das andere Gesetz ist das der PERIODISCHEN WIEDERKEHR, das zyklisch und rhythmisch (etwa im Wechsel der Jahreszeiten) die Wachstumsperioden der Pflanzen wie auch die Entwicklungsabschnitte im Leben und Charakter des Einzelnen bestimmt. Die Gesamtheit dessen, was diesen physikalischen Gesetzen des Universums unterliegt, von den Mikroorganismen bis zu galaktischen Systemen, wird in diesem Buch „Kosmos" genannt. Der Weg durch diesen sich wandelnden Kosmos ist das TAO (sprich: Dau). Das TAO ist für den Menschen der einzige, vernünftig gangbare und harmonische Weg, der seiner Natur und der Natur der kosmischen Kräfte entspricht. Das ist der Grund für die große Bedeutung, die die chinesischen Denker dem TAO beimessen.

TAO bedeutet eigentlich „Pfad" oder „Tor", durch das alle Dinge hindurchgehen. Wer mit dem TAO voranschreitet, befindet sich, wie es in der christlichen Terminologie heißt, im Zustand der „Gnade". Die chinesischen Denker pflegten mit Vorliebe das dem TAO gemäße Verhalten mit dem Wasser zu vergleichen: unablässig fließt es, füllt alle Höhlungen aus, überwindet jeden Widerstand, verharrt, um tiefe Stellen anzufüllen und setzt dann seinen Fluss fort. Immer bleibt es seinem Wesen treu und bewegt sich im Einklang mit den Kräften des Kosmos.

Obwohl das TAO den Weg des geringsten Widerstands geht, ist es meist sehr schwer, diesen Pfad aufzunehmen und ihm zu folgen. Doch wer sich mit dem TAO bewegt, kann seinen Platz im Kosmos finden und mit ihm in Harmonie leben. Dann erst kann er seinen freien Willen tatsächlich ausüben: seine REALEN Entscheidungen beruhen jetzt auf REALEN Möglichkeiten. Bei diesen Entscheidungen hilft das BUCH DER WANDLUNGEN. Es erhellt dem Fragenden die gerade wirksamen Tendenzen des Kosmos. Konfuzius schrieb in den „Zehn Flügeln". „Wer das TAO der Veränderungen und Umgestaltungen kennt, der kennt das Wirken der Götter."

---

* Erstaunliche Übereinstimmung des I GING mit dem genetischen Code, der DNS, beschreibt Dr. Martin Schönberger in dem Buch *Verborgener Schlüssel zum Leben*, Frankfurt 1977.

YIN UND YANG

Die meisten westlichen Menschen sind mit dem dargestellten Symbol vertraut, denn es erscheint häufig in der östlichen Kunst und in modernen westlichen Illustrationen. Es zeigt die Teilung des Kosmos, in sein negatives und sein positives Element, die nur zusammen ein Ganzes bilden. Als der Kosmos sichtbare Gestalt annehmen wollte, so berichtet das I GING,

YIN	YANG
NEGATIV	POSITIV
PASSIV	AKTIV
WEIBLICH	MÄNNLICH
EMPFANGEND	SCHÖPFERISCH
DUNKEL	HELL
NACHT	TAG
KÄLTE	HITZE
WEICH	HART
FEUCHT	TROCKEN
WINTER	SOMMER
SCHATTEN	SONNE

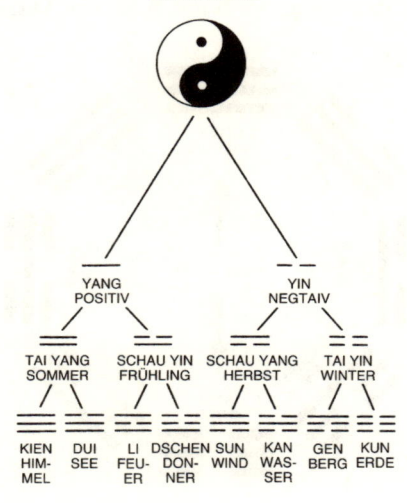

DAS ABSOLUTE

YANG POSITIV — YIN NEGTAIV

TAI YANG SOMMER — SCHAU YIN FRÜHLING — SCHAU YANG HERBST — TAI YIN WINTER

KIEN HIMMEL — DUI SEE — LI FEUER — DSCHEN DONNER — SUN WIND — KAN WASSER — GEN BERG — KUN ERDE

teilte er sich in zwei gegensätzliche Kräfte: Yin und Yang. Aus der Wechselbeziehung des negativen Yin mit dem positiven Yang entstand alles Existierende. Die runden Flecken sind die Keime der Veränderung, die permanent stattfindet – entsprechend dem Gesetz vom Umschlagen ins Gegenteil und dem der periodischen Wiederkehr. Durch diese ständige Veränderung im kosmischen Kräftespiel entsteht das Leben. Und das Leben wiederum gestaltet mit schöpferischer Energie den Kosmos.

Yin und Yang stehen für den Dualismus, der in allem vorhanden ist: in den gegensätzlichen Ladungen der Atomteilchen wie im Bewussten und Unbewussten der menschlichen Psyche. Diese Dualität ist eine grundlegende Erkenntnis sowohl im alten chinesischen wie auch im modernen wissenschaftlichen Denken. Im BUCH DER WANDLUNGEN werden Yin und Yang durch unterbrochene oder schwache (YIN) und durchgehende oder starke (YANG) Linien gekennzeichnet, denen die folgenden Eigenschaften zugeschrieben werden:

Aus der kraftvollen Wechselwirkung von Ying und Yang entsteht die gesamte Wirklichkeit. In den Worten der alten Chinesen: „Das Schöpferische (Yang) und das Empfangende (Yin) lassen die Zehntausend Dinge entstehen."

DIE TRIGRAMME

Ein Trigramm besteht aus drei parallelen Linien und beschreibt das Entstehen der Dinge aus der Dualität von Yin und Yang. Die Entwicklung der Trigramme wird Fu Hi zugeschrieben, von dem erzählt wird, dass er einst am Ufer des Gelben Flusses über den Sinn des Lebens meditierte, als er den Panzer eines Drachenpferdes (einer Schildkröte) aus den Fluten auftauchen sah. Nach dem Muster des Schildkrötenpanzers zeichnete er eine Tafel, die als „Karte aus dem Gelben Fluss" bekannt ist, und entwickelte daraus die mathematische Anordnung der Trigramme.

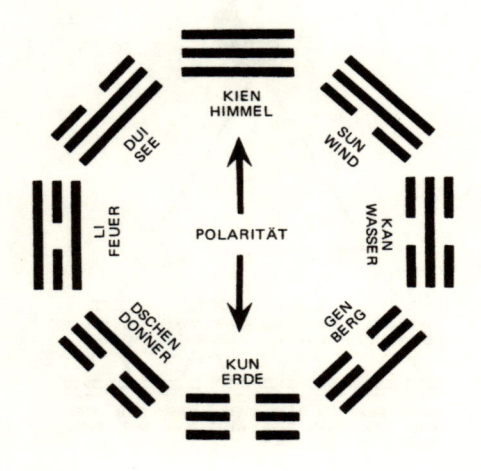

Die Darstellung zeigt die Entstehung der acht Trigramme aus dem Absoluten. Die beiden obersten Linien stellen die Zweiteilung der Natur in Yin und Yang oder Himmel und Erde dar. Die mittlere Reihe gibt die vier Verbindungsmöglichkeiten zwischen Himmel und Erde an, die die vier Jahreszeiten bestimmen. Und in der untersten Reihe wird schließlich eine dritte Linie hinzugefügt, die den Menschen als Bindeglied zwischen Himmel und Erde symbolisiert. In diesen so geschaffenen acht Trigrammen sind alte kosmischen und physikalischen Elemente der Erde enthalten. Im BUCH DER WANDLUNGEN werden ihnen die folgenden Eigenschaften zugeschrieben:

KIEN (Himmel):	Entschlossenheit, das Schöpferische, Stärke, Kraft, Macht
DUI (See):	Fröhlichkeit, Offenheit, Freude, Befriedigung, Übermaß
LI (Feuer):	Das Erhellende, Klarheit, Intelligenz, Abhängigkeit, das Anhaften
DSCHEN (Donner):	Das Erregende, Bewegung, Aktivität, Schock, das Wachsen
SUN (Wind):	Das sanfte Wirken, kleine Anstrengungen, das durchdringende Arbeiten
KAN (Wasser):	Das Geheimnisvolle, das Tiefe, Bedeutsamkeit, Gefahr, Schwierigkeit
GEN (Berg):	Das Stillhalten, Ruhe, Nachsinnen, das Unbewegte, Gelassenheit
KUN (Erde):	Das Nachgeben, das Empfangende, das Antwortende, Ergebenheit, Unterwerfung

Vor der Entstehung der Hexagramme wurden diese acht Trigramme für das Orakel verwendet. In der Anordnung des folgenden Diagramms erscheinen sie auf sehr alten Gegenständen, die im ganzen Orient gefunden wurden und offenkundig zur Deutung von Vorzeichen dienten.

Dieses Fu Hi zugeschriebene Diagramm stellt die früheste Anordnung der acht Trigramme dar. Die polaren Entsprechungen stehen einander jeweils gegenüber, so dass sich im Uhrzeigersinn von oben nach unten gelesen folgende Begriffspaare ergeben: Himmel – Erde, Wind – Donner, Wasser – Feuer und Berg – See. Gleiches gilt für ihre Eigenschaften: beharrend – nachgiebig, sanft – erregend, geheimnisvoll – erleuchtet und ruhig – freudig. In einer späteren, König Wen zugeschriebenen Anordnung werden die Trigramme nicht nach ihren polaren Entsprechungen, sondern nach ihrer periodischen Wiederkehr aneinander gereiht.

Schließlich werden diese Trigramme auch als Mitglieder einer Familie in ihren verschiedenen archetypischen Rollen aufgefasst: der beherrschende Vater, die ergebene Mutter, der aufbrausende älteste Sohn, der gefährliche mittlere Sohn, der stille jüngste Sohn, die sanfte älteste Tochter, die kluge mittlere Tochter und die fröhliche jüngste Tochter. Im Laufe ihrer historischen Entwicklung wurden die acht Trigramme noch vielen anderen Erscheinungen zugeordnet, wie den Jahreszeiten, Körperteilen, Himmelsrichtungen, Pflanzen, Tieren usw. Daraus entstand ein praktisches Handbuch, ein Buch der Befragung, mit dem die alten Chinesen die Bewegungen des Wandels zu erfassen versuchten.

DIE HEXAGRAMME

Die acht Trigramme waren eine überschaubare Zahl von Konfigurationen: leicht erkennbar und im Gedächtnis zu behalten. Sie wurden im Lauf der Jahrhunderte immer tiefer gedeutet und blieben in Gebrauch, bis frühe chinesische Gelehrte eine höher entwickelte Methode zum Verstehen des Universums suchten. Sie kombinierten die Trigramme miteinander und erweiterten dadurch die Zahl der Bilder kosmischer und menschlicher Situationen. Die verschiedenen Verbindungen der acht Trigramme führten zu 64 Hexagrammen. Das Aufeinandertreffen zweier Trigramme in einem Hexagramm stellt die Beziehung des Himmels (oberes Trigramm) mit der Erde (unteres Trigramm) dar, während in ihrer Wechselwirkung der kosmische Wandel zum Ausdruck kommt, wie er die Welt der Menschen beeinflusst. Dieses Aufeinandertreffen symbolisiert aber auch die Zweiteilung im Menschen: Unbewusstes und Bewusstes, Instinkt und Persönlichkeit. Im Allgemeinen werden das obere und untere Trigramm im Hexagramm als „höhere" und „niedere Gesinnung" bezeichnet, doch sollen sie im Anleitungsbuch als Bereiche des KOSMISCHEN IDEALS und der MENSCHLICHEN ANGELEGENHEITEN gegenübergestellt werden. Bei jeder Beschäftigung mit der Bedeutung eines Hexagramms sollten Sie seinen Aufbau aus Trigrammen und deren Stellung zueinander vor Augen haben.

Die WANDELBARKEIT DER LINIEN geht auf die Erkenntnis der alten Chinesen zurück, dass der Kosmos in unablässiger Umgestaltung begriffen ist: von Tag zu Nacht, Sommer zu Winter, Leben zu Tod. Über die verschiedenen, beim Orakel erlangten WANDELBAREN oder BEWEGTEN Linien gehen die Hexagramme ineinander über. Es gibt 4096 (64 x 64) mögliche Umwandlungen vor einem Hintergrund unbegrenzter kosmischer Konstellationen.

Jedes Hexagramm beginnt unten. Die Grundlinie ist der Ausgangspunkt einer Situation, die sich durch verschiedene Stadien der Veränderung nach oben entwickelt. Die oberste Linie stellt dann das Endstadium dar. Aus diesem Grund müssen Sie das Hexagramm bei jeder Befragung von unten nach oben aufbauen.

```
6 ▬▬▬▬▬▬
5 ▬▬▬▬▬▬
4 ▬▬▬▬▬▬
3 ▬▬▬▬▬▬
2 ▬▬▬▬▬▬
1 ▬▬▬▬▬▬
```

Jedes Hexagramm hat eine, manchmal auch zwei HERRSCHENDE LINIEN. Der HERR DES ZEICHENS befindet sich meistens auf der fünften Position (Linie 5), doch die Stelle hängt letztlich von der Angemessenheit der anderen Linien ab. Diese Angemessenheit oder KORREKTHEIT der Linien zu beurteilen ist sehr schwierig, und das völlige Verständnis der Zusammenhänge erfordert eine jahrelange, intensive Beschäftigung damit. Wertvolle Hilfe hierbei leistet das dritte Buch von R. Wilhelms I GING-Übersetzung. Auch die Reihenfolge der Hexagramme von 1 bis 64 kann zum Verständnis der einzelnen Bilder beitragen, wobei das jeweils vorhergehende und folgende Hexagramm Aufschlüsse über die Natur eines Zeichens geben. Die von König Wen festgelegte Abfolge der Hexagramme ist seit dem 12. Jh. v. Chr. gültig, als er ihre Anordnung neu gestaltete und seine Kommentare verfasste (siehe Anhang und Titelillustration).

Zwei weitere „Unsterbliche" aus der Han-Zeit.
Die Hauptkommentare des I GING, die „Zehn Flügel",
sind damals aufgezeichnet worden.

Kapitel II

Die Verwendung des I Ging als Buch der Befragung

ÜBER DAS WESEN DES ORAKELS

Im Laufe seiner Geschichte hat sich der Mensch immer wieder der Vorzeichen bedient, um die Wirklichkeit seines Daseins zu erforschen und dessen Sinn zu ergründen. Er benutzte dazu Dinge und Erscheinungen wie Teeblätter, Himmelskörper, Knochen, Tarotkarten, Pendel, die Handlinien oder Kristallkugeln. Mit Hilfe eines Vorzeichens will der Mensch eine bestimmte Struktur zu einem gegebenen Zeitpunkt erkennen, die er mit einer präzisen Frage vor Augen deutet. Stellen wir uns für einen Augenblick vor, dass unsere Wirklichkeit ein

Zeitrohr ist, das sich durch den Raum erstreckt und in dem wir uns im steten Fluss mit allen Dingen befinden. Wenn wir nun in einer bestimmten, etwa einer besonders unklaren Situation unseres Lebens einen Schnitt durch dieses Rohr machen und die so entstandene Fläche untersuchen könnten, so wären darauf alle sie beeinflussenden Faktoren in ihren unmittelbaren Beziehungen zueinander erkennbar. Wir wären dann durch die Analyse dieser Struktur in der Lage vorherzusehen, wie sich unser Leben unter dem Einfluss der gegebenen Kräfte und der kosmischen Bewegungen gestalten wird. Es ist interessant, dass dieses Verfahren genau dem Zufallsprinzip entspricht, wie es heute in der Quantenphysik benutzt wird. Dabei stellt der untersuchende Wissenschaftler eine zufällige Erscheinung dem bekannten System physikalischer Gesetze gegenüber, um so neue Vorstellungsbereiche zu erschließen. Das BUCH DER WANDLUNGEN ist das älteste, noch immer verwendete systematische Verfahren, die Natur des Universums zu erfassen. Über seine Bedeutung für menschliche Probleme hinaus diente es ursprünglich der Messung von Zeitabschnitten und Jahreszeiten, der Deutung von Naturerscheinungen und der Regelung von Ackerbau und Viehzucht. Mit dem I GING konnte der Wahrsager durch seine Orakelinstrumente (meist drei Münzen) das Zufällige herstellen, das dem äußerst genauen, binären System der 64 Hexagramme und ihren mathematisch festgelegten 4096 Wechselbeziehungen gegenübergestellt wurde.

Die zufällige Kombination der geworfenen Münzen lässt einen Mikrokosmos entstehen. In ihm stehen Sie und Ihre Suche nach Wissen dem großen Kosmos gegenüber. Im Kleinen ist es wie im Großen: So wie die Bewegungen der Sterne denen der Teilchen in einem Atom ähneln, so ähnelt Ihre Situation den gerade wirksamen Kräften des Universums. Diese Kräfte sind es auch, die die Anordnung der Münzen bewirken. Wenn Sie nun in sechs Würfen ein Hexagramm bilden und seinen Text im BUCH DER WANDLUNGEN nachschlagen, erhalten Sie einen kurzen Einblick in diese parallelen Abbilder des Universums. Das vorliegende Anleitungsbuch ist ein Führer durch die Werkstatt des Universums. Sie sind darin der Forscher und die Versuche, die Sie durchführen und in diesem Buch aufzeichnen, werden Ihnen ein größeres Verständnis des Kosmos und Ihres Selbst, die ein und dasselbe sind, ermöglichen.

Zeitweilig werden Sie das BUCH DER WANDLUNGEN sehr häufig benutzen, vor allem am Anfang Ihrer Auseinandersetzung mit seinen äußerst persönlichen und manchmal ungewöhnlichen Voraussagen. Dann wieder nehmen Sie das Buch nur ein, zweimal im Monat zur Hand oder lassen gar Jahre verstreichen, bevor Sie erneut eine lebendige Beziehung zu ihm aufbauen. Für andere wird der Griff zum BUCH DER WANDLUNGEN zur Gewohnheit, und sie befragen es jeden Morgen, was der Tag bringen wird. Diese Art, sich mit dem I GING auseinander zu setzen, ist eine wirksame Lernmethode, die ebenso unterhaltend wie aufschlussreich sein kann.

Die meisten Menschen jedoch benutzen das Orakel nach Lage der Dinge: Ist das Leben hektisch und unklar, dann liegt das Buch wochenlang griffbereit. Verlaufen die Tage dagegen überschaubar, so wird man es nur bei besonderen Problemen zur Hand nehmen. Und wenn man durch Geschäftigkeit und Aufregung abgelenkt wird, kann es geschehen, dass man das Buch lange vergisst und sich nur in einer merkwürdigen Stimmung daran erinnert. Vielleicht werden Sie sich auch eines Tages in der Gewissheit an das Orakel wenden, dass dies die letzte Befragung sein soll.

DIE BEFRAGUNG DES ORAKELS

Was man wissen will, sollte man in Worte fassen und niederschreiben; dies ist eine wichtige Voraussetzung der Orakelbefragung. Dadurch schaffen Sie sich die nötige Aufnahmebereitschaft, die zugleich eine erste, wirksame Form der Selbsttherapie ist. Wer herausfindet, was er wirklich zu wissen wünscht, erfährt bereits etwas über seine wahren Gefühle. Wenn Sie etwa wissen wollen, welche Möglichkeiten in Ihrer Beziehung zu einer bestimmten Person liegen, können Sie schon an der Formulierung der Frage (bezieht sie sich auf Ihre Vergangenheit, Gegenwart, unmittelbare Zukunft, Ihr weiteres oder ganzes Leben?) erkennen, ob Sie sich eine Beziehung von Dauer oder nur etwas Vorübergehendes vorstellen.

Je präziser Ihre Fragen, desto treffender werden auch die Antworten sein. Seien Sie immer so genau wie möglich in der Angabe der Zeitdauer, des Zeitabschnittes, der betroffenen Personen, des Ortes und der Wirkungsbereiche, die Sie zu erfahren wünschen. Fragen Sie nach den Auswirkungen eines bestimmten Handelns, der besten Verhaltensweise, um ein gewünschtes Ziel zu erreichen, den Folgen, die aus einer gegebenen Situation zu erwarten sind, ihrer gegenwärtigen Bedeutung oder nach Ihren oder anderer Leute wahren Motiven. Vermeiden Sie vor allem Entweder-oder-Fragen und solche, die ein Ja oder Nein verlangen.

Auf eine unbestimmte Frage, wie „Soll ich in eine andere Stadt ziehen?", wird die Antwort genauso verschwommen ausfallen. Erwartet man eine genauere Antwort, dann sollte die Frage z.B. lauten: „Welche Folgen wird eine Übersiedlung nach Hamburg haben?" oder besser noch: „Wie wird sich eine Übersiedlung nach Hamburg im August auf meine Karriere auswirken?" Hier ist bereits in der Frage eine bestimmte Einstellung zu spüren.

Es ist keinesfalls abwegig, sich dem BUCH DER WANDLUNGEN wie einem lebendigen, vernunftbegabten, ja sogar feinfühligen Partner zu nähern. So beschreibt etwa John Blofeld in seiner Übersetzung des I GING ins Englische seine erste Orakelbefragung:

> „Beim allerersten Mal war ich so überwältigt, dass ich Furcht empfand, so stark war mein Gefühl, von einem lebendigen, atmenden Wesen Antwort auf meine Frage erhalten zu haben. Selten habe ich es seither verwendet, ohne nicht wenigstens teilweise von dieser Ehrfurcht ergriffen zu werden, wenngleich sich dieses Gefühl bald eher als angenehme Erregung denn als Furcht beschreiben ließ. Ich will damit natürlich nicht behaupten, dass in den weißen, von Druckerschwärze bedeckten Seiten tatsächlich ein mit Geist und Leben ausgestattetes Wesen haust, sondern ich habe die erstaunliche Wirkung des Buches deshalb so ausführlich geschildert, um die außergewöhnliche Zuverlässigkeit und den gleichsam persönlichen Charakter zu betonen, die seine Antworten zumeist auszeichnen. Und doch, würde man von mir eine Bestätigung verlangen, dass diese bedruckten Seiten keinesfalls die Wohnstätte eines vernunftbegabten Wesens sind oder uns zumindest durch irgendeinen geheimnisvollen Vorgang mit einem solchen Wesen in Berührung bringen, dann würde ich sowohl zögern, dies zu bejahen wie zu verneinen."

Seit Jahrtausenden werden dem BUCH DER WANDLUNGEN Fragen über Gesundheit, persönliche Beziehungen, Geschäfte, Politik, Reisen, gesellschaftliche Ereignisse und innere Entwicklungen gestellt. Folglich erfassen die „klassischen" Kommentare – auf die dieses Anleitungsbuch aufbaut – alle Bereiche des menschlichen Lebens. Aber auch tiefer gehende Fragen kann man an das „Buch des Wandels" richten, solche, die man wohl nur ein einziges Mal stellt: etwa die Frage nach dem persönlichen Schicksal, nach der endgültigen Beziehung zu einer Person oder Fragen über lebenswichtige Entscheidungen. Doch solche Fragen sollten warten, bis man den Dialog mit dem Buch vertieft und die im Text verborgenen Vorstellungen sorgfältig verstehen gelernt hat und sich eingehender mit dem philosophischen und wissenschaftlichen Hintergrund des I GING beschäftigt hat. Doch genauso, wie es klug ist zu erkennen, wann man NICHT handeln darf, gibt es Zeiten, in denen dieses Orakel NICHT befragt werden sollte, und Fragen, die NICHT gestellt zu werden brauchen.

Sobald Sie ihre Frage formuliert haben, notieren Sie sie mit Datum und möglichst kurz im Protokoll der Befragungen. Versuchen Sie, sich Ihre Frage beim Schreiben bildhaft vorzustellen, etwa als Gesicht oder charakteristische Eigenheit, als Zimmer, Stadt, Gegenstand, Handlung oder wie auch immer. Konzentrieren Sie sich auf dieses Bild, wenn Sie das Buch vor sich legen, und beginnen Sie das Hexagramm zu bilden, das in diesem Augenblick Ihrer Wirklichkeit im Kosmos entspricht.

Wenn Sie eine zusätzliche Vorbereitung brauchen, um innerlich aufnahmebereit zu werden, dann stimmen Sie sich so ein, wie es für Sie Ihrer Erfahrung nach am günstigsten ist. Wenn Sie konzentriert, aber nicht verkrampft sind, dann sollten Sie – verbunden mit dem TAO – jederzeit und ohne Einschränkung in der Lage sein, das BUCH DER WANDLUNGEN zu befragen.

Die vom östlichen Denken geprägten Menschen setzen die Existenz des Magischen in allen Dingen als selbstverständlich voraus. Alle Geschehnisse können als Vorzeichen betrachtet werden, und erst ihre Deutung bringt wahre Erkenntnis. In der östlichen Vorstellungswelt ist der Einzelne immer Teil eines kontinuierlichen Ganzen, das die Wirklichkeit bildet. Wie ein zur Erde fallender Stein eine Veränderung der Sonne bewirkt, so hat die Handlung des Einzelnen Menschen eine entsprechende Reaktion in den Linien der Hexagramme. Ebenso verändert sich der Lauf Ihres Lebens unvermeidlich durch jedes auch noch so unbedeutende Ereignis.

DAS MÜNZORAKEL

Es gibt viele Orakelverfahren zur Bildung von Hexagrammen. Das älteste ist ein kompliziertes System: fünfzig Schafgarbenstengel (*Achillea millefolium*) werden abgezählt, eine Methode, die zwar eine halbe Stunde dauert, dennoch von den meisten I GING-Experten bevorzugt wird. (So auch von Richard Wilhelm, in dessen I GING-Übersetzung diese Schafgarbenmethode eingehend beschrieben wird.) Für andere Verfahren benutzt man sechs Stäbe, farbige Kügelchen, programmierte Rechenmaschinen oder Computer sowie Gegenstände aus der Tier- und Pflanzenwelt. Im Laufe der Zeit werden Sie eine Methode finden, die Sie bevorzugen – wenn Sie sie nicht schon haben. Jenen Lesern, die gerade am Anfang ihrer Beschäftigung mit dem I GING stehen, sei als zugänglichste und sicher einfachste Methode das Münzorakel empfohlen, das im Abendland und in China seit langem üblich und weit verbreitet ist.

Dazu benötigen Sie nicht mehr als drei Münzen von gleicher Größe. Halten Sie Papier und Schreibgerät bereit, überlegen Sie sich Ihre Frage und konzentrieren Sie sich. Nehmen Sie dann die Münzen in die hohlen Hände, schütteln Sie und lassen Sie sie auf eine ebene Fläche fallen. Der erste Wurf stellt die Grundlinie des Hexagramms dar. Übertragen Sie die Münzkombinationen in die folgenden Symbole*:

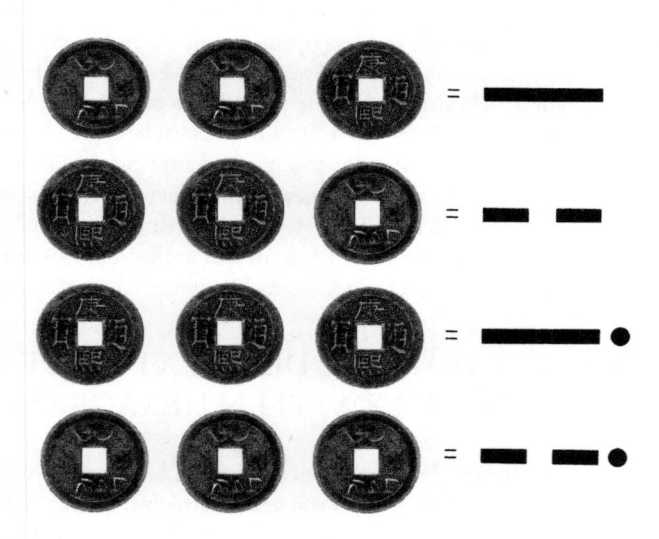

Notieren Sie die entsprechende Linie, und wiederholen Sie das Werfen der Münzen noch fünfmal, bis Sie VON UNTEN NACH OBEN ein vollständiges Hexagramm aufgebaut haben. Wenn das so gewonnene Hexagramm keine bewegte Linie aufweist (eine weiche oder feste Linie mit einem Punkt daneben), dann handelt es sich um ein ruhendes Hexagramm, das sich auf eine festgelegte Situation bezieht und lediglich als dieses eine Hexagramm gelesen wird. Wenden Sie sich in einem solchen Fall vor allem dem letzten Textabschnitt des Hexagramms zu, in dem der ruhende Zustand beschrieben wird.

Sind ein oder mehrere bewegte Linien vorhanden, dann entstehen zwei Hexagramme. So wird eine bewegte feste Linie im ersten Hexagramm als feste Linie (——————— •) gelesen, die sich dann im entstehenden zweiten Hexagramm zu einer weichen Linie (——— ———) verändert, während alle anderen unbewegten Linien im zweiten Hexagramm unverändert bleiben. Vergleichen Sie als Beispiel die folgende Darstellung:

---

* Die beiden Seiten der Münzen stellen einen Binärcode dar. Es bleibt dem Leser überlassen, ob er diese oder die umgekehrte Anordnung wählt oder andere Münzen benutzt.

51   **WIRD ZU**   **19**

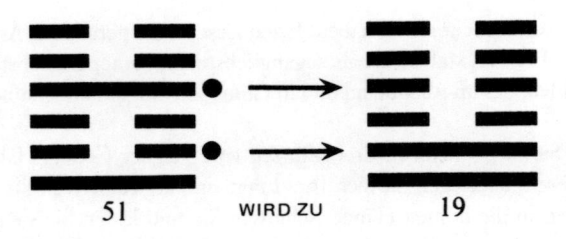

Wenn Sie im angegebenen Beispiel Hexagramm 51 mit zwei bewegten Linien (der zweiten und vierten von unten) erhalten, so entsteht nach ihrer Umkehrung daraus Hexagramm 19.

Wenden Sie sich zunächst dem ersten Hexagramm zu, und lesen Sie den Text von 51, in dem die grundlegende Situation und das Ihrer Frage gemäße Verhalten beschrieben werden. Dieses erste Hexagramm bezieht sich im Allgemeinen auf Ihre unmittelbare Vergangenheit* oder Gegenwart. Lesen Sie als nächstes den Text zu den beiden bewegten Linien, und zwar in der Reihenfolge ihres Erscheinens. Aus diesen Linien erfahren Sie die Gründe für künftige Veränderungen. Sie raten Ihnen, wie Sie Ihr gewünschtes Ziel erreichen, warnen vor drohenden Schwierigkeiten oder verheißen Glück. Wenden Sie sich zuletzt dem Text des durch die Veränderung entstandenen Hexagramms 19 zu. In ihm werden bevorstehende Entwicklungen Ihrer gegenwärtigen Situation oder des einzuschlagenden Weges beschrieben.

LESEN SIE IN KEINEM FALL DEN TEXT ZU DEN BEWEGTEN LINIEN IM ZWEITEN HEXAGRAMM.

Um die Nummer des erhaltenen Hexagramms zu bestimmen, bedienen Sie sich der folgenden Tabelle (S. 24). Die Hexagramme werden von unten nach oben gelesen, wobei die unteren drei Linien das untere Trigramm, die oberen drei das obere Trigramm darstellen. So können Sie z.B. das Hexagramm 14 finden,

in dem Sie es zunächst in das untere

und obere Trigramm teilen.

---

* Richard Wilhelm schreibt in seiner Einleitung zur Übersetzung des BUCHES DER WANDLUNGEN über den Zeitpunkt, auf den sich ein erlangtes HEXAGRAMM bezieht: „... damit verbindet sich die Auffassung, das alles, was in der Sichtbarkeit geschieht, die Auswirkung eines ‚Bildes‘, einer Idee im Unsichtbaren ist. insofern ist alles irdische Geschehen nur gleichsam eine Nachbildung eines übersinnlichen Geschehens, die auch, was den zeitlichen Verlauf anfängt, später als jenes übersinnliche Geschehen sich ereignet."

Suchen Sie nun in der linken Spalte das untere Trigramm KIEN, und verfolgen Sie die waagerechte Reihe so weit nach rechts, bis Sie auf die Spalte des oberen Trigramms LI stoßen, wo Sie die Zahl 14 sehen. (Die Tabelle ist auf dem Beilageblatt in der Schachtel nochmals abgedruckt.)

In Anordnungen wie dieser finden sich die
Trigramme und das Yin-Yang-Symbol
häufig auf alten Amuletten.

DIE DEUTUNG DES ORAKELS

Im Fernen Osten wird es für erforderlich gehalten, dass Gelehrte und Studenten, die in die Materie des BUCHES DER WANDLUNGEN eindringen wollen, den gesamten Text und den Sinn der Abfolge auswendig lernen, bevor Sie sich zum ersten Mal selbst an der Auslegung des Orakels versuchen. Wer das Buch – ob willkürlich oder systematisch – intensiv studiert, wird das Orakel immer besser deuten können. Dies gilt vor allem, wenn Sie die unmittelbar aus dem Chinesischen vorgenommene Übersetzung von Richard Wilhelm benutzen. Das Anleitungsbuch ist eine Synthese verschiedener Übersetzungen und zahlreicher Interpretationen, bei dessen Abfassung versucht wurde, die entsprechenden Bedeutungsinhalte westlicher Sprachen miteinzubeziehen. Dadurch ist dem Benutzer die große Mühe weitgehend abgenommen, sich die universellen Bilder der Hexagramme selbst erschließen zu müssen. Das Anleitungsbuch vermittelt Kenntnis durch Praxis – so sollte es Ihnen leicht fallen, sich in das große Thema hineinzufinden. Die Gestaltung dieses Buches soll Sie in persönlicher Weise mit dem BUCH DER WANDLUNGEN vertraut machen und Sie ermutigen, sich danach mit den Originaltexten zu beschäftigen. Dadurch werden Sie Ihre Kenntnisse der Symbole, der mythischen Erfahrungen und des kollektiven Bewusstseins, das allen Menschen gemeinsam ist, ausweiten.

Das BUCH DER WANDLUNGEN ist keins der üblichen Orakelbücher. Niemand, der es über längere Zeit benutzt, wird sich seiner eigentümlichen, unmittelbar ansprechenden

OBERES TRIGRAMM ▷ UNTERES TRIGRAMM ▽	KIEN	DSCHEN	KAN	GEN	KUN	SUN	LI	DUI
KIEN	1	34	5	26	11	9	14	43
DSCHEN	25	51	3	27	24	42	21	17
KAN	6	40	29	4	7	59	64	47
GEN	33	62	39	52	15	53	56	31
KUN	12	16	8	23	2	20	35	45
SUN	44	32	48	18	46	57	50	28
LI	13	55	63	22	36	37	30	49
DUI	10	54	60	41	19	61	38	58

Ausstrahlung entziehen können. Es ist möglich, dass es die Persönlichkeit des Benutzers annimmt, auch wenn es gelegentlich eine unvorhersehbare, verblüffende Position bezieht. Manchmal scheint sich das Buch auf einen witzigen Dialog voller Anspielungen einzulassen, dann wieder beharrt es gereizt auf einer ganz bestimmten Streitfrage. Wenn Sie die gleiche Frage immer wieder stellen, werden Sie häufig, allerdings in verschiedenen Formen, die gleiche Antwort erhalten. Es kann sogar zornig oder beleidigt reagieren, wenn es sich bedrängt fühlt, doch wird die Antwort in der Regel so klar und verständlich ausfallen wie Ihre Frage. Es empfiehlt sich, zu der Frage auch kurz die Antwort zu notieren. Wenn Sie dann das Buch zur Hand nehmen, nachdem sich das Problem gelöst hat, können Sie im Nachhinein die wahre Bedeutung des Hexagramms erkennen. Auf diese Art entwickelt sich Ihr Verständnis für die Sprache des I GING immer mehr.

Vergessen Sie auch nicht, dass das BUCH DER WANDLUNGEN nicht immer direkt antwortet, sondern von sich aus Ihre uneingestandenen Motive und Bedürfnisse in der Frage anspricht. Das Orakel spürt aber auch, wenn Krisen drohen oder entscheidende Veränderungen bevorstehen, und mag dann ein Gespräch, das Sie mit anderen Erwartungen begonnen haben, benutzen, um Sie zu warnen. Manchmal werden Sie in diesem Buch eine Art Eigensinn erkennen, den Sie weder beiseite schieben noch leichtfertig abtun können; und in dem Maße, wie sich Ihre Beziehung zu diesem Buch entwickelt, kann es Sie verlegen machen, beunruhigen, ärgern, ängstigen, aber auch zum Lachen bringen.

Ihre Beziehung zum BUCH DER WANDLUNGEN beruht zunächst auf Ihrer Fähigkeit, seine Sprache zu verstehen, um mit ihm „reden" zu können. Als z.B. L. durch ihren Freund T. verunsichert wurde, weil er kurz nach Beginn ihrer Beziehungen auf Reisen ging, stellte sie an das BUCH DER WANDLUNGEN die Frage: „Was kann ich in einer Beziehung mit T. erreichen?" Als Antwort erhielt sie Hexagramm 1, SCHÖPFERISCHE KRAFT, das sich in Hexagramm 9, BESCHRÄNKUNG, wandelte. Die vierte Linie von SCHÖPFERISCHE KRAFT war bewegt. Das Orakel gab damit zu verstehen, dass dies keine Zeit zum Handeln war. Es hatte also den Anschein, als hielte das Buch diese Frage in Anbetracht der noch nicht entwickelten Freundschaft für verfehlt. Daraufhin wandte sich L. mit einer neuen Frage an das I GING: „Was versuchst du mir mitzuteilen?" Diesmal erhielt sie Hexagramm 32, DAUER, das sich in Hexagramm 50, KOSMISCHE ORDNUNG, wandelte. Das Buch empfahl also, den überlieferten Werten (der DAUER) zu vertrauen und sich nicht in unablässiger Sorge (die obere bewegte Linie des Hexagramms DAUER) zu erschöpfen. Es versprach ihr innere Ruhe, wenn sie sich dem Lauf der Ereignisse anpassen und den Einklang (die KOSMISCHE ORDNUNG) mit der gegebenen Situation suchen würde. Als die unterbrochene Beziehung nach Wochen wieder aufgenommen wurde, ergaben sich aus der unglücklichen Verkettung zeitlicher Umstände zahlreiche Schwierigkeiten, so dass sie sich in wenigen Tagen trennten und in verschiedene Städte zogen. Deutlich kündigte SCHÖPFERISCHE KRAFT vom Enthusiasmus des Beginns, der aber von Anfang an durch die bewegte vierte Linie der BESCHRÄNKUNG unterworfen war; nichtsdestoweniger war die Antwort auf L.s zweite Frage – dass sich DAUER in KOSMISCHE ORDNUNG wandelt – im Grunde hilfreich.

Ob nun diese Weissagung aus L.s Unterbewusstsein emporsteigt, dem Wesen des Buches entstammt oder auf einem Zusammentreffen zufälliger Ereignisse beruht, bleibt angesichts ihres offenkundigen Nutzens und ihrer verblüffenden Richtigkeit unerheblich. Richard Wilhelm versucht in der Einleitung zu seiner Übersetzung des I GING dieses erstaunliche Phänomen mit dem Bild der Elektrizität zu beschreiben.

Das BUCH DER WANDLUNGEN kann am besten mit einem alle Situationen erfassenden Stromkreis verglichen werden. Der Strom stellt nur die Möglichkeit des Lichts bereit, leuchtet aber nicht von selbst. Doch wenn der Fragende über eine bestimmte Situation den Kontakt herstellt, wird ein „Strom" in Bewegung gesetzt und eine bestimmte Situation erhellt.

Es ist möglich, dass Ihnen die erhaltene Antwort zu schwierig oder widersprüchlich erscheint. Das mag daran liegen, dass die Blick verstellenden Einzelheiten Ihres Problems verwickelter sind, als Sie ahnen. Wenn Sie eine Antwort erhalten, die Sie nicht verstehen, dann versuchen Sie die Frage in zwei oder mehr Teilen erneut zu stellen. So ergab z.B. die Frage „Was kann ich von einer Übersiedlung nach Frankfurt erwarten, wo ich mit M. an einem Projekt arbeiten will?" als Antwort Hexagramm 23, VERSCHLECHTERUNG, wandelbar zu 14, SOUVERÄNITÄT. Ist das nun so zu verstehen, dass die VERSCHLECHTERUNG mit der Reise nach Frankfurt eintritt, oder ist sie mit M.s. Hilfe am Projekt verbunden? Und was bedeutet das außerordentlich gute Vorzeichen der SOUVERÄNITÄT? Um Klarheit zu gewinnen, wurde die Frage aufgeteilt: „Welche Auswirkungen wird meine Arbeit mit M. auf das Projekt haben?" und „Was ist von einer Reise nach Frankfurt im August zu erwarten?" Diese erneute Orakelbefragung ließ auf großen Erfolg in der gemeinsamen Arbeit mit M. hoffen (Hexagramm 11, GEDEIHEN), doch würde die Reise nach Frankfurt unerwünschte Schwierigkeiten für das angestrebte Ziel bringen (Hexagramm 64, VOR DER VOLLENDUNG, wandelbar zu 21, VERÄNDERUNG). Mit der gegebenen Antwort endet die Hilfe des BUCHES DER WANDLUNGEN, und es beginnt ihre Umsetzung in die Wirklichkeit: das eigene Handeln.

In der Deutung der Antworten kann Ihr Wunschdenken zum Haupthindernis werden. Es ist höchst erstaunlich, was der Verstand alles in eine Weissagung hineinlesen kann. Natürlich ist Wunschdenken eine Gewohnheit, die man nicht von heute auf morgen abstellen kann. Doch wenn Sie sich der Gefahr des Wunschdenkens bewusst bleiben, ist eine objektivere und intuitivere Auslegung der Orakel möglich.

Stärken Sie Ihre intuitiven Kräfte. Durch die Verfeinerung der Aufnahmefähigkeit Ihres Unterbewusstseins werden Sie die konkret auf Sie wirkenden Kräfte besser erkennen.

Die persönliche Natur Ihrer Wahrnehmung verbietet es, Fragen für andere an das Orakel zu stellen, denn es ist ja nicht möglich, dass Sie IHR Unterbewusstsein abhorchen, um das Leben anderer zu deuten und zu erhellen. Anderen zu weissagen ist eine subtile Fähigkeit, die nicht jeder erwerben kann, und in Fragen der Erkenntnis beginnt man wohl immer bei sich selbst.

Andererseits können Sie das BUCH DER WANDLUNGEN natürlich gut verwenden, um soziale, politische, persönliche und natürliche Ereignisse zu durchleuchten; gerade solche Fragen waren in der Geschichte dieses Buches Hauptanliegen und Inhalt der meisten Kommentare. C.G. Jung hat in seinen Werken über die Gleichzeitigkeit von Ereignissen und das kollektive Unbewusste sorgfältig die Wechselwirkung zwischen menschlichen und kosmischen Erscheinungen beschrieben. Ob sich Ihre Frage nun auf eine politische Wahl oder auf das Klima, auf finanzielle Transaktionen oder ein bevorstehendes gesellschaftliches Ereignis bezieht: Das BUCH DER WANDLUNGEN beruht in allen seinen Äußerungen zu diesen Themen seit Tausenden von Jahren auf eben diesen Grundsätzen der Gleichzeitigkeit von Ereignissen und des kollektiven Unbewussten.

Ein Hexagramm kann man analysieren, indem man die Beziehungen seiner TEIL- und KERNTRIGRAMME zueinander untersucht. Dies ist das älteste und allgemein als zuverlässigste anerkannte Verfahren, um die in den Hexagrammen wirkenden kosmischen Kräfte zu verstehen. In den Teiltrigrammen manifestieren sich die besonders dynamischen, äußeren Kräfte des jeweiligen Hexagramms. Ein Hexagramm besteht aus zwei Teiltrigrammen, die sich von unten nach oben gezählt aus den Linien 1, 2 und 3 sowie 4, 5 und 6 zusammensetzen.

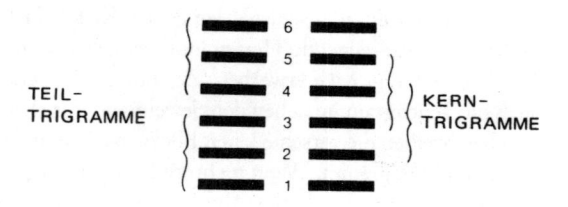

So setzt sich etwa das Hexagramm 43, ENTSCHLOSSENHEIT, aus dem unteren Teiltrigramm KIEN, Himmel, und dem oberen DUI, See, zusammen.

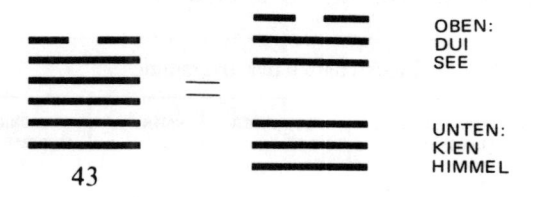

Aus der folgenden Tabelle (S. 28) ist ersichtlich, dass KIEN die Eigenschaften von Stärke und Beharrlichkeit, DUI jene von Offenheit verkörpert. Darüber hinaus steht KIEN auch für Kopf oder Gesinnung, DUI für Mund und Worte. Daher weisen die Teiltrigramme auf die offen ausgedrückte, feste ENTSCHLOSSENHEIT, wie sie vom Text als Verhalten empfohlen wird.

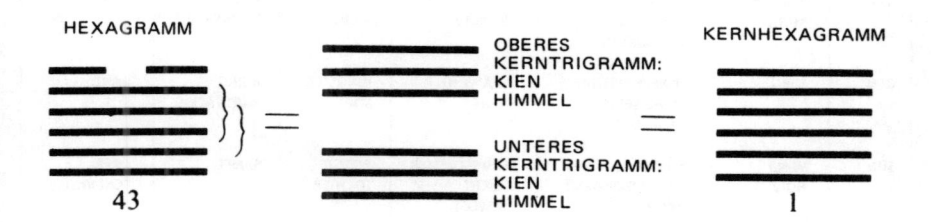

An den beiden KERNTRIGRAMMEN, die (wieder von unten nach oben gezählt) aus den Linien 2, 3 und 4 sowie 3, 4 und 5 gebildet werden, ist die innere Entwicklung des Hexagramms abzulesen. Im Hexagramm ENTSCHLOSSENHEIT ist das untere und obere Kerntrigramm jeweils KIEN, Himmel.

Diese beiden Kerntrigramme verstärken noch den Gedanken der Beständigkeit, Stärke, väterlichen Gefühle und unermüdlichen Disziplin. Aus ihrer Verbindung entsteht Hexagramm 1, die SCHÖPFERISCHE KRAFT, in dem sich das Streben nach innerer schöpferischer Fähigkeit und charakterlicher Stärke ausdrückt.

Wer tiefer in das BUCH DER WANDLUNGEN eingedrungen ist, wird bald aus der Untersuchung dieses Kernhexagramms (das sich aus den beiden KERNTRIGRAMMEN zusammensetzt) unmittelbar das entsprechende Hexagramm verstehen lernen. Der Anfänger wird dieses Verständnis erst nach und nach erwerben. Zur besseren Übersicht sind aber sowohl die Kern- wie auch die Teiltrigramme neben dem jeweiligen Text abgebildet.

Die bewegten Linien beschreiben die verschiedenen Blickwinkel beim Übergang vom ersten Hexagramm zum zweiten Hexagramm. Wenn mehrere Linien bewegt sind, die einander zu widersprechen scheinen, sollte man sie als eine Abfolge von Ereignissen lesen, die von einer Situation in die nächste führt. Doch sie lassen sich auch als die verschiedenen Standpunkte interpretieren, die Sie im Laufe einer Entwicklung einnehmen. Messen Sie einer Linie, die dem zugehörigen Hexagramm zu widersprechen scheint, größere Bedeutung bei als der Voraussage der Hexagramme. Die HERREN DER LINIEN werden neben dem Kommentar

		Eigenschaften der Trigramme				
KIEN	HIMMEL TAG	SCHÖPFERISCH ENERGIE STARK HELL	FRÜHWINTER KALT EIN	VATER	HARMONIE FESTIGKEIT	KOPF GESINNUNG
KUN	ERDE NACHT	SCHWACH NACHGIEBIG DUNKEL NÄHREND	FRÜHHERBST WARM	MUTTER	ANPASSUNGSFÄHIG	BAUCH SCHOSS
DSCHEN	DONNER	ERREGEND AKTIV ANSPANNEND	FRÜHLING ERDBEBEN	ÄLTESTER SOHN	AUSBREITEND SCHWERMUT	FUSS
KAN	WASSER MOND	GEFÄHRLICH SCHWIERIG ABGRÜNDIG	MITTWINTER BEWÖLKT	MITTLERER SOHN	ÄNGSTLICH SCHWERMUT	OHR
GEN	BERG	INNERHALTEND UNBEWEGLICH STÖRRISCH	SPÄTWINTER RUHE	JÜNGSTER SOHN	RUHIG HARTNÄCKIG	HAND
SUN	WIND HOLZ	SANFT DURCHDRINGEND ALLMÄHLICH	FRÜHSOMMER LEICHT BEWEGT	ÄLTESTE TOCHTER	SANFT	OBERSCHENKEL
LI	FEUER SONNE	BEWUSST ABHÄNGIG	MITTSOMMER BLITZ	MITTLERE TOCHTER	INTELLIGENT BEDINGT	AUGE
DUI	SEE	FRÖHLICH ZUFRIEDEN FÜLLE FREUDE	SPÄTHERBST REGEN	JÜNGSTE TOCHTER	OFFENHEIT ÜBERMASS	MUND

			ASPEKT	VON NATUR AUS KORREKTE LINIENPOSITION
KOSMISCHE IDEALE	6 OBERSTE LINIE	HIMMEL	WEISHEIT	
	5 FÜNFTE LINIE	HIMMEL	AUTORITÄT	
MENSCHLICHE ANGELEGENHEITEN	4 VIERTE LINIE	MENSCH	SOZIALES BEWUSSTSEIN	
	3 DRITTE LINIE	MENSCH	INDIVIDUELLES STREBEN	
	2 ZWEITE LINIE	ERDE	EIGENINTERESSE	
	1 GRUNDLINIE	ERDE	INSTINKTE	

durch das Zeichen ▶ hervorgehoben: Sie sind die besonders kraftvollen Schlüssellinien, die zumeist auch Glück verheißender sind als die anderen. Wenden Sie einer solchen Linie, die Sie in einem Hexagramm erhalten, besondere Aufmerksamkeit zu.

Bei der Analyse und Auslegung einzelner Linien ist es von Vorteil, mit den Linienpositionen und ihren Attributen (wie sie in der Tabelle zusammengestellt wurden) vertraut zu sein, um auch vielschichtigere Antworten auflösen zu können. Wenn Sie die Tabelle von links beginnend betrachten, sehen Sie, dass die Linien 1, 2 und 3 dem unteren Teiltrigramm der menschlichen Angelegenheiten, die Linien 4, 5 und 6 dem oberen Teiltrigramm der kosmischen Ideale zugerechnet werden, und diesen Einflussbereichen entspricht im Allgemeinen auch ihre Bedeutung. Die beiden untersten Linien betreffen meist grundlegende Angelegenheiten, die beiden mittleren soziale und menschliche Belange und die beiden obersten das höhere Streben. Zu jeder Linie gehört ein bestimmter Aspekt, von den Instinkten der Grundlinie bis zur Weisheit der obersten Position. In der letzten Spalte schließlich werden

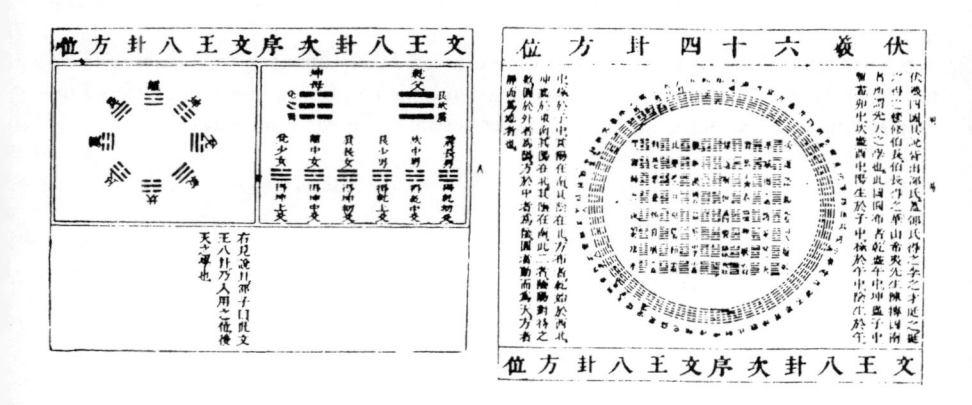

Zwei alte Tafeln der I GING-Symbole: links die Trigramme
in zwei verschiedenen Anordnungen; rechts die aus den Trigrammen aufgebauten
Hexagramme in zyklischer und blockartiger Aufreihung.

die von Natur aus korrekten Plätze der weichen oder festen Linien angegeben. Es ist im Allgemeinen vorteilhaft, wenn eine Linie auf ihrem korrekten Platz ist, obwohl sie durch den Charakter der benachbarten Linien, der einander entsprechenden Linien (1 entspricht 4, 2 entspricht 5, 3 entspricht 6) und der herrschenden Linien teilweise modifiziert werden kann.

In der Regel werden die unterste und die oberste Linie nicht in die Betrachtung einbezogen, da die Basis als Beginn oder Ursache und die Spitze als Ziel oder Wirkung nicht Teil der Situation sind. Ihre Bedeutung kann – weil sie jeweils nur einem Trigramm zugehören – stark von den inneren, sich entwickelnden Linien abweichen, während die zweite und fünfte Linie als Bestandteil von Kern- und Teiltrigrammen zu zwei Trigrammen gezählt werden. Da sie in einem gewissen Gleichgewicht stehen, werden sie in ihrer Bedeutung häufig positiv interpretiert. Die beiden innersten Linien 3 und 4 gehören jeweils zu drei Trigrammen, einem Teil- und zwei Kerntrigrammen. Ihre Bedeutung ist von vielen Faktoren abhängig und vielschichtiger, da sie mitten im Wandel stehend von anderen Linien beeinflusst werden.

Beachten Sie, dass dies nur allgemeine Richtlinien sind und alles von der Gesamtstruktur des Hexagramms abhängt. Die verwickelten, wechselseitigen Beziehungen zwischen den sechs Einzellinien eines bestimmten Hexagramms enthüllen sich erst nach langer eingehender Betrachtung; sie werden in der Spalte links vom Text der Hexagramme kurz kommentiert.

Sind in einem erhaltenen Hexagramm viele Linien bewegt, dann kann das auf eine ruckartige oder aktivere und kompliziertere Veränderung hinweisen. Sind alle Linien unbewegt, dann befinden auch Sie sich in einer unbewegten Situation, die sich u.U. in einer starren Haltung ausdrückt, mit der Sie dem Gegenstand Ihrer Frage gegenüberstehen. Ein unbewegtes Hexagramm kann auch bedeuten, dass das Umfeld Ihrer Frage erstarrt und nur durch außerordentliche Schritte aufzulösen ist oder dass die erhaltene Antwort endgültig und eindeutig ist. Der jeweils letzte Abschnitt des Textes zu einem Hexagramm geht auf diese „statischen" Situationen ein. Doch auch in solchen Fällen sollte das gesamte Hexagramm gelesen und in die Erwägungen miteinbezogen werden.

Sie werden außerdem entdecken, dass Ihre eigenen Aufzeichnungen im Anleitungsbuch, mit denen Sie die Einzelnen Erläuterungen zu den Linien ergänzen, Ihnen eine tiefere Einsicht in Sinn und Bedeutung der Linien wie der gesamten Hexagramme geben.

„Der göttliche Landmann" und der „Stadtgott",
die in der Han-Dynastie verehrt wurden
und das kosmologische Interesse der Zeit widerspiegeln.

Kapitel III
Die Anwendung des Anleitungsbuchs zum I Ging

DIE BEGEGNUNG VON OST UND WEST

Goethe hat einst festgestellt: „Orient und Occident sind nicht mehr zu trennen." Heute ist dieser Satz selbst in kleinen Dingen richtig. Viele westliche Menschen sind sehr daran interessiert, östliche Speisen, Kunst, Sportarten, Musik, Kleidung und Literatur kennen zu lernen. Sie sind fasziniert von den feinen Variationen in den Strukturen, Stimmungen und Tönen, die das alltägliche Leben beider Kulturbereiche so sehr voneinander unterscheiden. Mit dem steigenden Bedürfnis auf unserem Planeten, sich neu zu sammeln und zusammenzufinden, wächst bei den Menschen in Ost und West auch der Wunsch, sich durch die Gedanken und Vorstellungen der anderen anregen zu lassen.

Die okkulten Wissenschaften, die in der seriösen westlichen Philosophie einen immer wichtigeren Platz einnehmen, sind vorherrschend von östlichen Vorstellungen geprägt. Während in der westlichen Zivilisation gegenwärtig ein geistiger Hunger spürbar ist, ein Bedürfnis nach einem tieferen Sinn im Leben und ein Wunsch nach Ausweitung der Bewusstseinsgrenzen, streben die östlichen Völker nach der fortgeschrittenen Technologie, die der Westen aus der Beobachtung der äußeren Wirklichkeit entwickelt hat. Die Menschen des Orients versuchen die Kräfte der Natur zu kontrollieren und sie zugleich geistig zu durchdringen, um so das materielle Dasein zu verbessern.

Die Unterschiede zwischen östlicher und westlicher Vorstellungswelt sind tief greifend und faszinierend und können als Gegenstände philosophischer Denkweisen dargestellt werden. Die östliche Geisteshaltung ist als zusammenschauendes Denken und symbolhaftes Vorstellen gekennzeichnet worden, wie es unmittelbar an der chinesischen Schrift zu sehen ist, in der ein Schriftzeichen symbolisch für die auszudrückende Idee steht.

Während im Westen analytisches Denken und logisches Folgern zum Standard wurden, zogen es die östlichen Völker vor, „Denkweisen" des intuitiven Folgerns zu entwickeln. Ein Beispiel für intuitives Denken in einem westlichen Laboratorium wäre es, eine scheinbar beziehungslose Information in den Computer einzuprogrammieren. Das wäre z.B. ein zufälliger Faktor wie die Mondphase oder die Tageszeit, zu der eine bestimmte Entscheidung gefällt wird, oder etwa der Biorhythmus des Programmierers. Selbst solche nebensächlichen Einzelheiten werden in der Vorstellungswelt der östlichen Menschen als Teil des Gesamten betrachtet und nicht um ihrer selbst willen abgetrennt und untersucht. Erst durch die Einführung eines Zufallselements in den Versuchsablauf wäre sich ein östlicher Gelehrter sicher, auch die weitest reichenden Faktoren der universellen Wahrheit berücksichtigt zu haben.

Diese Denkart ist für den westlichen Verstand verwirrend, manchmal sogar bedrohlich und abstoßend, da sie sich in Geheimnisse hüllt und scheinbar durch und durch unwissenschaftlich ist. Doch solche abstrakten Vorstellungen üben eine eigentümliche Anziehungskraft auf westliche Menschen aus, da sie manchmal überraschende Einblicke in zuvor unverstandene

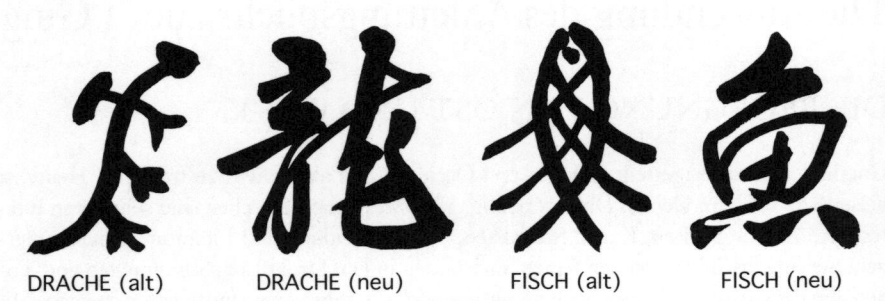

DRACHE (alt)　　　DRACHE (neu)　　　FISCH (alt)　　　FISCH (neu)

Die moderne chinesische Schrift hat ihre Wurzeln in der Bilder- oder Symbolschrift. Hier werden frühe Ideogramme, die aus den Knocheninschriften bekannt sind, gemeinsam mit ihren modernen Formen gezeigt.

Möglichkeiten erlauben. Dieser Gegensatz der kulturellen Denkweisen verspricht eine Befruchtung der zukünftigen Ideen.

Das Anleitungsbuch zum I GING wurde in der Absicht geschrieben, westlichen Menschen den Zugang zum BUCH DER WANDLUNGEN zu erleichtern, ohne die ursprünglichen chinesischen Vorstellungen zu verfälschen, und zugleich unser westliches Erbe mit seinen geistigen Erfahrungen zu bewahren. Diesen Gedanken hat der berühmte Psychologe C.G. Jung im Anhang zu Richard Wilhelms Übersetzung des Buchs DAS GEHEIMNIS DER GOLDENEN BLÜTE auf treffende Weise angesprochen:

> Wir brauchen in der Tat ein dreidimensionales Leben, wenn wir die chinesische Weisheit als etwas Lebendiges erfahren wollen. Zunächst benötigen wir die europäischen Erkenntnisse über uns selbst. Europa ist unser Ausgangspunkt und nicht Yogapraktiken, die uns nur von unserer Wirklichkeit wegführen würden. Wir müssen Wilhelms Übersetzungswerk weiter fortsetzen, wenn wir uns in einem weiteren Sinne als würdige Schüler des Meisters erweisen wollen. So wie er den geistigen Reichtum des Ostens mit europäischen Bedeutungen versah, sollten wir diese Bedeutung ins Leben umsetzen.

Das Anleitungsbuch zum I GING soll die interessierten Menschen des Westens ermutigen, in dieses großartige Werk einzudringen und es auf persönliche Weise zu erfahren. Der Text der 64 Hexagramme im Anleitungsbuch ist keine direkte Übersetzung aus dem chinesischen Original, sondern will Gehalt und Vorstellungswelt des alten Textes im Licht des gegenwärtigen westlichen Verstehens erläutern. Es bedient sich daher weitgehend moderner Begriffe an Stelle der ursprünglichen Wortsymbole, deren Sinn für all jene verloren ist, die nicht mit der Bedeutung der Wildgans, des fliegenden Drachen oder der vertrockneten Pappel vertraut sind. Während manche Menschen sich spontan in mythische Zusammenhänge einfühlen können und daher fähig sind, die wunderbare Bildhaftigkeit in ihrer Fülle zu erfassen, müssen für die meisten Leser die Alltagsvorstellungen einer 5000 Jahre alten Kultur im Dunkeln bleiben. Da die Trigramme (als Bausteine der Hexagramme), genau wie die von ihnen symbolisierten natürlichen Elemente und die Bewegung, in der sie sich von einem Hexagramm zum anderen entwickeln, von großer Bedeutung sind, werden sie in der Spalte links vom Haupttext abgebildet. Nach den Worten der alten Meister des I GING führt das Nachsinnen über diese Bausteine der Hexagramme schließlich zur tieferen Erkenntnis der Wege, auf denen die Naturgesetze das menschliche Leben berühren und beeinflussen.

Durch die Beschäftigung mit dem Anleitungsbuch und das Eintragen der Ergebnisse Ihrer Orakelbefragungen werden Sie zu einem persönlichen Verständnis der 64 Grundsituationen des Menschen gelangen. Wenn Sie Ihre Fragen aufzeichnen, so stellen Sie nach und nach ein Tagebuch zusammen, in dem Ihr Weg durch den Kosmos, das TAO, sichtbar wird. Sie werden in Ihrem Leben Strukturen erkennen und feststellen, dass sich Verwicklungen auf bestimmte und vorhersehbare Weise von selbst lösen. Sie werden die Bereitschaft aufbringen, vom Schicksal Vorherbestimmtes anzunehmen, verstehen lernen, wo Ihre Grenzen der Einflussnahme auf gewisse Situationen liegen, und Sie werden vor allem die wichtigste Begabung fördern: das intuitive Denken. Durch intuitives Handeln und Verstehen müssen Sie Ihren persönlichen Zugang zum BUCH DER WANDLUNGEN finden, um seine Antworten wirklich genau auslegen zu können. Im Anleitungsbuch werden Sie – auf der Basis des uralten Zweiersystems von Yin und Yang – ein eigenes, neues Buch schreiben, dessen Inhalt durch die Notierung Ihrer persönlichen Erfahrungen bestimmt sein wird. Die Erfahrung wird Ihr Lehrer sein und das Anleitungsbuch ein Gefäß, das wie ein Computer Ihre Informationen speichert, so dass Ihnen mit diesem Lerninstrument Erinnerungen auf Abruf zur Verfügung stehen. Ihre Beobachtungsfähigkeit und Aufnahmebereitschaft gegenüber gewissen Entwicklungen werden sich verfeinern: Sie werden erkennen, was Ihnen üblicherweise zustößt, werden lernen, wie Sie Gefahren vermeiden und wann es gilt, Gelegenheiten wahrzunehmen, oder wann der Zeitpunkt für einen Rückzug gekommen ist. Sie werden empfindsamer auf die Vorgänge in Ihrer Psyche reagieren und Gelegenheit bekommen, Ihr Leben zu ändern oder bewusst den gegenwärtigen Lauf Ihres Lebens anzunehmen.

BEGRIFFSERLÄUTERUNGEN

Begriffe, die häufig im Text der Hexagramme sowie im gesamten Anleitungsbuch Verwendung finden, werden im Folgenden mit ihren Bedeutungsfeldern vorgestellt:

AUTORITÄT: Ebenso wie die Begriffe FÜHRER und EDLER bezieht sich AUTORITÄT auf Situationen oder Personen, die Ihr Leben zu einem bestimmten Zeitpunkt beeinflussen. Bezeichnet darüber hinaus jeden, der auf andere Einfluss ausübt.

EDLER: Ein Ausdruck aus dem chinesischen Original des I GING. Bezeichnet den Menschen, der nach einem bestmöglichen Leben strebt. Im 6. Jh. v. Chr. beschreibt der Philosoph Laotse den EDLEN (hier symbolisiert durch GÜTE) mit folgenden Worten:

> Höchste Güte ist wie das Wasser.
> Des Wassers Güte ist es,
> Allen Wesen zu nützen ohne Streit.
> Es weilt an Orten, die alle Menschen verachten.
> Darum steht es nahe dem SINN.
> Beim Wohnen zeigt sich die Güte an dem Platze.
> Beim Denken zeigt sich die Güte in der Tiefe.
> Beim Schenken zeigt sich die Güte in der Liebe.
> Beim Reden zeigt sich die Güte in der Wahrheit.
> Beim Walten zeigt sich die Güte in der Ordnung.
> Beim Wirken zeigt sich die Güte im Können.
> Beim Bewegen zeigt sich die Güte in der rechten Zeit.
> Wer sich nicht selbst behauptet, bleibt eben dadurch frei von Tadel.

Der Begriff EDLER wird häufig durch die Anrede SIE ersetzt, da angenommen wird, dass der Benutzer des Anleitungsbuches das Ideal des EDLEN vor Augen hat.

ENTSPRECHENDE LINIEN: Bezeichnet jene Linien, die in den beiden Teiltrigrammen eines Hexagramms identische Plätze einnehmen. ENTSPRECHENDE LINIEN sind 1 und 4, 2 und 5 sowie 3 und 6.

FESTE LINIE: Eine durchgehende Linie (———) im Hexagramm, daher stark und bestimmt. Ebenso eine starke und bestimmte Haltung.

GRUNDSÄTZE: siehe TUGEND.

GUT: Bezeichnet ebenso wie die Begriffe HEIL, HEILBRINGEND und ERFOLGREICH einen Zustand, in dem Verdienste erworben werden können. Dies kann eine Situation sein, die für alle Beteiligten Glück verheißend ist, oder einen Menschen beschreiben, der mit seiner Umwelt im Zustand wachsenden, gegenseitigen Nutzens lebt.

KORREKT: Die Begriffe KORREKT, RICHTIG UND RECHTMÄßIG beschreiben Handlungen und Haltungen, die mit der Umwelt und dem Wesen der Menschen, dem TAO, in Harmonie sind. Wer das RICHTIGE tut, vermeidet Konflikte. Der Ausdruck bezeichnet auch eine Linie, die im Hexagramm auf dem ihr von Natur aus zukommenden Platz steht.

OPFER: Die Aufgabe einer Sache um einer anderen willen; ein OPFER ist nicht unbedingt ein unmittelbarer Austausch und erfordert daher ein bestimmtes Maß an Vertrauen. Im Besonderen verlangt es Selbstdisziplin.

PERSÖNLICHE ENTWICKLUNG: Bezieht sich ebenso wie die Wendungen INNERE ENTWICKLUNG und CHARAKTERLICHE ENTWICKLUNG auf die Bildung und Verfeinerung der Tugenden des Einzelnen. Letztes Ziel ist der EDLE, der sich spontan und frei von Bösem selbst verwirklicht.

SCHWACHE LINIE: Bezeichnet eine gebrochene Linie (—— ——) im Hexagramm und stellt das Entgegenkommen, die Empfänglichkeit und die verständnisvolle, aufnahmebereite Haltung dar.

TAO: Der individuelle Weg des Menschen durch den Kosmos.

TUGEND: Die Begriffe TUGEND und GRUNDSÄTZE bezeichnen die aufrichtige Bindung eines Menschen an seine Leitvorstellungen und ethischen Vorschriften. Ein Mensch der TUGEND wird in seinen Grundsätzen und seiner Integrität unerschütterlich bleiben. Dies wird im BUCH DER WANDLUNGEN als äußerst wichtig angesehen.

ÜBEL: Ebenso wie VERFALL und ABSTIEG ein Ausdruck für Kompromissbereitschaft in Grundsätzen und für moralische Verdorbenheit, die allen Beteiligten Schmerz und Verwirrung bringen.

UNHEIL: Betrifft wie TADEL und IRRTUM Umstände, die negative Folgen haben. Häufig demütigend und beschämend, zerstört die innere Wirkung guter Werke.

VERWIRRUNG: Die Begriffe VERWIRRUNG und CHAOS beschreiben einen Zustand der Unordnung und des Getrenntseins vom TAO. Wer sich in Verwirrung befindet, läuft zum einen Gefahr, durch unangebrachte Handlungen die Zukunft negativ zu gestalten, und zum anderen, seine Verdienste aus der Vergangenheit zu entwerten.

DAS ARBEITEN MIT DEM ANLEITUNGSBUCH

Das Anleitungsbuch ist so aufgebaut, dass sich nach einer gewissen Zeit der Benutzung von selbst Strukturen Ihres Lebens abzuzeichnen beginnen. Sie können dann in kurzer Zeit ein höchst persönliches Verständnis vom besonderen Sinn bestimmter Hexagramme oder Linien für Ihr Leben gewinnen.

Jedem Hexagramm sind zwei Seiten gewidmet. Auf der LINKEN SEITE steht der Text des Hexagramms, dessen Name nicht in jedem Fall direkt übersetzt, sondern eher modern gedeutet ist. Sollte zum „klassischen" Namen ein großer Unterschied bestehen, wird die übliche Übersetzung *kursiv* der Bezeichnung des Hexagramms hinzugefügt.

Im Text wird jeweils erläutert, wie das betreffende Hexagramm auf die verschiedenen Bereiche menschlichen Lebens einwirkt. Dagegen wird im letzten Abschnitt dieses Textes die Bedeutung des Hexagramms in seiner statischen Form erörtert (also wenn es ohne bewegte Linien auftritt). Dort wird auch auf die Trigramme, aus denen sich das Hexagramm zusammensetzt, eingegangen und erklärt, wie sie aufeinander wirken.

Die Spalte links vom Text ist für jene Leser gedacht, die ihr Verständnis des BUCHES DER WANDLUNGEN vertiefen wollen. Oben steht das Hexagramm selbst, darunter seine chinesische Bezeichnung, es folgen jeweils die beiden Teil- und Kerntrigramme, ebenfalls mit chinesischer Bezeichnung und Bedeutung. (Eine ausführliche Zusammenstellung der Eigenschaften der Einzelnen Trigramme findet sich in der Tabelle S. 28).

Ganz unten ist nochmals das Hexagramm abgebildet, diesmal mit der Kennzeichnung der herrschenden Linie oder Linien. Eine kurze Erklärung der Struktur des Hexagramms und seine Nummer schließen diese Spalte ab.

Auf der RECHTEN SEITE finden sich die bewegten Linien. Die bewegten Linien sind so geordnet, dass die Grundlinie am unteren Ende der Seite steht, wenn Sie zwei oder mehrere bewegte Linien erhalten, beginnen Sie mit der untersten und lesen in aufsteigender Folge weiter.

Das häufige Erscheinen eines bestimmten statischen Hexagramms verrät Ihnen etwas über Ihr Verhalten oder Ihre Bereitschaft sich der Situation zu stellen, die das Hexagramm beschreibt.

Es ist eine der ungewöhnlichen Erfahrungen beim Befragen des Orakels, dass sich die erhaltenen Linien – entgegen der Erwartung – im Lauf der Zeit NICHT gleichmäßig verteilen: Häufig bekommt man eine bestimmte Linie innerhalb eines Hexagramms zwanzig und mehr Mal, eine andere dafür nie.

Wenn Sie ein Tagebuch der Befragungen führen, dann können Sie Zeichen und Symbole entwickeln, die sich aus verschiedenen Fragestellungen und Themen ergeben oder auf der Häufigkeit bestimmter Linienpositionen basieren. Sie können auch Mondphasen, Biorhythmen, astrologische Konstellationen oder andere Sie interessierende Zyklen einbeziehen.

Eine letzte Bemerkung: Nehmen Sie sich ab und zu die Zeit, das Buch durchzublättern – Sie entdecken Beziehungsmuster zwischen den Hexagrammen, die sich für Sie spontan ergeben. Greifen Sie einfach eines der Hexagramme heraus, und überlegen Sie, in welcher Weise es Ihr Leben beeinflusst hat – aber auch, wie Ihr Leben dieses Hexagramm für Sie gestaltet hat. In dieser geistigen Haltung hat sich jeder Gelehrte, der einen Kommentar zum BUCH DER WANDLUNGEN verfasst hat, dieser Aufgabe gewidmet. Es gibt keinen Grund, warum nicht auch Sie Ihren eigenen Kommentar mit dem gleichen persönlichen Erfolg schreiben sollten. Machen Sie dieses Buch zu Ihrer Schöpfung – und das nächste Hexagramm, das Sie erhalten, zu seinem ersten Atemzug.

Das chinesische Schriftzeichen 1 – „Wandlung".
Es wird angenommen, dass es aus dem alten Symbol für
Eidechse oder Chamäleon entstand.

Kapitel IV
Die 64 Hexagramme

Die schöpferische Kraft

KIEN

OBERES TEIL-TRIGRAMM KIEN: HIMMEL

UNTERES TEIL-TRIGRAMM KIEN: HIMMEL

OBERES KERN-TRIGRAMM KIEN: HIMMEL

UNTERES KERN-TRIGRAMM KIEN: HIMMEL

HERRSCHENDE LINIEN

▶

SCHÖPFERISCHE KRAFT ist nichts Geringeres als der Zündmechanismus, der eine Entwicklung explosionsartig in Bewegung setzt. Die Zeit ist außerordentlich reich an Inspiration, Energie und Willen und ist der zeugenden Kraft der Schöpfung vergleichbar, wenn der lebenserweckende Same in das Ei eindringt. Diese Zeit wird von jener ursprünglichen Macht beherrscht, die uns in unserem Geschick vorwärts treibt, ungeachtet unserer vernünftigen Überlegungen und widerstrebenden Gefühle.

Da sich nun alles um Sie schart, können Sie sich und anderen den Anstoß zu großen und bedeutsamen Taten geben. Nutzen Sie diese neue Kraft mit Klugheit, und wählen Sie nur solche Ziele, die für die Menschen sinnvoll und anregend sind.

In den Bereichen Politik und Wirtschaft werden Sie nun als Führer und richtungweisende Kraft angesehen. Sie haben die Möglichkeit, Ihre persönlichen Wünsche mit den Bedürfnissen der Gesellschaft in Einklang zu bringen und so Ordnung und Frieden zu schaffen. Sie können nun Aufgaben verteilen, Richtlinien aufstellen und andere ohne Anstrengung so lenken, dass sie zu Wohlstand und Glück gelangen. An Ihrem Beispiel werden die Menschen in Ihrer Umgebung ihr eigenes Streben nach Höherem entwickeln.

Lassen Sie sich nicht auf zufällige Einmischungen und überflüssige Nebensächlichkeiten ein. Sie müssen diese Zeit klug nützen und dürfen nicht die außerordentliche SCHÖPFERISCHE KRAFT, über die Sie jetzt verfügen, in planlosen Aktivitäten vergeuden. Alles, was Sie nun unternehmen, wird Sie zu noch höheren Zielen führen, darum wahren Sie Ihre Kräfte und setzen Sie sie sorgfältig ein. Wichtig ist die zeitliche Planung: Achten Sie auf die Zeichen der Zeit, seien Sie in Ihrem Handeln ausgegli-

---

Dieses Zeichen ist ganz aus Yanglinien aufgebaut. Der Herr des Zeichens befindet sich auf dem fünften Platz (Autorität) und ist seiner Position entsprechend fest, also korrekt. Er spornt alle anderen Plätze im Hexagramm zu entschlossener und unermüdlicher Stärke an.

Ohne bewegte Linien ist dieses Hexagramm SCHÖPFERISCHE KRAFT ein Vorzeichen von tiefer Bedeutung. Das Trigramm KIEN, Schöpferkraft, wird als unteres und oberes Teiltrigramm wiederholt. Ihr jetziges Handeln wird Grundlage und Anregung für Ihre weiteren Erfahrungen sein. Jede Ihrer Handlungen wird Ihr Schicksal unauslöschlich prägen. Sie können die Spur Ihres Weges immer wieder zum Ausgangspunkt zurückverfolgen, aber das, was Sie gerade in Gang setzen, wird nie ein Ende haben.

Wenn alle Linien bewegt sind, so ist das in der Tat ein außerordentliches Vorzeichen. Ihr Wesen ist durch und durch klar und ausgeglichen. Sie können nun eine wahrhaft herausragende und wertvolle Wirkung auf die Welt ausüben.

chen und bewahren Sie bewusst Distanz und persönliche Integrität. Bedenken Sie, wohin Ihre Handlungen führen; bedenken Sie, wann es NICHT zu handeln gilt.

Auch im persönlichen Bereich wird man sich auf Sie konzentrieren: Ihre Familie, Ihre Partner vertrauen auf Ihre lenkende Kraft. Übernehmen Sie vertrauensvoll die Initiative, denn zu gleicher Zeit entfalten sich vermehrt die Kräfte in Ihrem Selbst. Entwickeln Sie Ihre innere Stärke, indem Sie edlen Grundsätzen folgen und weit reichende Ziele anstreben. Lassen Sie sich nicht von unwichtigen oder irrelevanten Erwägungen beirren: Erfolg steht unmittelbar bevor.

OBERSTE LINIE
Ihr Streben übersteigt bei weitem Ihre SCHÖPFERISCHE KRAFT. Wenn Sie diesen Traum weiter verfolgen, werden Sie die Beziehung zur Wirklichkeit und den Kontakt zu Ihrer Gemeinschaft verlieren. Sie werden nicht mehr wissen, wie Sie sich angemessen verhalten sollen, und Ihre Handlungen schließlich bedauern.

▶ FÜNFTE LINIE
Welchen Weg Sie auch einschlagen, er steht in Einklang mit dem Kosmos. Da Ihr Denken klar ist, üben Sie großen Einfluss aus, und die Menschen Ihrer Umgebung wenden sich an Sie um Rat.

VIERTE LINIE
Jetzt müssen Sie wählen: Da sich Ihre SCHÖPFERISCHE KRAFT vermehrt, müssen Sie sich entscheiden, ob Sie sich in die Öffentlichkeit begeben und der Gemeinschaft dienen oder ob Sie sich zurückziehen und Ihre innere Persönlichkeit ausbilden. Folgen Sie Ihrer innersten Eingebung, und Sie werden keinen Fehler begehen.

DRITTE LINIE
Es eröffnet sich Ihnen ein neuer Wirkungskreis. Andere werden dies erkennen und sich Ihnen in der Hoffnung anschließen, Ihren verstärkten Einfluss für eigene Zwecke auszunutzen. Darin liegt Gefahr, denn Ihre Energien können sich verzetteln, bevor sie sich stabilisiert haben. Wenn Sie mit aller Kraft an Ihrem Ideal und Ihrer Integrität festhalten, dann unterlaufen Ihnen keine Fehler.

ZWEITE LINIE
Achten Sie auf jemanden, der in Ihrem Interessengebiet tätig ist. Wenn er auch nicht in der Position schöpferischer Kraft ist, so ist sein Verhalten über jeden Vorwurf erhaben und gewinnt daher großen Einfluss. Es wäre zu Ihrem Vorteil, sich mit ihm zusammenzutun.

GRUNDLINIE
Die Zeit ist nicht reif zum Handeln. Sie haben zwar die gesamte SCHÖPFERISCHE KRAFT, die Sie zur Erreichung Ihres Ziels brauchen, aber Sie müssen noch auf den passenden Augenblick warten. Wenn es nötig ist, können Sie hinter den Kulissen Einfluss auf die Entwicklung nehmen.

Die natürliche Antwort

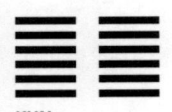

KUN

OBERES TEIL-TRIGRAMM KUN: ERDE

UNTERES TEIL-TRIGRAMM KUN: ERDE

OBERES KERN-TRIGRAMM KUN: ERDE

UNTERES KERN-TRIGRAMM KUN: ERDE

HERRSCHENDE LINIEN

(DAS EMPFANGENDE)

Die Empfänglichkeit der Natur steht nun im Mittelpunkt. Die Natur vermag sich in die Jahreszeiten einzufühlen und folgt ihren Erfordernissen: sie pflanzt sich fort, passt sich an, entwickelt sich; sie heilt von selbst Verletzungen, die ihr zugefügt werden, und wahrt geschickt ein Gleichgewicht des Gebens und Nehmens. Das Entscheidende dieser Zeit liegt darin, die NATÜRLICHE ANTWORT auf die unzähligen Dinge rundum zu finden, eine Antwort, die den Naturgesetzen gemäß ist.

Sie haben es nun mehr mit Tatsachen als mit Möglichkeiten zu tun. Zwar können Sie die Lage um sich, nicht aber die hinter den Dingen wirkenden Kräfte erkennen. Verlassen Sie sich deshalb in Ihrem Handeln nicht auf sich allein, denn sonst verlassen Sie den Weg und werden unsicher. Sie brauchen Freunde und Helfer zur Verwirklichung Ihrer Ziele. Wenn Sie dies akzeptieren und sich in natürlicher Ergebenheit führen lassen, können Sie große Ziele erreichen.

Bewahren Sie selbst in den komplexen Fragen der Politik und Wirtschaft die Haltung natürlicher Antwort, und Sie werden merken, dass Sie mit Ihrem naturgegebenen Wesen in harmonischem Einklang stehen. Zum gegenwärtigen Zeitpunkt ist eine solche Haltung von außerordentlicher Bedeutung. Hüten Sie sich aber vor dem spontanen Drang, in dieser Situation die Führung an sich zu reißen.

Es wäre riskant, sich zu sehr auf die eigene Stärke zu verlassen und zu vergessen, dass diese, wenn sie nicht richtig gelenkt wird, gefährlich werden kann. Erkennen Sie in dieser Zeit, dass auch Nichthandeln ein Weg ist, wofür Ihre persönlichen Beziehungen ein Prüfstein sein werden. Nun ist es wichtig, besonders einfühlsam gegenüber den Nächststehenden zu sein. Überlassen Sie ihnen die Initiative und Führung. Halten Sie sich nun

---

Dieses Hexagramm ist ganz aus Yinlinien aufgebaut. Der Herr des Zeichens befindet sich auf dem zweiten Platz (Eigeninteresse). Er hat alle Attribute der Nachgiebigkeit, die für eine NATÜRLICHE ANTWORT in menschlichen Angelegenheiten notwendig sind.

Das Trigramm KUN ist verdoppelt. Empfänglichkeit in den oberen und unteren Kern- und Teiltrigrammen. Dieses Bild übt keinen Druck aus, sondern ist allen Dingen gegenüber vollkommen empfänglich. In seiner unbewegten Form fordert die natürliche Antwort generell einen besonders hohen Grad der Aufnahmebereitschaft gegenüber Ihrer Umwelt. Öffnen Sie sich, machen Sie Ihre Persönlichkeit empfänglich für die ganze Welt, dann werden Sie den richtigen Weg finden.

Wenn alle Linien bewegt sind, so werden Ihre innere Ausdauer und persönliche Kraft umso stärker, je länger Sie an Ihrer Zukunftsvorstellung festhalten. Sie werden Ihr Ziel durch Beharrlichkeit erreichen und eine neue Situation schaffen, die von Dauer ist.

2

in Ihren zwischenmenschlichen Beziehungen an die überlieferten Werte und vermeiden Sie es, sich mit Gewalt durchzusetzen.

Was Ihr Selbst angeht, so nehmen Sie sich Zeit, objektiv über den weiteren Verlauf Ihres Lebens nachzudenken. Konzentrieren Sie sich darauf, dass alles auf der Erde, ob gut oder böse, von der Natur gefördert wird, und bemühen Sie sich, in Ihren Haltungen und Anschauungen offener zu werden. Streben Sie nach Objektivität, und entwickeln Sie Ihre Fähigkeit, der Natur gemäß zu reagieren: Das wird Ihre Persönlichkeit stärken, und Sie werden innere Ruhe in der Auseinandersetzung mit der Außenwelt gewinnen.

OBERSTE LINIE
Ein anmaßender und ehrgeiziger Versuch wird unternommen, um einer Autorität die Macht zu entreißen. Dies führt zu einem heftigen, für beide Parteien kränkenden Streit.

FÜNFTE LINIE
Zeigen Sie Ihre Fähigkeiten nicht offen, sondern lassen Sie sie durch Ihre Handlungen wirken. Bescheidenheit und Zurückhaltung über Ihren inneren Wert werden größten Erfolg bringen.

VIERTE LINIE
Eine schwierige Zeit, die Vorsicht verlangt. Sparen Sie Ihre inneren Kräfte auf, und üben Sie sich in Zurückhaltung. Dies können Sie sowohl in der großen Masse der Gesellschaft wie auch in strengster Einsamkeit tun. Konfrontationen würden jetzt zu Widersprüchen und unerwünschten Verpflichtungen führen.

DRITTE LINIE
Überlassen Sie es anderen, dem Ruhm nachzujagen, und verwenden Sie stattdessen Ihre Kraft darauf, Ihre Arbeit so zuverlässig wie möglich zu machen. Wenn Sie jetzt Ihre Fähigkeiten verbergen, dann werden sich diese auf natürliche Weise und ohne äußere Beeinträchtigung entwickeln. Ihre Zeit wird noch kommen, um Ihre Talente zu enthüllen und sich zu erkennen zu geben.

▶ ZWEITE LINIE
Hüten Sie sich in all Ihren Handlungen vor Falschheit und halten Sie sich an das Vorbild der Natur: Seien Sie duldsam, aufrichtig und natürlich. Bewahren Sie jetzt Ihr inneres Gleichgewicht, und der Erfolg wird sich ohne Mühe einstellen.

GRUNDLINIE
Bei sorgfältiger Betrachtung der Situation können Sie die ersten Anzeichen eines Verfalls erkennen. Umfassende Verschlechterung steht bevor. Stellen Sie sich auf Veränderungen ein.

Die Anfangsschwierigkeiten

DSCHUN

**OBERES TEIL-TRIGRAMM
KAN: WASSER**

**UNTERES TEIL-TRIGRAMM
DSCHEN: DONNER**

**OBERES KERN-TRIGRAMM
GEN: BERG**

**UNTERES KERN-TRIGRAMM
KUN: ERDE**

HERRSCHENDE LINIEN

Der Start jeder neuen Unternehmung ist von Verwirrung begleitet, denn man betritt das Reich des Unbekannten. Deshalb kann ein falscher Schritt zu Beginn die gesamte Situation hoffnungslos machen. Obwohl dieses Hexagramm Chaos vorhersagt, so prophezeit es zuallerletzt doch wieder eine Zeit der Ordnung und des erfolgreichen Wirkens. So wie ein Gewitter sich schließlich in einem nährenden Regen entlädt, der das Leben zur Blüte bringt, so folgen im menschlichen Leben auf Zeiten der Wirrnis erneut geordnete Verhältnisse. Erfolg winkt allen, die in diesem Sturm ihre Grundsätze bewahren können.

ANFANGSSCHWIERIGKEITEN entstehen, wenn eine Überzahl von Elementen darum kämpft, Gestalt anzunehmen. Einer solchen Anfangsschwierigkeit stehen Sie nun gegenüber: Jeder Versuch, sie zu meistern, führt zu großer Verwirrung, da Ihre neue Umgebung erst noch Form gewinnen muss. Konzentrieren Sie sich in gesellschaftlichen Fragen auf die laufenden Probleme. Da das Fundament für alle neuen Unternehmungen sich noch festigen muss, versuchen Sie nicht, bereits in der Zwischenzeit Neuland zu erobern. Während der ANFANGSSCHWIERIGKEITEN ist es höchst klug, fähige Helfer einzustellen, die Ihnen bei den laufenden Geschäften zur Hand gehen. Wenn Sie dann fortfahren, sich persönlich einzusetzen, ist Ihnen der Erfolg gewiss.

Auch in Ihrem Selbst kämpfen die Dinge um ihre Gestaltung: das Hexagramm ANFANGSSCHWIERIGKEITEN kann eine Identitätskrise anzeigen, die sich als Verwirrung, Unentschiedenheit oder in neuen Bedürfnissen äußert. Nehmen Sie diese Veränderungen in Ihrem Selbst an, und beobachten Sie sich zugleich, damit Sie sehen, in welche Richtung Sie getrieben werden. Suchen Sie freimütig Rat, lassen Sie sich aber nicht auf neue Projekte ein. Sie werden all Ihre Konzentration brauchen, um die Fülle an Informationen zu überblicken, die auf Sie einstürmen.

Die feste herrschende Linie zu Beginn wirkt gemeinsam mit der festen herrschenden Linie in der fünften Position; beide bringen den restlichen schwachen Linien Ordnung.

Wenn Sie dieses Hexagramm ohne bewegte Linien erhalten, so deutet die Situation auf ein Hindernis, das nicht überwunden wurde. DSCHEN, das Wachsen, im unteren Trigramm stößt empor in das obere Trigramm KAN, die Schwierigkeit. Diese andauernde Schwierigkeit, die bereits im Anfang der Bewegung vorhanden ist, ist noch nicht gelöst, weil Sie darin möglicherweise kein Problem erkennen. Was auch immer der Grund dafür ist: die Situation ist in Bezug auf die von Ihnen gestellte Frage blockiert, und nur indem Sie Ihre Prioritäten neu setzen, werden Sie sie überwinden.

In Ihren persönlichen Beziehungen herrscht Verwirrung, auf die Sie kaum einwirken können. Bewahren Sie Ruhe, und suchen Sie außerhalb der Beziehung nach Führung. Die Tatsache selbst, dass Sie die Schwierigkeiten nach außen tragen, indem Sie beruflichen oder auch freundschaftlichen Rat suchen, wird Ihnen helfen, sich erfolgreich Klarheit zu verschaffen. Bedenken Sie, dass die Zeit der ANFANGSSCHWIERIGKEITEN eine Zeit des Wachsens ist und von zahlreichen Wachstumsschmerzen begleitet wird. Dennoch wird Ihnen beharrliche Ausdauer in dieser Zeit befriedigenden Erfolg bringen.

OBERSTE LINIE
Sie haben Ihre Perspektive verloren und können weder Ihre Anfangsschwierigkeiten realistisch einschätzen noch einen Ausweg finden. Dies ist beschämend und Sie werden es bedauern. Das beste ist, neu anzufangen.

▶ FÜNFTE LINIE
Obgleich Sie in dieser Situation den Platz der Autorität einnehmen, sind Sie noch ein gutes Stück davon entfernt, sich durchzusetzen. Dabei werden Ihnen kleine Bemühungen von Vorteil sein. Doch Achtung: Lassen Sie sich nicht auf größere Unternehmungen ein, sie könnten leicht verheerend ausgehen.

VIERTE LINIE
Mit einer kleinen Hilfe – vielleicht von Beziehungen, die Sie nutzen – können Sie Ihr Ziel erreichen. Gestehen Sie sich allerdings ein, dass es Ihnen an genügend Macht fehlt, um unabhängig zu handeln. Wenn Sie sich darüber unschlüssig sind, werden Sie nichts erreichen.

DRITTE LINIE
Sie ahnen bereits die auf ihrem Weg liegenden Schwierigkeiten. Wenn Sie sich dennoch ohne einen erfahrenen Führer in diesen Wald von Hindernissen begeben, werden Sie sich sicherlich verirren. Eigensinn und Selbstgefälligkeit führen unweigerlich zu Demütigungen. Ein kluger Mensch wird nun seine Ziele ändern.

ZWEITE LINIE
Verwirrung und Schwierigkeiten nehmen zu, und Entscheidungen werden unmöglich. Wenn Sie nun Hilfe annehmen, werden Sie sich auf hemmende Verpflichtungen einlassen. Es ist daher am besten, eine Normalisierung abzuwarten und dann Ihre Pläne weiterzuverfolgen.

▶ GRUNDLINIE
Es scheint, als wären Sie bereits am Anfang Ihres Weges auf ein verwirrendes Hindernis gestoßen. Die Helfer, die Sie nun brauchen, gewinnen Sie am besten dadurch, dass Sie eine zugewandte und bescheidene Haltung einnehmen. Versuchen Sie nicht, etwas ohne Unterstützung erzwingen zu wollen – verlieren Sie aber auch nicht Ihr Ziel aus den Augen!

Die Unerfahrenheit

MONG

**OBERES TEILTRIGRAMM
GEN: BERG**

**UNTERES TEILTRIGRAMM
KAN: WASSER**

**OBERES KERNTRIGRAMM
KUN: ERDE**

**UNTERES KERNTRIGRAMM
DSCHEN: DONNER**

HERRSCHENDE LINIEN

(DIE JUGENDTORHEIT)

Sie sind in der Lage, sich mit allen Bereichen Ihres Lebens erfolgreich auseinander zu setzen, ausgenommen jenem, mit dem Sie nun konfrontiert sind. Sie haben genügend Erfahrungen auf all den verschlungenen Wegen Ihres Schicksals und in inneren Kämpfen gesammelt, um mit den meisten neuen Situationen, auf die Sie treffen, fertig zu werden – mit Ausnahme dieser einen. Ihre Verwirrung über die Schwierigkeiten und die Undurchsichtigkeit des bevorstehenden Ereignisses wird nicht durch Unwissenheit, Pech oder Nachlässigkeit, sondern durch Ihre vollkommene UNERFAHRENHEIT in solchen Angelegenheiten verursacht. Doch auch die Zeit der UNERFAHRENHEIT kann für Sie erfolgreich sein, da Sie nun gezwungen sind zu wachsen, neue Erkenntnisse zu gewinnen und Ihre Persönlichkeit weiterzuentwickeln.

Erkennen Sie zunächst, dass Sie nicht wissen, was Sie tun sollen. Wenn Sie nicht zugeben, dass Sie noch etwas lernen müssen, dann können Sie auch nicht belehrt werden. Es ist aus zwei Gründen wichtig, gerade jetzt um Hilfe zu bitten: Zum einen zeigen Sie Ihrer Umwelt, dass Sie ein motivierter und empfänglicher Schüler sind, und gewinnen dadurch an Wissen, und zum andern wird Sie Ihre Suche nach Belehrung in einen Zustand der Aufnahmebereitschaft versetzen, der weiterhin der Kultivierung Ihrer Persönlichkeit förderlich ist. Leben ist ein Prozess ständigen Bewegtseins, Wandelns und Wachsens, und nichts kann diesen Prozess anhalten, ohne ihn zu beenden. Dieses unvermeidliche Wachsen kann ohne vernünftige Pflege und Lenkung verformt und unausgeglichen werden. Vergewissern Sie sich darum, wenn Sie Unterweisung suchen, dass Sie diese in angemessener Form erbitten, annehmen und nutzen. Wenden Sie sich an einen Lehrer, der Ihnen in Ihrem Problem deutlich überlegen ist, und bitten Sie ihn voller Aufnahmebereitschaft und Ergebenheit um Rat. Wenn Sie den

---

Die starke Linie auf dem zweiten Platz (Eigeninteresse) unterweist die anderen schwachen Linien. Die herrschende Linie auf dem fünften Platz (Autorität) weicht der zweiten Linie. Die ungebrochene Linie an der Spitze hat Gewicht durch ihre Weisheit.

KAN, das Trigramm des zutiefst Geheimnisvollen, ringt um seinen Sinn unter dem ungeheuren Gewicht des oberen Teiltrigramms GEN, das Stillhalten. In seiner unbewegten Form bedeutet das Hexagramm UNERFAHRENHEIT, dass ein großes Geheimnis oder ein bislang unverstandener Teil Ihres Wesens sich entfalten und hervorkommen muss, bevor weiterer Fortschritt möglich ist. Mit der rechten Weise der Befragung und der geistigen Empfänglichkeit stellt sich Erfolg ein. Sobald das Geheimnis gelöst ist, können Sie in Ihrem nächsten Unternehmen das so genannte „Anfängerglück" erleben, aber verlassen Sie sich nicht darauf.

erhaltenen Rat nicht völlig verstehen oder etwas anderes erwartet haben, so schreiben Sie dies Ihrer allgemeinen UNERFAHRENHEIT zu: Wenn Ihnen die Antwort bekannt wäre, müssten Sie nicht fragen. Streiten Sie nicht mit Ihrem Ratgeber: Wenn Sie ihn nämlich zu zwingen versuchen, seine gesamten Denkabläufe zu rechtfertigen, könnte er sich zu einem Zeitpunkt von Ihnen abwenden, da Sie um jeden Preis seine Hilfe brauchen.

Wenn Sie anderen raten, dann wird Ihnen und dem Ratsuchenden dieses Hexagramm die richtige Haltung im gegenseitigen Umgang zeigen. Verschwenden Sie nicht Ihre Energien, wenn Ihr Schüler nicht ernsthaft ist, sondern Streit sucht und nicht zuhört. Wenden Sie sich dann anderen, wichtigeren Dingen Ihres Lebens zu.

OBERSTE LINIE
Manchmal muss ein unerfahrener Mensch für seine Fehler bestraft werden, um ihn wieder auf den rechten Weg zu führen. Doch Strafe darf nie zum Selbstzweck werden, ihr Sinn kann nur darin bestehen, künftige Überschreitungen zu verhüten und eine fortschrittliche Haltung zu fördern.

▶ FÜNFTE LINIE
Die Bereitschaft, den Rat anderer anzunehmen, wird belohnt werden. Erfolg steht bevor.

VIERTE LINIE
Ihre Einbildung und Verbohrtheit werden Sie auszehren. Sie sind unrealistisch bezüglich der wirklichen Vorgänge in Ihrem Leben und deshalb unbelehrbar. Zuletzt ist Ihnen nur durch das Erleben einer tiefen Demütigung zu helfen.

DRITTE LINIE
Im törichten Versuch, dem nahe zu sein, wonach Sie sich heiß sehnen, laufen Sie Gefahr, sich zu verlieren. Ohne Charakterstärke und Individualität können Sie nichts Sinnvolles erreichen.

▶ ZWEITE LINIE
Ein Mensch in dieser Situation ist wahrhaft fähig, Menschlichkeit in all ihrer Torheit und Schönheit zu verstehen. Er kann andere mit Weisheit, Mitgefühl und Eingebung führen und all den Erfolg erlangen, der den großen und weisen Lenkern der Geschichte zugeschrieben wird.

GRUNDLINIE
Ein wenig Zucht ist nötig! Sie gehen nicht ernsthaft genug an die anstehende Arbeit, und daher herrscht keine Atmosphäre, die der Sache förderlich ist. Beachten Sie aber auch, dass zu viele Beschränkungen das Schöpferische ersticken können, und setzen Sie daher gerade so viele Leitlinien, dass sich die Dinge in die erforderliche Richtung entwickeln.

Das überlegte Warten

SÜ

**OBERES TEILTRIGRAMM
KAN: WASSER**

**UNTERES TEILTRIGRAMM
KIEN: HIMMEL**

**OBERES KERNTRIGRAMM
LI: FEUER**

**UNTERES KERNTRIGRAMM
DUI: SEE**

**HERRSCHENDE
LINIEN**

Bevor sich der Kosmos Ihren Bedürfnissen zuwenden kann, ist eine Zeit des überlegten Wartens notwendig. Viele Bereiche sind nun in einem Zustand umwälzender Veränderungen begriffen: Mächte lösen sich ab und schaffen neue Vorstellungswelten, Feindseligkeiten breiten sich aus, Bündnisse werden geschlossen, Systeme zerbrechen und gemeinsame Ziele werden angesteuert. Es ist der ewige Fluss des Wandels, der sich in der Welt der Menschen manifestiert.

Auch das Ziel Ihrer Wünsche ist in diesen Wandel einbezogen. Diese Zeit ist ihrem Wesen nach gefährlich für Sie, da die betroffenen Elemente nicht unmittelbar unter Ihrer Kontrolle stehen. Vielleicht werden Sie in irgendeiner Weise bedroht oder sind einer Entscheidung ausgeliefert, die Ihnen sehr nahe gehen kann. Wenn Sie sich darüber beunruhigen, werden Sie innerlich immer verwirrter, erliegen der Angst und verausgaben sich in Hektik. Und wenn dann die Zeit des Handelns kommt, kann Ihre Urteilskraft beeinträchtigt sein.

Zur Erreichung Ihres Ziels müssen Sie nun so lange warten, bis sich die Umstände zu Ihren Gunsten gewendet haben. Nutzen Sie innerlich diese Zeit des Wartens, indem Sie sich für die Zukunft stärken. Stellen Sie sich den Tatsachen. Wenn Sie sich Ihrer Unzulänglichkeiten, aber auch Ihrer Stärken bewusst sind, dann werden Sie, wenn es so weit ist, wissen, was zu tun ist und schließlich Erfolg haben. In der Zwischenzeit ist Ihr äußeres Verhalten von großer Bedeutung für die weitere Entwicklung der Situation. Jetzt müssen Sie Zuversicht ausstrahlen, denn gerade sie wird in der Zeit des ÜBERLEGTEN WARTENS auf die Probe gestellt. Zeigen Sie nicht Ihre Zweifel über Vergangenes oder Zukünftiges, sondern leben Sie ganz in der Gegenwart. Lassen Sie in ihren Gedanken und Worten Positives anklingen und bleiben Sie zuversichtlich. Auf diese Weise werden Sie das Vertrauen der anderen gewinnen und Ihre eigene Sicherheit stärken.

Die feste herrschende Linie befindet sich auf dem fünften Platz (Autorität) im oberen Trigramm. Sie muss jedoch warten, bis sich das übermäßig starke untere Trigramm wandelt und stabilisiert.

Die schöpferische Kraft des unteren Trigramms KIEN wird durch das zutiefst Geheimnisvolle des oberen Trigramms KAN beherrscht. In seiner unbewegten Form lässt das Hexagramm ÜBERLEGTES WARTEN erkennen, dass das Ziel Ihrer Frage außerhalb Ihrer Einflussnahme liegt. Um es zu erreichen, müssten Sie die wirkenden Kräfte sehr viel stärker von innen heraus verstehen, als Sie gegenwärtig können. Jetzt ist nichts zu tun, und Sie sollten die ganze Angelegenheit unter dem positiven Aspekt eines wichtigen Lernprozesses sehen.

Der Versuch, einen äußeren Zugang zu inneren Entwicklungen zu finden, ist mit Yogapraktiken vergleichbar. Das Einnehmen von bestimmten körperlichen Haltungen, in denen sich Ausgeglichenheit und Disziplin manifestieren, ruft im Inneren ein entsprechendes Echo der geistigen Konzentration hervor. Diese Verbindung zwischen Innen und Außen bringt eine gewisse Art erleuchteten Bewusstseins und schafft eine durch und durch förderliche Atmosphäre.

In einer Situation, die ÜBERLEGTES WARTEN erfordert, sind alle Mitglieder einer Gruppe oder einer Beziehung betroffen: Alle sollten sich im Klaren sein, dass die Entscheidung nicht mehr einem Einzelnen überlassen ist, sondern dass das Schicksal waltet.

OBERSTE LINIE
Die Lage ist verwickelt: Das Warten ist vorüber, die Schwierigkeiten fangen an. Die Situation scheint keinen Ausweg zu bieten, doch Hilfe kommt, wenn Sie sie erkennen. Wer diese unvorhergesehene und unerwartete Hilfe sieht und dankbar annimmt, wird die gesamte Situation zum Guten wenden können.

▶ FÜNFTE LINIE
Ihre Schwierigkeiten sind nun in der Schwebe. Das ist eine Gelegenheit sich zu entspannen, um sich einen Überblick über die Lage zu verschaffen. Vergessen Sie nicht, während sie diese Ruhepause genießen, dass auf dem Weg zur Erreichung Ihrer Ziele noch viel zu tun ist.

VIERTE LINIE
Sie befinden sich im Zentrum der Verwirrung. Jede Art der Auseinandersetzung mit den Sie gegenwärtig bedrängenden Problemen macht alles nur noch schlimmer. Ziehen Sie sich unverzüglich und ohne Aufsehen aus dieser Situation zurück.

DRITTE LINIE
Durch Ihr voreiliges Handeln, zu dem Sie sich vielleicht durch Befürchtungen haben hinreißen lassen, sind Sie ungeschützt den Angriffen Ihrer Gegner ausgesetzt. Die Situation ist schwirig, da Sie verletzbar sind. Nur äußerste Vorsicht kann Sie schützen.

ZWEITE LINIE
Ihr Vorhaben wird Sie in Schwierigkeiten bringen. Sie können auch das Opfer von Verleumdungen werden. Versuchen Sie sich in diesem Fall nicht zu verteidigen, denn das würde den gehaltlosen Vorwürfen nur Gewicht verleihen. Erfolg wird sich schließlich doch einstellen.

GRUNDLINIE
Lassen Sie sich nicht durch Vorahnungen drohender Schwierigkeiten beunruhigen, sondern behalten Sie Ihr übliches und regelmäßiges Leben bei. Wenn es Probleme gibt, so liegen sie in der Zukunft. Wenn Sie sich jetzt schon mit ihnen beschäftigen, wird das nur Ihre Kräfte schwächen.

Der Streit

SUNG

**OBERES TEIL-TRIGRAMM
KIEN: HIMMEL**

**UNTERES TEIL-TRIGRAMM
KAN: WASSER**

**OBERES KERN-TRIGRAMM
SUN: WIND**

**UNTERES KERN-TRIGRAMM
LI: FEUER**

HERRSCHENDE LINIEN

Im Inneren sind Sie überzeugt, dass der eingeschlagene Weg richtig ist, und darum beschreiten Sie ihn voller Selbstvertrauen. Sie handeln in der Tat in Übereinstimmung mit Ihrem Wesen und den Erfordernissen der Zeit. Und doch wird der gewählte Weg in einen STREIT führen, Hindernisse und Schwierigkeiten türmen sich vor Ihnen auf. Als innere Hemmungen oder äußere Widerstände üben sie einen mächtigen Gegendruck aus.

Es wäre klug gewesen, bereits zu Beginn Ihres Unterfangens alle möglichen Schwierigkeiten sorgfältig abzuwägen, denn nur durch vorausschauende Überlegungen ist der kräftezehrende STREIT zu vermeiden, der Ihre Anstrengungen zunichte machen kann. Unter den herrschenden Umständen dürfen Sie nicht die Konfrontation mit Ihren Gegnern suchen. Jeder Einsatz von Gewalt oder Hinterlist ist schädlich.

In Fragen von Macht oder Politik liegt es in Ihrem eigenen Interesse, den STREIT vor eine unparteiische Autorität zu bringen. Falls Sie ehrgeizige Pläne schmieden oder ein besonders wichtiges Ziel vor Augen haben, wäre es ratsam, zu einem anderen Zeitpunkt erneut zu beginnen.

Geschäftliche Projekte können in solchen Zeiten nicht reifen: die Konkurrenz ist zu groß, und Sie müssen mit ungünstigen Reaktionen auf Ideen oder Produkte rechnen, die Sie für durchaus annehmbar gehalten haben. Es ist am besten, größere Änderungen oder Neuerungen zurückzuhalten.

Gerade jetzt, da soziale Kontakte besonders wichtig wären, fehlen Sie Ihnen spürbar. Missverständnisse erwachsen aus unterschiedlichen Anschauungen und lassen sich nicht überbrücken. Vermeiden Sie es, kontroverse Fragen anzuschneiden, solange nicht ein Schlichter anwesend ist, dem alle Betroffenen vertrauen. Gesellschaftliche Ereignisse von Tragweite können nun nicht erfolgreich durchgeführt werden.

Der Herr das Zeichens auf dem fünften Platz (Autorität) ist als einzige Linie in der natürlichen Stellung. Er allein kann schlichten, während alle anderen im STREIT sind.

KIEN, Beharrlichkeit und schöpferisches Bemühen im oberen Trigramm der kosmischen Ideale, trifft auf das untere Trigramm KAN, Gefahren und Schwierigkeiten in der Welt menschlicher Belange. In seiner unbewegten Form weist das Hexagramm STREIT auf einen Bruch mit dem Gegenstand Ihrer Frage hin. Möglicherweise werden Sie mit einer großen Enttäuschung konfrontiert, nachdem Sie sich darüber klar zu werden beginnen, dass Sie Ihre persönliche Anschauung für die allgemein gültige Wahrheit gehalten haben. Überdenken Sie Ihre Voraussetzungen und stellen Sie sie auf eine realistische Basis.

Halten Sie sich fern von Auseinandersetzungen in Ihren privaten Beziehungen. Es ist besser, den Ihnen Nahestehenden gegenüber nachgiebig zu sein und sich nicht in Meinungsverschiedenheiten verwickeln zu lassen. Jetzt könnte ein Außenstehender Klärung in den Widerstreit emotionaler Interessen bringen. Fällen Sie keine größeren Entscheidungen, und stellen Sie keine grundsätzlichen Forderungen, die auf Ihrer persönlichen Meinung basieren. Auch wenn Sie jetzt glauben, dass Ihre Position über jeden Zweifel erhaben ist, so nehmen Sie doch nur eine Seite des Konflikts wahr. Erzwingen Sie nichts: nur vorsichtiges Nachgeben führt zu Erfolg.

OBERSTE LINIE
Wenn Sie sich nun auf einen STREIT einlassen und seine Durchsetzung erzwingen, können Sie zwar siegreich daraus hervorgehen, doch vielleicht ist ein Konflikt ohne Ende die Folge, und ihre Position wird immer wieder in Frage gestellt. Letztlich sind solche Triumphe bedeutungslos.

▶ FÜNFTE LINIE
Bringen Sie Ihren STREIT vor einen machtvollen und gerechten Schlichter. Wenn Sie recht haben, wird die Situation zu Glück und Erfolg führen.

VIERTE LINIE
Durch einen STREIT mit einem schwächeren Gegner könnten Sie sich nun Vorteile verschaffen. Doch solche billigen Erfolge bringen Ihnen keine wahre innere Befriedigung. Bewahren Sie Ihr Gefühl der Würde und aufrechten Gesinnung, fügen Sie sich bereitwillig Ihrem Geschick, und Sie werden innere Ruhe finden und erfolgreich sein.

DRITTE LINIE
Treten Sie nicht allzu sehr in den Vordergrund, und halten Sie sich an bewährte Methoden und traditionelle Werte. Stellen Sie sich nicht in den Vordergrund, auch wenn Sie glauben dadurch an Prestige zu gewinnen. Materieller Besitz und Status sind nun ohne Bedeutung; nur Ihr innerer Wert ist für Sie wichtig.

ZWEITE LINIE
Ihr Gegner ist Ihnen an Kraft überlegen. Lassen Sie sich nicht aus Stolz oder Ehrgefühl auf einen offenen STREIT ein, sondern ziehen Sie sich zurück, um einen unheilvollen Ausgang für sich und Ihre Nächsten zu vermeiden.

GRUNDLINIE
In Ihrer Lage müssen Sie nun jeden STREIT vermeiden oder schnell beenden. Versuchen Sie nicht, Entscheidungen herbeizuzwingen oder sich in einer Auseinandersetzung zu engagieren. Sie mögen sich zwar ein wenig als Opfer fühlen, aber schließlich wird alles im Guten enden.

Die gesammelte Kraft

SCHI

OBERES TEIL-
TRIGRAMM
KUN: ERDE

UNTERES TEIL-
TRIGRAMM
KAN: WASSER

OBERES KERN-
TRIGRAMM
KUN: ERDE

UNTERES KERN-
TRIGRAMM
DSCHEN: DONNER

HERRSCHENDE
LINIEN

(DAS HEER)

Ein Gegenstand mit Masse unterliegt der Schwerkraft, und je dichter seine Masse ist, desto stärker sind die auf ihn einwirkenden Kräfte der Gravitation. Diese im gesamten Kosmos herrschende Gesetzmäßigkeit von Masse und Schwerkraft kommt besonders in den großen Volksmassen zum Tragen, wenn sich ihre Furcht erregende Stärke in der GESAMMELTEN KRAFT konzentriert.

Die Zeit der GESAMMELTEN KRAFT erfordert höchste Disziplin, Organisation und die richtigen Ziele. Die Inhaber der Autorität müssen Vertrauen in Sie haben, und Sie müssen für die Verfolgung Ihrer Pläne die Unterstützung Ihrer Umgebung gewinnen. Sie können jetzt die Energie der Masse für sich nutzbar machen, wenn Sie sich mit der Gesellschaft auseinander setzen und Ihre Ziele mit den Bedürfnissen der Gesellschaft übereinstimmen.

Zwar weist dieses Hexagramm mit der ursprünglichen Bezeichnung DAS HEER auf die Notwendigkeit hin, die GESAMMELTE KRAFT zu organis*ieren und* einzusetzen, doch warnt es zugleich davor, sie für gefährliche, kriegerische Zwecke zu verwenden, solange dies nicht die einzige Möglichkeit ist. Die Menschen können nun am besten durch Erziehung, Großmut und nachsichtige Milde geführt werden, sie müssen aber auch von edlen *Zielen beseelt* sein und von Klaren Grundsätzen gelenkt werden.

Jedes Risiko erfordert nun die Überzeugung, dass Sie es berechtigterweise eingehen. Wenn Sie nicht mehr die Verbundenheit mit Ihrer Umgebung spüren, dann machen Sie es sich zur Aufgabe, diese Quelle der gesammelten Kraft in den Menschen zu entdecken und zu erleben. Dies verlangt natürlich außerordentliche Bewusstheit und Beharrlichkeit, aber dem starken Menschen, dem es gelingt, wird Erfolg zuteil.

Seien Sie nun in Ihren persönlichen Beziehungen großzügig und entgegenkommend. Versuchen Sie Ihre und Ihres Partners Rolle im Gesamtzusammenhang mit der Menschheit zu sehen. In solchen Zeiten kann ein

---

Der Herr des Zeichens im oberen Trigramm der kosmischen Ideale fügt sich der starken herrschenden Linie im unteren Trigramm der menschlichen Angelegenheiten. Diese weltlichen Ereignisse sind die GESAMMELTE KRAFT, die das Hexagramm bestimmen.

Das Hexagramm GESAMMELTE KRAFT wird in seiner unbewegten Form zum Ausgangspunkt Ihrer Entwicklung. KAN, das Geheimnisvolle im unteren Trigramm der menschlichen Angelegenheiten, beeinflusst den Lauf der kosmischen Angelegenheiten im oberen Trigramm KUN, die Ergebenheit und Empfänglichkeit. Seien Sie jetzt offen und großzügig gegenüber den Bedürfnissen und Gefühlen Ihrer Mitmenschen. So kommen Sie in Einklang mit der Menschheit und stärken Ihre Energien und Kräfte.

stärker philosophisch ausgerichteter Standpunkt viel bewirken, während eine Fixierung auf die eher außergewöhnlichen Aspekte Ihrer Beziehungen vielleicht in die Irre führt. Versuchen Sie alle Schwierigkeiten mit der naturgegebenen Wirkung Ihrer gesammelten Kraft zu überwinden. Sowohl das Sonnensystem wie auch Ihre Liebesbeziehungen basieren auf dieser Kraft und gewinnen aus ihr Dauer. Die Zeit ist günstig, um angestrebte Ideale zu erweitern und größere Ziele ins Auge zu fassen. Dies wird Ihre Fähigkeit stärken, sich in Zeiten der Gefahr an die GESAMMELTE KRAFT zu wenden. Gleichzeitig werden Sie den Ruf dieser Kraft vernehmen, wenn sie entsteht, sich verändert und sich mitteilt.

OBERSTE LINIE
Sie haben Ihr Vorhaben verwirklicht. Achten Sie darauf, dass Ihr Verhalten den erreichten Werten gemäß ist. Destruktive Menschen und Motive sollten in die Schranken gewiesen werden. Räumen Sie ihnen bei Ihren Angelegenheiten keinen Platz ein.

▶ FÜNFTE LINIE
Verlassen Sie sich auf einen erfahrenen Menschen, der Ihnen den Weg zur Bereinigung der Situation weist. Er soll ruhig und nicht überempfindlich sein, denn dies würde Unheil bringen. Schwärmerische und unerfahrene Menschen sind jetzt fehl am Platz, denn entschlossenes und straffes Führen ist gefordert.

VIERTE LINIE
Die vor Ihnen liegenden Hindernisse sind überwindbar, das Anrennen gegen sie ist nutzlos. Der weise Mensch zieht sich zurück.

DRITTE LINIE
Vorausschau und Führung fehlen. Ob dies auf widersprüchliche Zielvorstellungen zurückgeht oder ob der Führende unfähig ist, das Ergebnis ist das Gleiche: Unheil.

▶ ZWEITE LINIE
Sie sind in einer ausgezeichneten Position, um mit anderen Verbindung aufzunehmen. Diese außergewöhnlich günstigen Voraussetzungen lassen Erfolg erwarten und Sie die Anerkennung Ihrer Vorgesetzten gewinnen.

GRUNDLINIE
Bevor Sie Maßnahmen ergreifen, überzeugen Sie sich, dass sie lohnend sind, denn sonst verlieren Sie den Rückhalt. Seien Sie sich auch über Ihre Vorgehensweise im Klaren, denn ohne Ordnung werden Ihre Angelegenheiten im Misserfolg enden. Disziplin ist nun das Schlüsselwort.

Die Einheit

BI

**OBERES TEIL-TRIGRAMM
KAN: WASSER**

**UNTERES TEIL-TRIGRAMM
KUN: ERDE**

**OBERES KERN-TRIGRAMM
GEN: BERG**

**UNTERES KERN-TRIGRAMM
KUN: ERDE**

HERRSCHENDE LINIEN

(DAS ZUSAMMENHALTEN)

Der Mensch ist sowohl Teil der Zivilisation als auch ihr Produkt. Er teilt mit den anderen Mitgliedern gewisse wesentliche Erfahrungen, aus denen wiederum das Band der Sprache, der Ordnungsvorstellungen und Traditionen entsteht, welches die Grundlage für Fortschritt und Entwicklung der Gemeinschaft und des Individuums ist. Die Beziehungen des Einzelnen zu seiner Umgebung mögen vielfältig sein: Er mag sich als Rebell oder Bewahrer fühlen, gleichgültig sein oder äußerst bewusst empfinden, geehrt oder eingesperrt werden – in allen Fällen bleibt er unwiderruflich Teil der sozialen Ordnung. Welche Fragen Sie auch immer an das Orakel haben, vorrangig müssen Sie sich dem Problem stellen, dass EINHEIT geschaffen werden muss. Der Geist des Einzelnen Menschen wird vom Gefühl gespeist, mit der Gesamtheit der menschlichen Erfahrungen verbunden zu sein. Diese Einsicht wird Ihnen den rechten Weg weisen und Sie befähigen, sich selbst als Teil eines Ganzen zu sehen, wodurch Ihre Individualität sowohl erweitert als auch aufgehoben wird. Doch fürchten Sie sich nicht davor, denn dies wird Ihre Selbsterkenntnis nicht verringern.

Der Text des chinesischen Originals betont, dass die EINHEIT in dem Moment zustande kommt, in dem die Gelegenheit dazu entsteht. Wenn Sie diese Gelegenheit nicht wahrnehmen, werden Sie von der Gemeinschaft ausgeschlossen und in Ihren Einflussmöglichkeiten beschränkt: Sie haben dann nicht nur wenig zu sagen, sondern auch wenige, die Ihnen zuhören. Und jetzt ist die Zeit des Handelns gekommen: gleichgültig, ob es sich um die Stimmabgabe bei einer bevorstehenden Wahl handelt, um die Mitgliedschaft bei einer öffentlichen Organisation, um die Unterstützung einer kulturellen Aufgabe oder ob es einfach darum geht, eine verantwortungsbewusste Haltung gegenüber Ihren Nachbarn einzunehmen. Achten Sie in Ihren zwischenmenschlichen Angelegenheiten innerhalb der Beziehung auf EINHEIT und außerhalb auf ihre Bedeutung für die Gesellschaft.

Die feste herrschende Linie auf dem Platz der Autorität bindet alle schwachen Linien zur EINHEIT zusammen.

Das Trigramm KUN, das Empfangende, strebt nach oben und geht mit KAN, dem Abgründigen, eine bedeutsame Verbindung ein. Wer das Hexagramm EINHEIT im unbewegten Zustand erhält, läuft Gefahr, ohne starke soziale Bindungen zur Insel zu werden, die einsam im Meer der eigenen Illusionen liegt. Versuchen Sie, die Meinungen und Auffassungen zu begreifen, und sei es nur für einen Augenblick. Stechen Sie in See und erkunden Sie neue Grenzen Ihrer Vorstellungskraft.

In diesem Hexagramm zeigt sich ein weiterer, ebenfalls wichtiger Aspekt: Sollte sich für Sie die Gelegenheit ergeben haben, eine EINHEIT zu lenken, Mitglieder einer Gemeinschaft um sich zu sammeln, sie zu beeinflussen und voranzubringen, so seien Sie sich bewusst, dass diese Position großes Verantwortungsgefühl und Entschlusskraft erfordert. Wenn Sie dieser Aufgabe nicht gewachsen sind und sie dennoch in Angriff nehmen, dann schaffen Sie nur Chaos und Verwirrung.

Dem I GING ist diese Aufgabe so wichtig, dass es jemandem, der sich zum Lenker berufen fühlt, empfiehlt, das Orakel erneut zu befragen.

OBERSTE LINIE
Der Zeitpunkt für EINHEIT ist vorübergegangen. Von Anfang an fehlte etwas, und alle Versuche der Einigung waren zum Scheitern verurteilt. Prüfen Sie die Situation, um das Ausmaß Ihres Irrtums zu erkennen.

▶ FÜNFTE LINIE
Jetzt können Sie dem Schicksal vertrauen, dass es Sie mit jenen zusammenbringt, die Sie fördern. Eine natürliche Anziehungskraft ist wirksam geworden. Die Atmosphäre ist freisinnig; vieles kann nun erreicht werden. Eine wirklich glückverheißende Zeit.

VIERTE LINIE
Sie stehen in engem Kontakt mit dem Zentrum Ihrer Gemeinschaft. Dies kann auf den Führer oder Herrscher zurückzuführen sein. Zeigen Sie offen Ihre Unterstützung, doch vergessen Sie nicht, wer Sie sind, und verlieren Sie sich nicht in Anhänglichkeit.

DRITTE LINIE
Die Menschen im Umkreis Ihrer Frage sind gegenwärtig keine gute Gesellschaft für Sie. Vermeiden Sie zu vertrauliche Geselligkeit mit dieser Gruppe, und bewahren Sie eine nach außen offene Haltung. Selbst der Anschein, diesen Menschen verpflichtet zu sein, kann Ihrem Ruf später Schaden zufügen.

ZWEITE LINIE
Vertrauen Sie Ihrer inneren Stimme, bewahren Sie Ihre moralische Festigkeit, und folgen Sie Ihren eigenen Überzeugungen. Man wird nach Ihnen verlangen, doch wenn Sie nach der Zustimmung anderer jagen, werden Sie Ihre Würde verlieren.

GRUNDLINIE
Eine aufrechte, ungekünstelte Haltung ist eine ausgezeichnete Grundlage, um Gemeinschaften aufzubauen. Mit so einer Haltung werden Sie anderen anziehend erscheinen. Unerwarteter Erfolg steht bevor.

Die Beschränkung

(DES KLEINEN ZÄHMUNGSKRAFT)

SIAU TSCHU

**OBERES TEILTRIGRAMM
SUN: WIND**

**UNTERES TEILTRIGRAMM
KIEN: HIMMEL**

**OBERES KERNTRIGRAMM
LI: FEUER**

**UNTERES KERNTRIGRAMM
DUI: SEE**

HERRSCHENDE LINIEN

Es ist, als würden all Ihre starken Antriebe und ernsthaften Pläne durch eine unbekannte Kraft gebremst. Voll Frustration haben Sie alles vor Augen, was zur Vollendung Ihrer Absichten nötig ist, aber nichts fügt sich so zusammen, wie es müsste. Was immer Sie versuchen, um etwas Entscheidendes zu unternehmen, Sie spüren eine BESCHRÄNKUNG. Die Chinesen beschreiben dieses Hexagramm als „Dichte Wolken, kein Regen", eine außergewöhnlich unbefriedigende Situation. Dennoch zeichnet sich ein kleiner Schimmer von Erfolg ab, allerdings auf einem Weg von kurzen, vorsichtigen Schritten, denn ein Durchgreifen im Großen steht außer Frage.

Jetzt dürfen Sie nur ganz vorsichtig und sanft auf andere zu wirken versuchen. Die Kräfte des Beharrens sind außerordentlich stark, und Sie sollten sich nicht mit ihnen anlegen. Das beste, was Sie in diesen Zeiten der BESCHRÄNKUNG tun können, ist, nah an der Sache zu bleiben, auf die Sie Einfluss nehmen wollen. Verlassen Sie sich auf gütliche Überzeugungskraft, und unterdrücken Sie jeden Drang nach aggressivem Handeln.

Wie Sie vielleicht schon erkannt haben, sind dies sehr schlechte Zeiten für neue geschäftliche Unternehmungen, und selbst wenn die Aussichten gut scheinen mögen, ist es für Sie das Beste, auf Zeichen sicheren Erfolges zu warten. Erledigen Sie in der Zwischenzeit laufende Vorgänge, aber versuchen Sie nicht, umfassende Veränderungen durchzusetzen.

Sehr feines Fingerspitzengefühl ist nun vonnöten, um Ihre persönlichen Beziehungen richtig zu lenken. Die Angelegenheit ist außerhalb Ihrer Kontrolle, und weder Argumente noch Ultimaten können etwas bewirken. Sie haben nur die Wahl, alles gelassen hinzunehmen und mit Sanftmut das Ende der BESCHRÄNKUNG abzuwarten oder die Beziehung ganz aufzugeben.

Doch quälen Sie sich nicht mit diesen Konflikten: Ihre Zeit ist jetzt am besten genutzt, wenn Sie versuchen, ihr Ansehen zu erhöhen. Halten Sie

---

Die einzige gebrochene, daher bedeutsame Linie befindet sich auf dem vierten Platz (soziale Belange). Sie unterwirft Sich dem starken Herrn des Zeichens auf dem fünften Platz (Autorität). Dennoch beschränkt die vierte Linie alle anderen.

KIEN, die Stärke, ist im unteren Trigramm der menschlichen Angelegenheiten beschränkt und kann nur im Kleinen und auf sanfte Weise wirken, wie es das obere Trigramm SUN für den höheren Bereich anzeigt. In seiner ruhenden Form zeigt das Hexagramm BESCHRÄNKUNG an, dass das Objekt Ihrer Frage durch ein kleines, aber dauerhaftes Hindernis blockiert wird. Nach außen können Sie nichts erreichen. Wenn überhaupt Erfolg möglich ist, dann nur in der Arbeit an Ihrem eigenen Selbst: Klären Sie Ihre Antriebe und Bedürfnisse!

mit Ihrer Meinung oder Weltanschauung zurück, und setzen Sie all Ihre Energien für Ihre Wirkung auf andere ein. Setzen Sie von Anfang an jene Seite Ihrer Persönlichkeit ein, die Ihnen den größten Eindruck auf Ihre Umgebung zu machen verspricht. In Zeiten, da entscheidender Einfluss von Ihrer Position aus unwahrscheinlich ist, wird dies Ihr Hauptaktivposten und die Grundlage Ihrer Überzeugungskraft sein. Aussicht auf schließlichen Erfolg ist durchaus gegeben.

OBERSTE LINIE
Ruhen Sie sich nun aus, und festigen Sie Ihre Position, denn Sie haben die Schlacht gewonnen. Hüten Sie sich aber, den ganzen Krieg entscheiden zu wollen. Vorsicht: Der Gegner formiert sich erneut. Jeder Versuch, weiter vorzustoßen, ist zum Scheitern verurteilt.

FÜNFTE LINIE
▶ Durch gegenseitige Hilfe in einer aufrichtigen Beziehung werden Sie Ihre Kräfte stärken. Auf diesem Weg erreichen Sie Ihr Ziel.

VIERTE LINIE
Wenn Sie ehrlich und aufrichtig sind und andere mit den richtigen Ratschlägen beeinflussen, können Sie drohende Gefahren vermeiden. Furcht und Angst weichen nur der Wahrheit. Nur auf diesem Weg begehen Sie keinen Fehler.

DRITTE LINIE
Der Widerstand scheint gering zu sein und der Fortschritt im Bereich des Möglichen, und dennoch ist die Situation nicht in Ihrer Hand. Wenn Sie jetzt voll Selbstüberschätzung darauf beharren, sich an die Spitze zu drängen, dann werden Sie durch zahllose Hindernisse aufgerieben. Das wäre eine äußerst unerfreuliche Entwicklung.

ZWEITE LINIE
Sie möchten nun zwar gerne aktiv werden, aber es ist bei weitem klüger, die Situation erneut abzuschätzen und sich an das Beispiel anderer, die vor Ihnen waren, zu halten. Die Zeit empfiehlt den Rückzug als Weg zum Erfolg.

GRUNDLINIE
Wenn Sie Ihren Weg erzwingen, werden Sie auf Hindernisse stoßen. Es ist am besten, eine Stellung zu halten, die die Wahl des Vormarschs und des Rückzugs offen lässt, denn dann können Sie sich mit der wahren Natur der Situation auseinander setzen und entsprechend reagieren.

Das Auftreten

LÜ

**OBERES TEILTRIGRAMM
KIEN: HIMMEL**

**UNTERES TEILTRIGRAMM
DUI: SEE**

**OBERES KERNTRIGRAMM
SUN: WIND**

**UNTERES KERNTRIGRAMM
LI: FEUER**

HERRSCHENDE LINIEN

Dies kann eine Zeit des Erfolges, aber auch der Gefahr sein: alles hängt von ihrem AUFTRETEN ab. Sie machen am ehesten Fortschritte und haben Erfolg, wenn Sie Ihren Sinn für Würde und Haltung bewahren. Weder Verwirrung noch Chaos können Sie erreichen, wenn Sie Anstand und passendes Verhalten zeigen.

Achten Sie vor allem auf Ihr gesellschaftliches AUFTRETEN, und bewahren Sie in Zweifelsfällen Haltung. Es kann sein, dass Sie plötzlich mit der Situation konfrontiert werden, in der Wahl Ihrer Bekanntschaften den einen oder anderen zurücksetzen zu müssen. Gesellschaftliche Neuorientierungen liegen in der Luft: die einen steigen, die anderen fallen. Das ist eine natürliche Erscheinung, bei der niemand verletzt wird. Dieser Kreislauf des Abwägens und Zurücksetzens, der auf den inneren Werten der betroffenen Personen beruht, ordnet die Gesellschaft und bringt sie zur Entwicklung. In geschäftlichen Angelegenheiten müssen Sie mit großer Vorsicht und Haltung AUFTRETEN. Ihnen unterlegene Menschen mögen zwar kühn nach oben drängen, doch wenn Sie Ihre Reaktion auf den inneren Wert dieser Menschen beziehen, dann wird Ihre Autorität unerschüttert bleiben. Hegen Sie selbst ehrgeizige Pläne, so kann Ihnen durchaus Erfolg beschieden sein, doch lassen Sie sich trotz Ihres Wagemuts von den bewährten Verhaltensnormen leiten.

Für Ihre persönlichen Beziehungen ist dies eine schwierige Zeit. Bedenken Sie jetzt die Absichten und Bedürfnisse der Ihnen Nahestehenden. Bewahren Sie bei Missverständnissen und Verwirrung Ihre Haltung. Erfolg winkt Ihnen, wenn Sie sich rücksichtsvoll und zuvorkommend verhalten, doch wenn Sie oder Ihre Angehörigen eine gefühlsbestimmte Veränderung im Sinn haben, dann sind sie jetzt unter allen Umständen schlecht beraten.

Die korrekte feste Linie auf dem fünften Platz (Autorität) erkennt das kühne Vorrücken der weichen Linie auf dem dritten Platz (persönlichen Ziele und Ambitionen) an. Das AUFTRETEN des Herrn das Zeichens ist aufgrund seiner Korrektheit angemessen.

Die beiden Teiltrigramme dieses Zeichens verkörpern unterschiedliche Tendenzen. KIEN, die Stärke und schöpferische Kraft oben, betrifft die kosmischen Ideale, während sich DUI, die Befriedigung und Offenheit unten, mit den Details der menschlichen Angelegenheiten beschäftigt. Wenn das Hexagramm AUFTRETEN ohne bewegte Linien erscheint, dann ergeben sich Fragen über Ihre Wertvorstellungen: Was den Gegenstand Ihrer Frage anlangt, so sind Sie vielleicht übermäßig starrsinnig und nur auf Äußerlichkeiten bedacht oder einfach viel zu wahllos im Aufnehmen fremder Einflüsse. Erst wenn Sie Ausgeglichenheit in Ihre Vorlieben und Abneigungen bringen, können Sie mit erfolgreichem Gelingen rechnen.

Schaffen Sie eine Atmosphäre, in der Gefühle wachsen und sich entfalten können.

Bewahren Sie um jeden Preis Haltung. Ihr gegenwärtiges AUFTRETEN wird die Entwicklung jeder äußeren Situation bestimmen. Mit einer positiv gestimmten Erwartungshaltung können Sie körperliche Erschöpfungszustände durch Stress vermeiden. Entwickeln Sie jetzt vor allem ein Gefühl für Ihren eigenen Selbstwert. Werden Sie sich Ihrer außergewöhnlichen charakterlichen Vorzüge bewusst, und pflegen Sie Ihre Entfaltung gerade in Hinblick auf diese besonderen Tugenden.

OBERSTE LINIE
Werfen Sie einen langen Blick auf das, was Ihr AUFTRETEN in Ihrer Situation bisher bewirkt hat. An den Folgen Ihres Handelns werden Sie erkennen, ob Sie auf dem richtigen Weg sind. Es ist Zeit, Ihre Ziele neu einzuschätzen. Durch Ihre Beschäftigung mit der Vergangenheit können Sie einen flüchtigen Blick in die Zukunft werfen.

▶ FÜNFTE LINIE
Was Sie sich vorgenommen haben, ist gefährlich, doch wird Ihnen die Kenntnis dieser Gefahr die Kraft zum Erfolg geben. Die Zeit verlangt eine feste Bindung an Ihr Unternehmen. Wenn Sie sich innerlich nicht wahrhaft verpflichtet fühlen, dann sollten Sie Ihren Weg überprüfen.

VIERTE LINIE
Wenn Sie nun große Vorsicht walten lassen, dann können Sie sogar gefährliche Unternehmungen in Angriff nehmen.

DRITTE LINIE
Sie sind nicht gerüstet für Ihre hochfliegenden Pläne, Ihre Kräfte reichen nicht aus. Ihr Eigensinn kann Sie nun ins Verderben führen. Ein solches AUFTRETEN entspricht nur jemandem, der willens ist, sich für seinen Vorgesetzten zu opfern.

ZWEITE LINIE
Bewahren Sie eine bescheidene und gemäßigte Haltung, und hegen Sie keine Gefühle der Erwartung oder Forderung. Lassen Sie sich nicht in die Wunschträume anderer einbeziehen, und verfolgen Sie keine unmäßig ehrgeizigen Pläne. Auf diese Art winkt Ihnen Erfolg.

GRUNDLINIE
Besonders einfaches AUFTRETEN lässt Sie nun am ehesten auf dem Weg zu Ihrem Ziel vorankommen. Nutzen Sie andere nicht aus, indem Sie über die normale freundschaftliche Beziehung hinausgehen. Lassen Sie sich auch nicht anderen gegenüber verpflichten. Ihre Stellung ist zwar gering, doch werden Sie durch schlichtes Verhalten vor Fehlern bewahrt.

Das Gedeihen

TAI

**OBERES TEIL-TRIGRAMM
KUN: ERDE**

**UNTERES TEIL-TRIGRAMM
KIEN: HIMMEL**

**OBERES KERN-TRIGRAMM
DSCHEN: DONNER**

**UNTERES KERN-TRIGRAMM
DUI: SEE**

HERRSCHENDE LINIEN

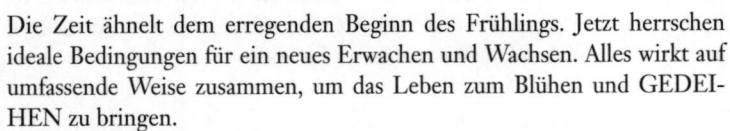

(DER FRIEDE)

Die Zeit ähnelt dem erregenden Beginn des Frühlings. Jetzt herrschen ideale Bedingungen für ein neues Erwachen und Wachsen. Alles wirkt auf umfassende Weise zusammen, um das Leben zum Blühen und GEDEIHEN zu bringen.

Wenn der Frühling kommt, dann wird der Edle, der sich dieses kosmischen Zeichens bewusst ist, den vorbereiteten, fruchtbaren Boden bebauen: Er teilt, ordnet, kontrolliert und begrenzt den Beginn, um die Zukunft zu gestalten. So besteht jetzt die Möglichkeit, mit starken und guten Ideen die Situation zu verbessern, während man zugleich die schlechten und irreführenden Elemente der Vergangenheit berichtigt.

Ihre Kontakte mit anderen können nun äußerst fruchtbar sein, und wenn Sie sich in der Vergangenheit von der Gesellschaft abgesondert haben, dann sollten Sie jetzt voll Zuversicht neue Beziehungen anknüpfen. Zank, Misstrauen und Parteienstreit haben ein Ende, und Gefühle des Wohlwollens herrschen vor.

Viele Möglichkeiten eröffnen sich jetzt, denn die weisesten Führer rücken mühelos in die herrschenden Positionen auf. Mit Ihrer Weitherzigkeit und Fortschrittlichkeit üben Sie selbst auf die charakterlich verkommensten Menschen eine heilsame Wirkung aus. Jetzt ist eine besonders günstige Zeit, Gesetze zu erlassen und Ordnungssysteme für die Zukunft zu entwickeln.

Diese glückbringende Zeit kommt vor allem Ihren Geschäften unmittelbar zugute: Nutzen Sie das GEDEIHEN, um Ordnung in Ihre Unternehmungen zu bringen. Die herrschenden Klaren Verhältnisse bieten sich von selbst an, um Vorstellungen zu realisieren, die auch dann noch Gewinn bringen, wenn sich die Zeiten wieder zum Schlechteren gewendet haben. Dienstleistungsbetriebe und Menschen, die mit anderen zusammenarbeiten, werden jetzt beträchtliche Gewinne erzielen.

Die starke herrschende Linie in der Mitte des unteren Trigramms (menschliche Angelegenheiten) begegnet mit großer Empfänglichkeit der weichen herrschenden Litte in der Mitte des oberen Trigramms (kosmische Ideale). Das Ergebnis ist zusammenwirken und Fortschritt.

Die Trigramme stehen in günstiger Beziehung zueinander: KUN, die Hingabe, im oberen Trigramm der kosmischen Ideale ist vollkommen empfänglich und öffnet sich der schöpferischen Kraft KIEN im unteren Trigramm der menschlichen Belange. In seiner unbewegten Form offenbart das Hexagramm GEDEIHEN die erfolgbringende und heilsame Ausstrahlung inniger Harmonie. Es ist ein ungewöhnliches glückverheißendes Vorzeichen, das allerdings auch ein Gefühl der Verantwortlichkeit für andere fordert.

Innerhalb Ihrer Persönlichkeit stellt sich alles auf Harmonie ein. Nach außen lassen Sie eine Ruhe erkennen, die das GEDEIHEN Ihres Inneren widerspiegelt. Selbst Ihre absichtslosen Handlungen werden für Sie und andere von Nutzen sein. Ihre persönlichen Beziehungen mögen zwar nach außen unverändert bleiben, doch in Ihrer inneren Einstellung werden Sie zu größerer Aufgeschlossenheit finden. Zugleich wird auch Ihre Gesundheit profitieren, und in dem Maße, wie Sie die erschöpfenden und aufreibenden Anforderungen hinter sich lassen, spüren Sie in sich das Erwachen neuer Kräfte. Dies ist insgesamt eine Zeit seelischen Friedens, der allein das umfassende GEDEIHEN entstehen lässt.

OBERSTE LINIE
Der Abstieg hat eingesetzt. Er kommt von außen und ist unaufhaltbar. Versuche, ihn zu beeinflussen, werden Sie demütigen. Nutzen Sie stattdessen Ihre Zeit, um die Bindungen zu den Ihnen Nahestehenden zu festigen.

▶ FÜNFTE LINIE
Wenn Sie sich unparteiisch verhalten, können Sie Ihr Ziel erreichen und große Erfolge erringen. Demut und Bescheidenheit werden es Ihnen ermöglichen, mit den Gefühlen der Ihnen geistig Nahestehenden Verbindung aufzunehmen. Sie werden dann in Ihren Bestrebungen Unterstützung finden.

VIERTE LINIE
Nun ist es wichtig, mit Ihren Vorgesetzten aufrichtig verbunden zu bleiben und mit Ihnen zu reden. Denken Sie nicht an eine mögliche Belohnung, sondern bleiben Sie auf dem eingeschlagenen Kurs, der zu Ihrem Ziel führt. Nehmen Sie die Hilfe anderer an, wenn Sie Ihnen angeboten wird.

DRITTE LINIE
Da die Gesetze des Wandels ewige Gültigkeit haben, kann eine Entscheidung auf Sie zukommen. Alle Schwierigkeiten können mit innerem Vertrauen in die eigene Stärke und Ausdauer überwunden werden. Freuen Sie sich in der Zwischenzeit ohne Einschränkung an der Gegenwart.

▶ ZWEITE LINIE
Es ist wichtig, in Zeiten des Gedeihens aufrechte Haltung und Würde zu zeigen, um ein angestrebtes Ziel zu erreichen. Sie haben nun die Verpflichtung, sich auch an Schwieriges heranzuwagen, den Menschen gegenüber nachsichtig zu sein und Ihre langfristigen Vorstellungen im Auge zu behalten. Halten Sie sich aus Parteienstreit und Gruppeninteressen heraus.

GRUNDLINIE
Alles, was Sie nun in die Wege leiten, vor allem zum Wohle anderer, wird erfolgreich sein. Andere werden sich von Ihnen angezogen fühlen, und Sie werden die Bereitschaft zur Zusammenarbeit unter Menschen finden, die ähnliche Ziele wie Sie verfolgen.

Die Stockung

PI

OBERES TEIL-TRIGRAMM
KIEN: HIMMEL

UNTERES TEIL-TRIGRAMM
KUN: ERDE

OBERES KERN-TRIGRAMM
SUN: WIND

UNTERES KERN-TRIGRAMM
GEN: BERG

HERRSCHENDE LINIEN
▶

Die Kräfte in der Natur sind zum Stillstand gekommen. Die Dinge wirken nicht mehr aufeinander ein, keine schöpferische Handlung ist möglich. Die natürliche Ordnung ist auseinander gefallen und die Kommunikation ist zum Erliegen gekommen. Deshalb gibt es kein Einverständnis über die Dinge, die notwendig sind, und das Wachstum ist unterbrochen: Wenn nichts wächst, dann herrscht der Zustand der STOCKUNG.

Alle brauchbaren Erkenntnisse und Ideen, die Sie nun haben mögen, ersticken in Apathie und Ablehnung. Ihre Umgebung ist jetzt sogar unempfänglich für selbstloses und hilfreiches Handeln. Doch liegt das Problem nicht an Ihren Motiven. Denn ob Sie nun auf raschen Gewinn aus sind oder sich mit allen Ihren Möglichkeiten für eine wertvolle gesellschaftliche Sache einsetzen, in keinem Fall werden Sie etwas erreichen: Die STOCKUNG ist eine unerschöpfliche Quelle für willkürliche und absurde Missverständnisse.

Die STOCKUNG verbreitet eine Stimmung des Abstiegs und Verfalls. Nun ist es möglich, dass Menschen von niederer Gesinnung in Positionen von großem Einfluss aufsteigen und politische und gesellschaftliche Kreise durch und durch korrupt werden. Die Lenker der Gemeinschaft stehen nicht in Kontakt mit den von ihnen geführten Menschen, und soziale Strukturen werden belanglos. Die Menschen verlieren sich in widersprechenden Bestrebungen und sind voll Misstrauen.

Ihre Beziehungen zur Gesellschaft werden immer oberflächlicher, weil es keine sinnvollen Auseinandersetzungen gibt. Künstlerische Versuche, die von anderen als brillant oder avantgardistisch eingeschätzt werden, erscheinen Ihnen als unbedeutend oder inspirationslos. Aber zweifeln Sie nicht an Ihren Zielen und Überzeugungen. Die Zeit der STOCKUNG ist in der Tat schwierig, und Sie haben keine Möglichkeit einzugreifen: Ziehen Sie sich zurück!

Das untere Trigramm der menschlichen Angelegenheiten ist nachgiebig und unterlegen, während der korrekte Herr des Zeichens auf dem fünften Platz (Autorität) von Linien umgeben und isoliert wird, die nicht korrekt sind: es herrscht keine Kommunikation.

Die hier wirkenden Trigramme sind einander gänzlich entgegengesetzt: Die Schöpferkraft KIEN bewegt sich empor und entfernt sich vom empfänglichen KUN. Eine brauchbare und sinnvolle Kommunikation ist unmöglich. Das Hexagramm STOCKUNG in seiner unbewegten Form bedeutet, dass der Gegenstand Ihrer Frage wegen der stark wirkenden Gegenkräfte nicht im Einklang mit den großen Entwicklungstendenzen Ihres Lebens steht.

Versuchen Sie nicht, andere zu beeinflussen, denn es ist unmöglich. Geben Sie Ihre Grundsätze nicht auf, und rücken Sie nicht ab von Ihren Ansprüchen, denn das Chaos ist unlösbar, und kein vernünftiger Weg steht Ihnen offen. Im Gegenteil, Sie würden nur immer tiefer in vielfältige Unstimmigkeiten hineinverstrickt. Lassen Sie sich weder durch ausgesetzte Belohnungen noch durch Versprechungen ködern, die Ihnen für Ihren Einsatz in einer zum Stillstand gekommenen Situation angetragen werden: Der Preis für Ihre Integrität würde zu hoch sein.

In diesen Zeiten werden Sie große Schwierigkeiten mit Ihren persönlichen Beziehungen haben, und es ist möglich, dass Sie in einen Sumpf von Missverständnissen geraten. Beharren Sie unerschütterlich und bedingungslos auf Ihren Wertkategorien und Ihrer inneren Überzeugung, denn auch diese Zeiten werden sicher vorübergehen.

OBERSTE LINIE
Die Gelegenheit ist gekommen, eine Situation der STOCKUNG in eine des Fortschritts zu verwandeln. Dies wird nicht von selbst geschehen, sondern eine feste und andauernde Überzeugung ist nötig, um größtmögliche Erfolge zu erringen und zu bewahren.

▶ FÜNFTE LINIE
Eine entscheidende Wendung zum Besseren zeichnet sich ab. Die Dinge entfalten sich und machen Fortschritte. Doch verlangt diese Zeit auch Vorsicht und Zurückhaltung. Mit dieser Haltung ist Ihr Erfolg zweifach gesichert, und Sie setzen eine feste Grundlage für die Zukunft.

VIERTE LINIE
Es ist möglich, die gesamte Situation zu Fortschritt und Ordnung zu bringen. Wenn Sie den aufrichtigen Antrieb spüren, eine Aufgabe in Angriff zu nehmen, und dabei im Einklang mit dem Kosmos sind, dann werden Sie und Ihre Umgebung Gewinn daraus ziehen. Doch wenn Sie sich lediglich als Führer aufdrängen, dann folgt daraus Verwirrung.

DRITTE LINIE
Aufgrund fraglicher Mittel und Motive, die Sie zur Erreichung Ihrer gegenwärtigen Stellung angewendet haben, sind Ihre Pläne zum Scheitern verurteilt. Darin liegt zwar eine gewisse Schande, aber gerade deshalb auch die Möglichkeit einer Wendung zum Besseren.

ZWEITE LINIE
Es ist besser, ruhig die STOCKUNG zu ertragen, als zu versuchen, Führer oder Opfer der Situation zu beeinflussen. Wenn Sie abseits bleiben, verletzen Sie nicht Ihre Grundsätze. Gutes Gelingen wird angezeigt.

GRUNDLINIE
Wenn es unmöglich ist, ohne Aufgabe der Grundsätze, die Ihre Persönlichkeit geformt haben, die gegenwärtige Situation zu ändern oder zu beeinflussen, dann ziehen Sie sich zurück. Ihnen wird in viel tieferem Sinn Erfolg beschieden sein, als es in der gefährdenden Situation vorstellbar schien. Wichtige Gefährten werden Sie vielleicht begleiten. Erfolg winkt.

Die Gemeinschaft

TUNG JEN

**OBERES TEIL-TRIGRAMM
KIEN: HIMMEL**

**UNTERES TEIL-TRIGRAMM
LI: FEUER**

**OBERES KERN-TRIGRAMM
KIEN: HIMMEL**

**UNTERES KERN-TRIGRAMM
SUN: WIND**

HERRSCHENDE LINIEN

Eine Gesellschaft funktioniert am besten, wenn jedes Mitglied Sicherheit auf seinem Platz im sozialen Gefüge findet. Wenn alle Mitglieder sinnvoll eingesetzt werden können und doch Einzelinitiative entfalten, wenn sie mit ihren persönlichen Fähigkeiten glänzen können und zu den umfassenden Zielen der Gesellschaft beitragen, dann besteht Harmonie und ein Gefühl der GEMEINSCHAFT.

Ob Sie mitten in der Gesellschaft stehen und arbeiten oder ob Sie sich Ihr Leben mehr an ihrem Rand eingerichtet haben, Sie werden so oder so von allen gesellschaftlichen Erwägungen betroffen, von den Traditionen der GEMEINSCHAFT, ihrer Wirtschaftsordnung und ihren Gesetzen. Im Rahmen der Gesamtentwicklung gesehen ist der Wunsch nach Selbstgenügsamkeit, Unabhängigkeit und einem Leben außerhalb der Gesellschaft ebenso unausführbar wie archaisch. In dieser Zeit sind die Vorteile einer Absonderung äußerst fragwürdig, und deshalb müssen Sie jetzt Ihr Leben und Ihre Ziele unter dem Gesichtspunkt der Bedürfnisse Ihrer GEMEINSCHAFT abwägen.

Vielleicht sind Sie in einer Stellung, in der Sie zur Organisierung Ihrer GEMEINSCHAFT beitragen. Diese Ausgabe erfordert eine starke Persönlichkeit und den Verzicht auf alle egoistischen Motive. Die Zeit ist zwar günstig für die Durchsetzung sozialer Ziele, doch mit selbstsüchtigen Interessen und Absonderungsbestrebungen wird die Gunst der Stunde verloren gehen. Wenn Sie für die Ordnung unter den Menschen verantwortlich sind, müssen Sie jedem Mitglied seinen Platz innerhalb der Gruppe zuweisen, denn ohne Ordnung, Rang und Struktur wird die Gruppe lediglich zu einem Gemenge, in dem kaum etwas erreicht werden kann. Fällen Sie wohl überlegte Entscheidungen, und stellen Sie jeden an den Platz, wo er am wirksamsten ist und zugleich Befriedigung an seiner Arbeit findet. Hoffen Sie nicht, dass sich dies einfach von selbst regelt. Wenn die Bedürfnisse der Menschen befriedigt werden sollen, muss ein überlegener Führer

---

Die herrschende weiche Linie auf dem zweiten Platz (Eigeninteresse) entspricht dem starken Herrn auf dem fünften Platz (Autorität). Beide sind korrekt. Allen Linien kommt dies zugute.

In seiner unbewegten Form drückt dieses Hexagramm aus, dass Sie in der Verbundenheit mit anderen Ihre tiefsten Bedürfnisse erfüllen. Das untere Trigramm LI, das Haftende, bewegt sich nach oben in das Reich der schöpferischen Kraft, KIEN. Ihr Gefühl der Zugehörigkeit zu Ihrer GEMEINSCHAFT erweckt in Ihnen eine starke moralische Kraft. Dies ist der nächste notwendige Schritt in der Entwicklung Ihrer Persönlichkeit.

für die gesellschaftliche Ordnung sorgen. Wenn Sie dagegen ein Mitglied der GEMEINSCHAFT sind, dann bewahren Sie eine gefestigte und von Grundsätzen geprägte Haltung bei Ihrer Arbeit.

Im Allgemeinen ist dies eine gute Zeit für neue Unternehmungen, denn die Kräfte dieses Hexagramms begünstigen die Schaffung neuer Strukturen, Kontakte und gesunder Zwänge, die nötig für das gemeinschaftliche Erreichen ehrgeiziger Ziele sind. Dies gilt vor allem dann, wenn diese Handlungen im Allgemeinen Interesse der Mitmenschen stehen und ihren Bedürfnissen dienen.

Die Familie ist ein Mikrokosmos der GEMEINSCHAFT, und auch hier sollten Sie sich klar werden, ob Ihre persönlichen Absichten in Einklang mit dem Wohlergehen Ihrer Nächsten stehen. Jetzt sollten Sie sich nicht als Einzelner durchsetzen wollen.

OBERSTE LINIE
Die nun mögliche Gemeinsamkeit mit Ihren Mitmenschen ist in ihrer universellen Auswirkung sicher nicht bedeutsam. Dennoch ist es kein Fehler, sich anderen selbst in kleinen Angelegenheiten anzuschließen.

▶ FÜNFTE LINIE
Die Schwierigkeiten und Hindernisse der bestehenden Situation bereiten Ihnen große Sorge. Wenn Sie offen Ihren Schmerz eingestehen, werden Sie sehen, dass andere ähnliche Probleme haben. Zusammen können Sie diese schwierige Zeit überwinden und sich dann an der neu gefundenen Gemeinsamkeit freuen.

VIERTE LINIE
Die Besessenheit, mit der Sie Ihre persönlichen Ziele zu verwirklichen suchen, wird Sie schließlich von den anderen trennen. Je tiefer Sie sich in Ihren Traum verbohren, desto weiter entfernen Sie sich von der GEMEINSCHAFT. Doch Ihre Einsamkeit wird Sie rechtzeitig zur Vernunft bringen. Erfolg und Gelingen!

DRITTE LINIE
Möglicherweise haben die in die Situation verwickelten Personen eigensüchtige Motive und unterschiedliche Absichten. Dies ist unheilvoll, da daraus gegenseitiges Misstrauen erwächst, das alles zum Erliegen bringt. Solange die Ziele nicht neu definiert werden, ist ein Voranschreiten unmöglich und die Situation bleibt ohne Resultat.

▶ ZWEITE LINIE
Es besteht eine Tendenz zu elitärem und exklusivem Verhalten. Damit werden allen Mitgliedern der Gesellschaft Schranken gesetzt. Solche persönlichen und selbstsüchtigen Interessen führen auf Dauer zu Beschämung.

GRUNDLINIE
Nun teilt eine Gruppe von Menschen gemeinsam die gleichen Bedürfnisse. Sie können offen, mit den gleichen Absichten aufeinander zugehen. Dies ist der Beginn einer Gemeinschaft, die so lange gedeiht, wie die Interessen der Einzelnen nicht auseinander streben.

Die Souveränität

DA YU

**OBERES TEIL-TRIGRAMM
LI: FEUER**

**UNTERES TEIL-TRIGRAMM
KIEN: HIMMEL**

**OBERES KERN-TRIGRAMM
DUI: SEE**

**UNTERES KERN-TRIGRAMM
KIEN: HIMMEL**

**HERRSCHENDE
LINIEN**

(DER BESITZ VON GROSSEM)

Ein Glücksfall lässt Sie höchst erfolgreich sein: Selten werden Sie mehr besitzen und selten werden Sie fähig sein, so viel entgegenzunehmen. Obwohl Sie in der von Ihrer Frage betroffenen Situation Autorität erlangt haben, bleiben Sie dennoch bescheiden.

Da Sie mit dieser Haltung keine Gefahr für Ihre Umgebung darstellen, unterwerfen sich Ihre Mitmenschen freiwillig Ihrer Autorität, und so ist Ihnen SOUVERÄNITÄT beschieden. Sie sollten diese Macht nur mit Mäßigung und Uneigennützigkeit ausüben, darin werden Sie zu großem Fortschritt Lind außergewöhnlichen Möglichkeiten geführt.

Sie stehen im Blickpunkt sowohl jener Menschen, die Sie führen, wie auch jener, die über Ihnen stehen. Das verlangt ein passendes Verhalten, damit das Erreichte weitergeführt werden kann. Halten Sie sich unter Kontrolle, und prüfen Sie sich selbst auf Anzeichen von Überheblichkeit. Sie müssen nun kämpfen, um das Böse in sich zu unterdrücken und sich ganz allgemein Dingen zuwenden, die guten Einfluss auf Sie haben. Ihre Stärke rührt daher, dass Sie sich der kosmischen Ordnung anpassen, in der das Gute und das Böse den ihnen zukommenden Platz finden.*

In weltlichen Angelegenheiten werden Sie erfolgreich sein, durchaus auch im materiellen Sinn. Selbst Ihre Vorgesetzten fügen sich Ihrer SOUVERÄNITÄT. Wenn Sie Ihre selbstlose Haltung beibehalten und Ihr Hauptaugenmerk auf kulturelle Ziele lenken, dann lassen sich große Dinge verwirklichen.

KIEN, die Stärke, im unteren Trigramm der menschlichen Angelegenheiten hängt ab von LI, Klarheit, im oberen Trigramm der kosmischen Angelegenheiten, das den rechten Weg weisen soll. In seiner unbewegten Form verlangt das Hexagramm SOUVERÄNITÄT das unerschütterliche Festhalten an Ihren Grundsätzen in Bezug auf den Gegenstand Ihrer Frage. In Ihren Worten und Überzeugungen sollen Sie weder dogmatisch noch überheblich sein. Geistige Klarheit und Charakterstärke gemeinsam werden Ihnen jene Integrität geben, die Sie brauchen, um Ihr Ziel zu erreichen. Doch wenn man sich an SOUVERÄNITÄT gewöhnt, verliert man den rechten Weg.

Die herrschende Linie auf dem fünften Platz (Autorität) wird wegen ihrer empfänglichen Natur respektiert. Da sie keine Gefahr darstellt, wird ihr von allen anderen starken Linien die SOUVERÄNITÄT zuerkannt.

---

* Der chinesische Philosoph Laotse (6. Jh. v. Chr.) sagt zu diesem Gedanken: „Nur dann, wenn jemand nicht genügend Vertrauen in die anderen hat, dann werden die anderen kein Vertrauen in ihn haben. Die großen Herrscher wägen ihre Worte außerordentlich. Sie vollenden ihre Aufgabe, sie erfüllen ihr Werk. Und dennoch sagt das Volk, dass sie einfach der Natur folgen."

In gesellschaftlichen Fragen werden Sie mit Freundlichkeit und Güte die Herzen gewinnen. Wenn Sie Künstler sind, dann sind Ihre Inspirationen von kultureller Bedeutung. Darüber hinaus herrscht in Ihren persönlichen Beziehungen Ordnung, selbst wenn in ihnen die Leidenschaft zuweilen fehlt. Auch hier befinden Sie sich in der Stellung der SOUVERÄNITÄT. Die Zeit der SOUVERÄNITÄT kann auch sehr anstrengend sein, denn Erfolge – besonders materielle – verführen leicht zu Stolz und Habgier, und davor müssen Sie sich unter Einsatz aller Kräfte hüten. Ihre Persönlichkeit würde geschwächt und gedemütigt werden – also besinnen Sie sich rechtzeitig auf Ihre positiven Eigenschaften.

OBERSTE LINIE
Hier liegt die Quelle für großen Segen und Erfolg. Bemühen Sie sich, die Dinge im Gleichgewicht zu halten. Setzen Sie sich ganz für Ihre Ziele ein, und loben Sie offen jene, die Ihnen helfen.

▶ FÜNFTE LINIE
Sie haben die Menschen, auf die Sie Einfluss ausüben können, durch Aufrichtigkeit angezogen. Daraus hat sich eine vertraute Beziehung entwickelt. Wenn Ihre Vertrautheit aber zu groß wird, können Sie zu nachlässig werden, um etwas zu erreichen. Eine würdevolle Haltung wird erfolgreich sein.

VIERTE LINIE
Überwinden Sie Ihren Stolz und Ihre Missgunst, und versuchen Sie nicht, sich mit anderen zu messen oder mit den Inhabern der Macht zu wetteifern. Wenden Sie Ihre ungeteilte Aufmerksamkeit den laufenden Geschäften zu, und Sie werden keinen Fehler begehen.

DRITTE LINIE
Ein Mensch mit der richtigen Einstellung wird seine Fähigkeiten oder Mittel seinem Führer oder seiner Gemeinschaft zur Verfügung stellen. Durch diese Großzügigkeit erfährt er seinerseits die loyale Unterstützung durch die anderen. Ein Mensch von geringerer Gesinnung wäre dazu unfähig.

ZWEITE LINIE
Sie haben nicht nur enorme Mittel, mit denen Sie arbeiten können, sondern auch die nötigen Voraussetzungen, um diese Werte zu koordinieren und für sich arbeiten zu lassen. Ihre Erfindungsgabe erlaubt Ihnen, sich ohne Sorge ehrgeizigen Unternehmungen zuzuwenden.

GRUNDLINIE
Obwohl Sie großen Besitz haben, wurde Ihre Position noch nicht in Frage gestellt. Daher haben Sie keinen Fehler begangen. Vergessen Sie nicht, dass die Situation erst am Anfang steht und auf Ihrem Weg noch Schwierigkeiten auf Sie warten können. Vorgewarnt und voll Vorsicht bleiben Sie vielleicht ohne Fehler.

Die Mäßigung

KIEN

**OBERES TEIL-TRIGRAMM
KUN: ERDE**

**UNTERES TEIL-TRIGRAMM
GEN: BERG**

**OBERES KERN-TRIGRAMM
DSCHEN: DONNER**

**UNTERES KERN-TRIGRAMM
KAN: WASSER**

HERRSCHENDE LINIEN

(DIE BESCHEIDENHEIT)

Die vorherrschenden kosmischen Kräfte sind dabei, Extreme auszugleichen und verschiedene Interessen miteinander in Einklang zu bringen. Dieses Drängen nach Gleichgewicht und MÄSSIGUNG ist ein Bedürfnis des Universums, so wie auf der Erde die Berge abgetragen und die Täler aufgefüllt werden. Ebenso strebt die menschliche Natur nach MÄSSIGUNG, wenn sie versucht, die Auswüchse der Übermächtigen zu beschränken und die Bedürfnisse jener zu erfüllen, die in einer Notlage sind.

Probleme von öffentlichem Interesse können nun durch maßvolles Verhalten zu einem erfolgreichen Ende gebracht werden. Führer sollten jetzt ihre Ziele beharrlich bis zur Verwirklichung verfolgen, doch dabei vermeiden, mit Ihrer Macht zu prunken, sondern die Aufrichtigkeit beibehalten, die Ihrer wahren Natur entspricht. Es ist ein Zeichen des großen Führers, der in seinem Handeln den Weg der MÄSSIGUNG geht, dass sich seine Absichten von selbst mitteilen und verwirklichen.

Vermeiden Sie in Ihren sozialen Beziehungen Extreme. Konzentrieren Sie sich jetzt darauf, mit Ihren Gefährten ein harmonisches Gleichgewicht aufzubauen sowie mäßigend und ordnend im sozialen Bereich zu wirken. Das bedeutet nicht nur, Auswüchse und demonstrative Selbstdarstellungen zu vermeiden, sondern auch Schwächen und Schwächere zu tolerieren.

Die Zeit ist günstig, Ausgewogenheit in Ihre persönlicheren Beziehungen zu bringen. Überprüfen Sie Ihre Innersten Gefühle, um zu sehen, ob

---

KIEN, die Stärke, im oberen Trigramm der kosmischen Ideale, strömt über von eigener Kraft, während GEN, das Innehalten, im unteren Trigramm der menschlichen Angelegenheiten unbeweglich verharrt. Jedes Trigramm ist ein Extrem, doch die Existenz des einen mäßigt jeweils das andere. In seiner unbewegten Form lässt das Hexagramm MÄSSIGUNG die Notwendigkeit erkennen, in der Auseinandersetzung mit dem Gegenstand Ihrer Befragung zurückhaltend zu sein. Nur wenn Sie sorgfältig Ihre Reaktionen auf die Lockerung festgefahrener Haltungen prüfen, beginnen Sie Fortschritte zu machen.

* Im folgenden Zitat aus dem Tao te king hat der Philosoph Laotse (6. Jh. v. Chr.) diese Haltung der MÄSSIGUNG in besonders treffender Weise beschrieben:
„Wer auf den Zehen steht, steht nicht fest.
Wer mit gespreizten Beinen geht, kommt nicht voran.
Wer selber scheinen will, wird nicht erleuchtet.
Wer selber etwas sein will, wird nicht herrlich.
Wer selber sich rühmt, vollbringt nicht Werke.
Wer selber sich hervortut, wird nicht erhoben."

Die einzige starke Linie des Hexagramms steht auf dem dritten Platz und ist korrekt. Von der obersten Position des unteren Teiltrigramms aus lenkt sie maßvoll die Interessen der menschlichen Belange.

15

Sie extreme Erwartungen oder eigensüchtige Wünsche hegen. Versuchen Sie alle wirklichkeitsfremden Ideale zu mäßigen.

Ihre innere Entwicklung erfordert nun eine bescheidene und aufrichtige Haltung. Erlauben Sie sich keine Auswüchse irgendwelcher Art, sondern streben Sie in allen Ihren Handlungen nach MÄßIGUNG.*

Durch sie können Sie nun eine gewisse Kontrolle über Ihr Geschick erlangen, indem Sie die ausgleichenden Kräfte der Gegenwart nutzen, um Ihr Selbst und Ihren Mittelpunkt zu finden. Dieses innere Gleichgewicht bringt Sie in Einklang mit dem TAO und dadurch in Harmonie mit Kräften, die für Sie wirksam werden können.

OBERSTE LINIE
Ihre innere Entwicklung ist noch nicht abgeschlossen. Die Zeit verlangt Selbstzucht. Wenn Schwierigkeiten entstehen, suchen Sie nicht die Schuld bei anderen. Erst wenn Sie beginnen, die Verantwortung für Ihr eigenes Schicksal zu übernehmen, können Sie in Ihrer Umgebung Ordnung schaffen.

FÜNFTE LINIE
Trotz der Ausgeglichenheit, die in der MÄßIGUNG erreicht wurde, kann energisches Durchgreifen notwendig sein, um Ihre Ziele zu verwirklichen. Dies erreichen Sie nicht durch eine stolze Machtdemonstration, sondern durch entschlossenes und sachbezogenes Handeln. Erfolg winkt bei allen Unternehmungen.

VIERTE LINIE
Wenn einmal der Ausgleich der wahren MÄßIGUNG erreicht ist, muss er unablässig bewahrt werden. Das bedeutet nicht, dass man einfach die äußere Form der MÄßIGUNG beibehält, sondern dass man fortfährt, charakterliches Gleichgewicht und Verantwortungsgefühl gegenüber der Gesellschaft zu pflegen.

▶ DRITTE LINIE
Mit standhaftem Einsatz und harter Arbeit werden Sie Ruhm und Ehre erringen. Lassen Sie sich durch diese Anerkennung nicht in die Irre führen oder in kompromittierende Situationen bringen. Setzen Sie auf die Ausdauer, die Sie auf Ihren führenden Posten gebracht hat, und Sie werden weiterhin Unterstützung finden und Ihr Werk zu Ende führen können.

ZWEITE LINIE
Wenn Sie in Ihrem Innern sorgfältige MÄßIGUNG bewahren, dann werden Ihre äußeren Handlungen Einfluss und Gewicht bekommen. Sie werden nun mit verantwortungsvollen Aufgaben betraut. Gründlichkeit in Ihren Handlungen bringt Erfolg.

GRUNDLINIE
Wenn es Ihnen gelingt, Ihr geplantes Unternehmen in aller Ruhe ordentlich und gründlich (und ohne augenfällige Ankündigung Ihrer Absichten) durchzuführen, dann können Sie auch bedeutendere Ziele ansteuern. Mit bescheidener und disziplinierter Haltung rufen Sie keinen Widerstand hervor.

Der harmonische Einklang

YÜ

**OBERES TEIL-TRIGRAMM
DSCHEN: DONNER**

**UNTERES TEIL-TRIGRAMM
KUN: ERDE**

**OBERES KERN-TRIGRAMM
KAN: WASSER**

**UNTERES KERN-TRIGRAMM
GEN: BERG**

HERRSCHENDE LINIEN

(DIE BEGEISTERUNG)

Alles Geschehen in der Natur geht den Weg des geringsten Widerstandes und der harmonischen natürlichen Ordnung. Die Flüsse graben auf dem Weg zur See ihr Bett dort, wo das Erdreich am ehesten nachgibt. Die Gezeiten folgen der Anziehungskraft des Mondes, während dessen Lauf wiederum an die Schwerkraft der Erde gebunden ist. Die Erde bleibt durch die Sonne auf ihrer festen Bahn, und daraus entsteht die Regelmäßigkeit der Jahreszeiten. Alle Dinge im Leben stehen im harmonischen Einklang mit diesen Gesetzen und festgelegten Abläufen.

Innerhalb der Gesellschaft gelten überlieferte Werte, allgemein anerkannte Überzeugungen und Gefühle unbedingter Zusammengehörigkeit, die instinktiv im Wesen der Menschen angelegt sind. Wenn Sie führen, Einfluss ausüben, regieren oder andere aufrütteln wollen, dann müssen Sie sich zuerst in Einklang mit den Gesetzen der Gesellschaft stellen. So können Sie in anderen Menschen Aufmerksamkeit, Begeisterung und die Bereitschaft zur Zusammenarbeit bewirken.

Während dieser Zeit sollten Sie versuchen, die wesentlichen Strukturen der Gegenwart zu ergründen, denn wenn Sie die Richtung der um Sie wirkenden Bewegungskräfte verstehen, dann können Sie sich ihren Bahnen anschließen.

Neue Ideen können nun erfolgreich realisiert und verbreitet werden. Bringen Sie die herrschende Gesinnung in Erfahrung, und wählen Sie fähige Helfer, die sich von Ihrer Persönlichkeit mitreißen lassen.

In Zeiten harmonischen Einklangs haben die Menschen Empfindungen von umfassender Vollkommenheit und Wahrhaftigkeit. So machtvoll sind solche Momente vollkommenen Einklangs, dass Konfuzius zum Ausspruch veranlasst wurde: „Wer dieses Opfer zur Gänze verstünde, der könnte die Welt regieren, als würde er sie in seiner Hand halten."

Die herrschende Linie in der vierten Position (soziales Bewusstsein) steht im harmonischen Einklang mit dem gesamten Hexagramm.

Das Trigramm DSCHEN, die Bewegung, beeinflusst von oben KUN, das Empfangende, und regt es zum Handeln an. Wenn Sie dieses Hexagramm in seiner unbewegten Form erhalten, ist harmonischer Einklang für Sie lebensnotwendig. Gehorchen Sie Ihrer inneren Stimme, um in der gegebenen Situation das Richtige zu tun. Steht eine Entscheidung an, dann folgen Sie Ihrer Natur und wählen Sie den Weg des geringsten Widerstands. So werden Sie sich von Spannungen freimachen und sich öffnen für die erfüllte Eintracht mit dem Kosmos.

Dieses Hexagramm besagt, dass Sie nun fähig sind, in harmonischem Einklang mit der Gesellschaft zu stehen und Ihre Gedanken und Interessen umfassend auszudrücken. Durch Ihr allgemeines Gefühl für die Stimmung der Zeit üben Sie nun in Ihren persönlichen Beziehungen eine besondere Ausstrahlung aus.

Nun können Sie mühelos Ihre Persönlichkeit weiterentwickeln. Folgen Sie Ihrem biologischen Rhythmus, beobachten Sie Ihre angeborenen Persönlichkeitsstrukturen und seien Sie offen für Ihre innere Stimme. Diese Haltung wird auch Ihre Gesundheit und ihr körperliches Wohlbefinden fördern. Der HARMONISCHE EINKLANG von Geist und Kosmos wird sich Ihnen als Gefühl der Lebensfreude mitteilen.

OBERSTE LINIE
Wer sich in dieser Stellung befindet, ist von der Erinnerung an eine außerordentliche und harmonische Erfahrung geblendet. Doch die Zeiten sind vorbei und geblieben ist bloße Selbstgefälligkeit. Zum Glück ist eine Änderung möglich. Es bietet sich die Gelegenheit, eine Situation neuen Wachsens zu erreichen.

FÜNFTE LINIE
Völlige Harmonie ist unmöglich. Dennoch wird Sie gerade die Bewusstheit darüber abhalten, in Chaos und mögliches Verderben zu sinken.

▶ VIERTE LINIE
Harmonische Zeiten stehen bevor. Sie können unbesorgt Ihr Vertrauen in die Zukunft zeigen. Ihre Haltung wird andere anziehen und an Ihren Unternehmungen mitwirken lassen. Große Taten können so vollbracht werden.

DRITTE LINIE
Selbstgefällig haben Sie auf einen Fingerzeig anderer gewartet, um sich motivieren zu lassen. Ob sie nun aus müßiger Lust an der Gegenwart oder einfach aus Trägheit zögern, Sie sind dabei, Ihre Unabhängigkeit und Ihr Selbstvertrauen zu verlieren. Sie können sich noch retten: Handeln Sie!

ZWEITE LINIE
Es ist eine außergewöhnliche Gabe, frühzeitig erkennen zu können, dass sich das Glück wendet. Während sich andere von Moden und Zufallslaunen mitreißen lassen, halten Sie an den gegebenen Grundsätzen Ihrer Natur fest und reagieren gemäß den Forderungen der Zeit. Dies ist das Verhalten von Führern.

GRUNDLINIE
Sie mögen zwar eine harmonische Verbindung mit einer hoch gestellten Persönlichkeit haben, doch folgt daraus nicht zwingend, dass Sie Herr der Situation sind. Sollten Sie sich Ihres Vorteils rühmen, so ziehen Sie mit Sicherheit das Unheil an.

Das Anpassen

SUI

**OBERES TEILTRIGRAMM
DUI: SEE**

**UNTERES TEILTRIGRAMM
DSCHEN: DONNER**

**OBERES KERNTRIGRAMM
SUN: WIND**

**UNTERES KERNTRIGRAMM
GEN: BERG**

**HERRSCHENDE
LINIEN**

(DIE NACHFOLGE)

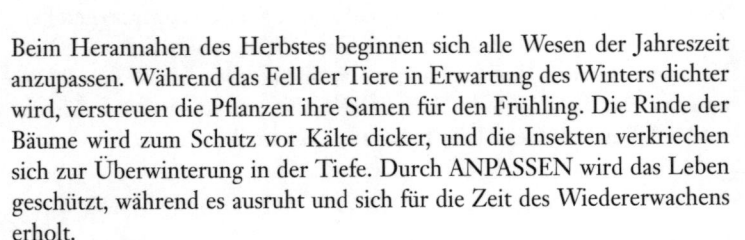

Beim Herannahen des Herbstes beginnen sich alle Wesen der Jahreszeit anzupassen. Während das Fell der Tiere in Erwartung des Winters dichter wird, verstreuen die Pflanzen ihre Samen für den Frühling. Die Rinde der Bäume wird zum Schutz vor Kälte dicker, und die Insekten verkriechen sich zur Überwinterung in der Tiefe. Durch ANPASSEN wird das Leben geschützt, während es ausruht und sich für die Zeit des Wiedererwachens erholt.

ANPASSEN heißt wissen, wann es zu handeln oder zu ruhen gilt, zu sprechen oder zu schweigen. Die Natur dieses Hexagramms wird mit dem Herbst verglichen, wenn die Aktivitäten aufhören und die Zeit der Ruhe beginnt. Dies ist keine Beschränkung, denn es gibt keine Anspannung. Es ist die Zeit der friedfertigen, geistig aufgeschlossenen Haltung, die bereit ist, sich den bestehenden Kräften anzugleichen. Lassen Sie anderen die Kontrolle über die Situation, und selbst wenn Sie in sich die Kraft zur Änderung der Situation spüren, ist es zu Ihrem Besten, nichts zu unternehmen. Wahre Macht liegt in der Fähigkeit, anderen zu dienen, und diese Haltung führt schließlich zu Fortschritt und Erfolg.

Im politischen Bereich werden nur solche Führer Anhänger finden, die ihre Zukunftspläne der Gesinnung ihrer Gesellschaft anpassen. Wenn sie ihre Ideale zu weit vom wirklichen Leben entfernen und ihre Vorstellungen und Taten nicht den Bedürfnissen der Zeit ANPASSEN, dann kann es gefährlich werden, ihnen zu folgen. Wenn hingegen ihre Ziele im harmonischen Einklang mit den Zeiten stehen, dann können Sie sich unbesorgt der Führerschaft anvertrauen und sich entspannen.

Versuchen Sie in Ihren sozialen und persönlichen Beziehungen flexibel zu sein, und ordnen Sie sich unter, wenn es nötig ist. Vergeuden Sie Ihre Energien nicht im Kampf gegen die herrschenden Kräfte, sondern entwi-

---

Die beiden starken herrschenden Linien befinden sich unterhalb von schwachen Positionen. Der Herr in der ersten Position (anfängliche Inspiration) passt sich ebenso wie die fünfte Linie (Autorität) einer untergeordneten Stellung an.

Das untere Trigramm DSCHEN, das neue Wachstum, passt sich organisch an und findet in seiner Bewegung nach oben DUI, die Befriedigung. Wenn das Hexagramm ANPASSEN in seiner unbewegten Form erscheint, so bedeutet das zweifelsohne, dass kein Wachsen oder Fortschritt möglich ist, solange die Erfordernisse der Zeit nicht erfüllt werden. Keine Situation kann nun günstig werden, bevor Sie nicht ein Teil von ihr sind. Es liegt im Charakter dieser Zeit, dass Sie erst dann eine Situation beherrschen können, wenn Sie ihr vorher dienen. Kämpfen Sie nicht! Entspannen Sie sich und passen Sie sich an!

ckeln Sie Ihre Beziehungen so lohnend wie möglich, indem Sie sich der herrschenden Stimmung ANPASSEN.

Machen Sie sich frei von althergebrachten Vorurteilen und Anschauungen, die vielleicht noch Ihr Verhalten beeinflussen und Sie einengen. Wenn Ihre Bestrebungen und Grundsätze nicht mit denen Ihrer Gesellschaft übereinstimmen, dann müssen Sie sich in Ihrem Inneren neu angleichen. Ihr Fortschritt hängt nun von Ihrem Realitätssinn gegenüber ihrer Umgebung ab. Bei sich zu Hause können Sie natürlich nach Ihren eigenen Gesetzen leben, doch außerhalb müssen Sie sich ANPASSEN. Durch das ANPASSEN an die Sie umgebende Wirklichkeit werden Sie jetzt inneren Frieden finden und erfolgreich sein.

OBERSTE LINIE
Aufgrund Ihrer Erfahrung und Sachkenntnis werden Sie aufgefordert, jemanden zu führen. Fraglos werden Sie persönlich betroffen werden, doch werden Sie schließlich für Ihren uneigennützigen Einsatz belohnt.

▶ FÜNFTE LINIE
Wenn Sie aufrichtig auf dem Besten beharren, dann haben Sie alle Aussichten, es zu bekommen. Streben Sie nach Hohem. Erfolg winkt.

VIERTE LINIE
Jene, auf die Sie Einfluss auszuüben scheinen, haben an ihrer Parteinahme für Sie persönliche Vorteile im Sinn. Machen Sie sich frei von den gegenwärtigen Schmeicheleien und wenden Sie sich den Grundsätzen Ihrer ursprünglichen Absichten zu. Streben Sie nach Unabhängigkeit im Handeln.

DRITTE LINIE
Sie schließen sich wertvollen Menschen oder Idealen an und trennen sich von niedrig gesonnenen Gefährten Ihres bisherigen Lebens. Folgen Sie beharrlich diesem besseren Weg, und Sie werden finden, wonach Sie suchen. Zugleich wird dies Ihrer Charakterstärke sehr förderlich sein.

ZWEITE LINIE
Überprüfen Sie die Ziele und Normen, die Sie sich selbst gesetzt haben. Wenn sie wertlos, unwürdig oder schwach sind oder gar überhaupt nicht existieren, dann werden Sie in niedriger Stellung bleiben und den Anschluss an die förderlichen und wertvollen Einflüsse verlieren. Sie müssen sich entscheiden.

GRUNDLINIE
Eine Wendung tritt ein: Entweder in Ihren eigenen Absichten oder in der Sie umgebenden Situation. Um etwas zu erreichen, sollten Sie nun mit Menschen verschiedenster Art und Meinung verkehren, ohne jedoch Ihre inneren festen Grundsätze aufzugeben.

Die Wiederherstellung

GU

**OBERES TEILTRIGRAMM
GEN: BERG**

**UNTERES TEILTRIGRAMM
SUN: WIND**

**OBERES KERNTRIGRAMM
DSCHEN: DONNER**

**UNTERES KERNTRIGRAMM
DUI: SEE**

HERRSCHENDE LINIEN

▶

(DAS VERDERBEN)

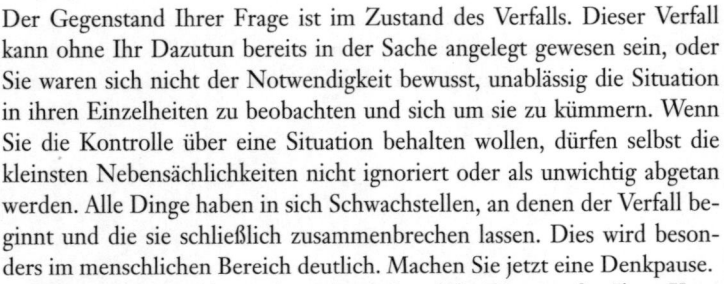

Der Gegenstand Ihrer Frage ist im Zustand des Verfalls. Dieser Verfall kann ohne Ihr Dazutun bereits in der Sache angelegt gewesen sein, oder Sie waren sich nicht der Notwendigkeit bewusst, unablässig die Situation in ihren Einzelheiten zu beobachten und sich um sie zu kümmern. Wenn Sie die Kontrolle über eine Situation behalten wollen, dürfen selbst die kleinsten Nebensächlichkeiten nicht ignoriert oder als unwichtig abgetan werden. Alle Dinge haben in sich Schwachstellen, an denen der Verfall beginnt und die sie schließlich zusammenbrechen lassen. Dies wird besonders im menschlichen Bereich deutlich. Machen Sie jetzt eine Denkpause.

Obwohl Ihre Probleme überwältigend und die Dinge außer Ihrer Kontrolle zu sein scheinen, ist das Hexagramm WIEDERHERSTELLUNG dennoch von außergewöhnlich günstiger Vorbedeutung. Durch Ihre Arbeit können Sie nun die Gleichgültigkeit der Vergangenheit überwinden, die Sie erst in die gegenwärtige, unangenehme Situation gebracht hat. Die Zeit ist außerordentlich günstig für eine Wendung zum Besseren. Haben Sie keine Angst, aktiv einzugreifen. Kräfte von außen üben keinen Einfluss auf die Situation aus. Ihre eigene Haltung in der Vergangenheit hat es zugelassen, dass dieser Schaden eingetreten ist, daher sind Sie besonders zu seiner WIEDERHERSTELLUNG befähigt.

Bevor Sie etwas unternehmen, ist es wichtig, die verschlungenen Pfade zu betrachten, die in diesen Zustand des Verfalls geführt haben. Nur durch genaue Überlegung können Sie sicher gehen, das Richtige zu tun. Im chinesischen Originaltext werden drei Tage des Nachsinnens empfohlen, bevor der erste Schritt getan werden kann, doch Sie werden aufgrund Ihres Vorhabens wissen, wann es zu handeln gilt. Das richtige Handeln liegt nun mehr im Aufbauen als im kritischen Diskutieren, aber es ist nicht die Zeit für radikale oder reaktionäre Veränderungen. Suchen Sie vielmehr Mög-

---

Die fünfte Linie auf dem Platz der Autorität ist schwach und empfangend und daher fähig, das gesamte Hexagramm zu wandeln und zu ordnen.

In seiner statischen Form weist dieses Hexagramm auf die Notwendigkeit hin, ihre Haltung gegenüber der Umwelt insgesamt zu ändern. Das wie ein Berg lastende Trigramm GEN, das Innehalten, hat sich oben festgesetzt und gewährt dem unteren Trigramm SUN, das sanfte Wirken, keinen Bewegungsspielraum. Zu viele Faktoren in ihrem Leben wurden vernachlässigt, sind verfallen und in Bewegungslosigkeit erstarrt. Wie wollen Sie Ihr Schicksal sinnvoll lenken, wenn Sie weder Autorität noch Kontrolle über die alltäglichen Situationen ausüben? Hoffnung liegt nur in einer unermüdlich energischen und gewissenhaften Haltung.

lichkeiten des konstruktiven Handelns und Bereiche positiver Entwicklungen. Sobald Sie Ihren Weg gefunden haben, verfolgen Sie ihn mit Energie, und lassen Sie Ihre Tatkraft nicht durch die Größe der Aufgabe dämpfen. Aus dieser Situation werden Energie und Anregungen erwachsen, sobald die Probleme beseitigt sind. Halten Sie an diesem neuen Weg fest, wenn Sie die Wendung vollbracht haben, und verfallen Sie nicht wieder in Selbstgefälligkeit, die Ihre Probleme erneut ausbrechen lassen könnte.

OBERSTE LINIE
Es ist Ihnen möglich, sich über die gesamte Situation zu erheben. Sie brauchen sich nicht mit den Details spezifischer sozialer Probleme auseinander zu setzen, sondern können sich stattdessen den höheren Zielen Ihrer persönlichen und geistigen Entwicklung widmen. Doch Vorsicht! Wer sich zynisch und abfällig über die Menschen erhebt, wird seiner Entwicklung schaden.

▶ FÜNFTE LINIE
Sie sind in der Lage, die Verantwortung für eine seit langem nötige Reform zu übernehmen. Die Menschen in Ihrer Umgebung werden Ihre Anstrengungen unterstützen, und Sie werden ehrenvolles Lob und Anerkennung finden.

VIERTE LINIE
Seit einiger Zeit schon ist die Situation äußerst disharmonisch und doch haben Sie es bei diesem unausgeglichenen Zustand belassen. Unter diesen Umständen werden sich die Dinge weiter verschlechtern.

DRITTE LINIE
Sie sind eifrig bemüht, Fehler der Vergangenheit zu berichtigen und tatkräftig in die Zukunft zu schreiten. Ihre Handlungen mögen deshalb überhastet sein, und andere werden Sie als unüberlegt schelten. Dennoch wird sich die Situation schließlich zu Ihren Gunsten entwickeln.

ZWEITE LINIE
Sie haben erkannt, dass die Fehler der Vergangenheit berichtigt werden müssen. Handeln Sie mit großem Einfühlungsvermögen, da Änderungen in Ihrem Leben Ihnen nahe stehende Menschen verletzen könnten.

GRUNDLINIE
Sie müssen sich von den überlieferten, starren Strukturen, die Ihr Leben beengen, trennen, um dem Abstieg zu entgehen. Dies mag Ihnen als ein zu radikaler Einschnitt erscheinen, und es trifft auch zu, dass eine solche Änderung mit Gefahr verbunden ist, doch wenn Sie dabei Vorsicht walten lassen, werden Ihnen Erfolg und neuer Aufschwung beschieden sein.

Die Beförderung

LIN

OBERES TEIL-
TRIGRAMM
KUN: ERDE

UNTERES TEIL-
TRIGRAMM
DUI: SEE

OBERES KERN-
TRIGRAMM
KUN: ERDE

UNTERES KERN-
TRIGRAMM
DSCHEN: DONNER

HERRSCHENDE
LINIEN

(DIE ANNÄHERUNG)

Dies ist die Zeit unmittelbar bevorstehender BEFÖRDERUNG. Die Chinesen bezogen dieses Hexagramm auf das Ende des Winters und den Beginn des Frühlings. So wie die Pflanzen im Frühling neu sprießen, so können Sie jetzt erste positive Schritte tun, um Ihr Ziel zu erreichen.

Falls sich Ihr Interesse auf Politik richtet, ist dies ein äußerst günstiger Augenblick. Eine Förderung Ihrer Talente oder Fähigkeiten stellt Sie nun ins Rampenlicht der Ereignisse und gibt Ihnen zugleich Autorität. Sie werden andere geschickt beeinflussen und unterstützen können. Diese ungeheuer günstige Zeit wird nicht immer andauern. Der Originaltext zum Hexagramm sagt: „Kommt der achte Monat, so gibt's Unheil." Dies bezieht sich auf das unvermeidliche Kommen des Herbstes. Sie sollten daher aus diesem Frühling der Macht und Zuversicht das Beste machen, damit Sie auf den natürlichen Kreislauf des Verfalls vorbereitet sind.

In geschäftlichen Dingen steht eine BEFÖRDERUNG bevor. Falls Sie auf einen günstigen Augenblick gewartet haben, um eine neue Idee vorzubringen oder sich in eine bessere Stellung zu bringen, so ist dies die Zeit dafür. Nie waren Ihre Vorgesetzten Ihnen gegenüber aufnahmebereiter. Es besteht eine echte Aussicht auf große Fortschritte, und Sie haben auch die finanziellen Seiten im Griff.

In Ihrer gesellschaftlichen Stellung sind Sie „angekommen". Sie haben eine starke Ausstrahlung und sind fähig, andere zu beeinflussen und zu unterrichten, so dass sie ihren eigenen Blickwinkel erweitern können. Diese Förderung Ihres sozialen Prestiges sollten Sie nutzen, um Ihre gesamte Umgebung zu fördern und zu stärken. Auf diese Weise sichern Sie sich gegen möglichen kulturellen Abstieg.

Ihre Beziehungen können jetzt aufblühen und Sie finden sich vielleicht in der Rolle des bestimmenden Partners. Für die Liebe ist diese Zeit besonders anregend, weil sich die Dinge noch im ersten Stadium ihrer Entwicklung befinden. Wenn Sie tolerant und zartfühlend sind, können Sie et-

Die beiden starken Linien am Anfang des Hexagramms, die sich auf den Plätzen der Anregung und des Eigeninteresses befinden, schaffen die anregende Atmosphäre der BEFÖRDERUNG. Sie herrschen gemeinsam und tatkräftig.

KUN im oberen Trigramm der kosmischen Ideale ist empfänglich für DUI, Freude und Befriedigung, im unteren Trigramm der menschlichen Angelegenheiten. Das Hexagramm BEFÖRDERUNG in seiner unbewegten Form verspricht andauernden Frühling in Bezug auf Ihre Frage. Das ist Glück verheißend, da Sie sich in einer Position befinden, in der Sie Ihre Pläne erfolgreich durchführen können. Vielleicht können Sie auch anderen helfen, ihre eigenen Absichten zu verwirklichen.

was aufbauen, das auch den stürmischeren Auseinandersetzungen standhält, die zu jeder Beziehung gehören.
Ihre innere Entwicklung wird jetzt ein wichtiger Faktor. In demselben Maß, in dem Sie sich verwirklichen, wachsen Ihre körperlichen und geistigen Kräfte. Versuchen Sie Ihre augenblickliche Zuversicht zu einer bleibenden Lebenseinstellung zu machen, die Ihnen durch spätere Verwirrungen und Depressionen hilft.

OBERSTE LINIE
Wer sich in dieser Position befindet, wird andere Nutzen aus dem Reichtum seiner Erfahrungen ziehen lassen. Solche Großherzigkeit wird allen Betroffenen Fortschritt bringen.

FÜNFTE LINIE
Sie befinden sich in einer Stellung der Souveränität, und es wäre klug, andere Ihren Plan für Sie ausführen zu lassen. Wenn Sie tüchtige Gehilfen wählen und sich nicht in ihre Geschäfte einmischen, dann erfüllen Sie das Ideal wahrer Autorität.

VIERTE LINIE
Ihre BEFÖRDERUNG ist erfolgreich verlaufen. Ungeachtet etwaiger Schwierigkeiten, die Sie bei der Einnahme Ihrer neuen Stellung antreffen, ist Ihr Verhalten so tadellos, dass Sie Ihren Weg erfolgreich fortsetzen können.

DRITTE LINIE
Nun ist eine BEFÖRDERUNG leicht möglich, was allerdings zu Sorglosigkeit von Ihrer Seite führen kann. Übersteigertes Selbstvertrauen ist gefährlich, doch wenn Sie rasch die Notwendigkeit erkennen, fortwährend auf der Hut zu sein, können Sie Fehler vermeiden, die Ihnen sonst Kummer bereiten würden.

▶ ZWEITE LINIE
Ihre Vorschläge gewinnen Zustimmung und Unterstützung von höheren Kreisen. Ihre Bestrebungen sind so positiv, dass Sie selbst immanente Schwierigkeiten überwinden können. Die Zukunft ist glänzend.

▶ GRUNDLINIE
Beginnen Sie Ihre Unternehmungen gemeinsam mit jenen, die Ihre Begeisterung teilen. Das wird Ihnen die starke Unterstützung geben, die Sie unbedingt brauchen, um Ihre Ziele zu erreichen. Zugleich sollten Sie sichergehen, dass Sie wertvolle Ziele verfolgen. Das Beharren auf Ihren Grundsätzen fördert den Erfolg.

Die Betrachtung

GUAN

OBERES TEILTRIGRAMM
SUN: WIND

UNTERES TEILTRIGRAMM
KUN: ERDE

OBERES KERNTRIGRAMM
GEN: BERG

UNTERES KERNTRIGRAMM
KUN: ERDE

HERRSCHENDE LINIEN

Die Jahreszeiten gehen mit fester Regelmäßigkeit ineinander über und schwanken nur in sich selbst, nie in Bezug auf den Gesamtablauf. Alle Materie im Kosmos untersteht denselben zyklischen Gesetzen, von denen auch das Schicksal von Kulturen oder Einzelpersonen keine Ausnahme macht. Durch BETRACHTUNG der kosmischen Gesetze und ihrer Auswirkungen auf Ihr Leben – ebenso wie auf das Leben anderer – können Sie daher Erkenntnisse über die Entfaltungsgesetze der Ereignisse gewinnen. In dieser Anschauungsweise steckt große Macht, die der Erfahrene nutzen kann, um sich und seine Umgebung zu beherrschen.

So wie das Leben des Einzelnen aus Jahreszeiten besteht, aus dem Frühling der Inspiration, dem Sommer der Arbeit, dem Herbst der Vollendung und dem Winter der Rast und BETRACHTUNG, so haben auch die Ereignisse der Welt ihre Jahreszeiten. Durch BETRACHTUNG der gegenwärtigen Situation und unter Berücksichtigung dessen, was ihr unmittelbar vorausging, sollte es Ihnen gelingen, das, was folgt, zu bestimmen.

Es ist schwierig, die Fähigkeit, solche Tendenzen vorherzusagen, zu akzeptieren, denn man erlebt selten das, was man möchte. Doch derjenige, der die Dinge auf diese Weise mutig und objektiv zu betrachten versteht, meistert seine Welt. Ein solcher Mensch ist ein echter Führer, denn er führt nicht mit Gewalt, sondern mit Eingebung.

Nutzen Sie diese Zeit der BETRACHTUNG und bewegen Sie sich frei in der Gesellschaft. Erproben Sie neue Ideen gründlich und geben Sie dann Ihren Rat. Andere werden jetzt aufmerksam anhören, was Sie zu sagen haben. In Geschäftsangelegenheiten gewinnen Ihre Ideen Einfluss. Nutzen Sie diese Gelegenheit, alle Praktiken oder Richtlinien, die unangemessen scheinen, zu untersuchen, zu durchschauen und zu korrigieren. Sie werden durch Ihr Beispiel einer gerechten Betrachtungsweise bei Ihren Mitmenschen Vertrauen erwecken.

Das Hexagramm gleicht einem Berg oder Tempel. Die korrekte herrschende Linie auf dem fünften Platz (Autorität) verbindet sich mit der Übersicht der zweiten herrschenden Linie in der obersten Position (Weisheit). Autorität und Weisheit bringen Ordnung in das Hexagramm.

Das obere Trigramm SUN, sanftes Wirken, beeinflusst erfolgreich KUN, die Empfänglichkeit. Ohne bewegte Linien zeigt das Hexagramm BETRACHTUNG, dass bezüglich des Gegenstands Ihrer Befragung noch Arbeit zu tun ist. Betrachten Sie ernsthaft die Situation und erkennen Sie ihre wahre Bedeutung und Entwicklungsrichtung. Sobald Sie sie verstanden haben, beeinflussen und ändern Sie sie, wo immer es notwendig ist. Haben Sie keine Angst: Wenn Sie sich realistisch auf die Situation einstellen, wird man ihnen vertrauen.

Ihre persönlichen Beziehungen entwickeln sich reibungslos, da Sie erkennen, was nötig ist, und angemessen reagieren. Durch Einigkeit und Zusammenarbeit können Sie diese Beziehungen in neue Bereiche persönlicher und gesellschaftlicher Bedeutung ausweiten.
Berücksichtigen Sie, dass Sie in dieser Zeit auch Gegenstand der Betrachtung durch andere sind. Wenn Sie mit den Kräften und Gesetzen des Kosmos Kontakt haben, wird Ihre Stellung ebenso herausragend und offensichtlich werden wie Ihr Einfluss. Je höher Sie Ihr Versuch, Zusammenhänge zu erkennen, führt, umso deutlicher erkennbar werden Sie für andere.

▶ **OBERSTE LINIE**
Sie stehen einigermaßen über der Situation und sind fähig, Ihr Leben ohne Ich-Bezogenheit zu betrachten. An diesem Punkt erkennen Sie, dass das Freisein von Irrtum und Schuld die höchsten Werte sind. Die Betrachtung ohne Ich-Bezogenheit ist der Schlüssel.

▶ **FÜNFTE LINIE**
Indem Sie die Wirkung Ihres Lebens auf andere betrachten, werden Sie herausfinden, was Ihnen die Zukunft bringt. Wenn Ihr Einfluss und Ihr Beispiel gut sind, dann sind Sie ohne Makel. Und das ist, wie Sie merken werden, Lohn genug.

VIERTE LINIE
Sie können jetzt durch Analyse der Gesellschaft Fortschritte machen. Suchen Sie das geeignete Projekt bzw. die beste Führung oder Organisation, der Sie sich anschießen und die Sie unterstützen können. Dieses Bewusstsein sozialer Zusammenhänge und seine Anwendung werden Sie fördern. Sie werden über den Durchschnitt hinauswachsen und bedeutsamen Einfluss ausüben.

DRITTE LINIE
Um die richtigen Entscheidungen in Ihrem Leben zu treffen, müssen Sie objektive Selbsterkenntnis gewinnen. Die erreichen Sie nicht durch das Ergründen Ihrer Träume, Haltungen und Meinungen. Sie sind ohne Nutzen für Ihre Selbstforschung. Betrachten Sie dagegen Ihre Wirkung auf Ihre Umwelt. Dort werden Sie sich finden.

ZWEITE LINIE
Wenn Sie ehrgeizigere Ziele haben als die Bewahrung Ihrer eigenen Privatwelt, wenn Ihre Träume in gesellschaftliche Fragen hineinreichen, müssen Sie eine umfassendere Betrachtungsweise entwickeln. Wenn Sie alle Dinge, auf die Sie stoßen, auf ihr eigenes Leben und Ihre Haltung beziehen, können Sie sich nicht entwickeln.

GRUNDLINIE
Sie sollten nicht nur die Außenseite der Situation und ihre oberflächlichste Auswirkung auf Sie sehen. Das ist eine zu niedrige und unaufgeklärte Art der BETRACHTUNG. Ein Mensch von edler Gesinnung versucht die Situation als Teil eines größeren Ganzen zu erfassen. So können Sie die tatsächliche Bedeutung für Ihr Leben erkennen.

Die Reform

SCHI HO

**OBERES TEIL-TRIGRAMM
LI: FEUER**

**UNTERES TEIL-TRIGRAMM
DSCHEN: DONNER**

**OBERES KERN-TRIGRAMM
KAN: WASSER**

**UNTERES KERN-TRIGRAMM
GEN: BERG**

HERRSCHENDE LINIEN

(DAS DURCHBEISSEN)

Die Zeit verlangt eine energische REFORM, doch werden Sie in der Erreichung Ihrer Ziele entweder von einem destruktiven Menschen gestört oder durch eine Situation beeinträchtigt, die sich gegen Ihre Absichten entwickelt hat. Dieses Hindernis muss gefunden, geändert und dadurch überwunden werden. Erfolg kommt durch das Anwenden der Gesetze und das Durchsetzen der Gerechtigkeit. Es gibt weder die Möglichkeit, Kompromisse einzugehen, noch die Hoffnung, dass das Problem auf wunderbare Weise von selbst verschwindet. Sie können es nicht hinwegerklären, es nicht ignorieren oder sich davor drücken. Es ist eine Störung, die entschlossen geändert werden muss, bevor sie bleibenden Schaden hinterlässt.

In der Beschäftigung mit sozialen und politischen Angelegenheiten ist es unbedingt notwendig, sich an das bestehende Recht zu halten. Eine Gesellschaft ohne Grundsätze oder Klarheit über ihre Gesetze ist eine Horde von Menschen ohne Zukunft. Falls Sie ein Führer sind, ergreifen Sie die Initiative und setzen Sie gerechte und schnelle Strafen durch, um die Ordnung wiederherzustellen. Sind Sie dagegen ein einfaches Mitglied der Gesellschaft, dann ist nun die Zeit, überlegene Menschen zu unterstützen, die eine REFORM durchführen können.

In der Verwirrung, die aus der gegenwärtigen Situation entsteht, laufen persönliche Beziehungen Gefahr sich aufzulösen, wenn Sie keine festen Richtlinien, vernünftigen Erwartungen und Klaren Zukunftspläne haben. Missverständnisse und Unsicherheiten werden sich häufen, solange nicht klar durchdachte Taten das aus dem Weg räumen, was Sie als Hindernis für Ihre Beziehungen empfinden. Es gibt Zeiten, in denen man sich zurückzieht, um auf günstigere Gelegenheiten zum Handeln zu warten. Dies ist keine dieser Zeiten: nur energische REFORM wird günstige Ergebnisse zeitigen.

Wenn man dieses Hexagramm ähnlich wie 27 als einen offenen Mund sieht, dann stellt die vierte Linie eine Blockade dar, die entfernt werden muss. Sie hindert auch die beiden Kerntrigramme daran, aufnahmefähig zu sein. Der weiche Herr des Zeichens muss angespornt werden, die Situation zu ändern.

Das Thema Ihrer Frage wühlt Sie seit einiger Zeit sehr auf. Das untere Trigramm DSCHEN, die Bewegung, kämpft sich nach oben und verbreitet Glanz im oberen Trigramm LI. Dieses dramatische Aufeinandertreffen der zwei starken Naturgewalten führt zu einem extremen Missklang und schließlich zur Entspannung, gerade so, wie Donner und Blitz die statischen Spannungen vor einem Unwetter ableiten. Wenn dieses Hexagramm in seiner unbewegten Form auftritt, dann ist eine radikale REFORM in Ihrem Leben unumgänglich. Sie wird heftige Reaktionen hervorrufen, aber auch die Spannungen lösen, die Sie von Ihren Zielen trennen.

Fragen Sie sich, wie weit Selbsttäuschung, Rationalisierung oder Gewohnheiten sich Ihrer Urteilskraft bemächtigt haben. In der Regel werden doppeldeutige und ungenaue Grundsätze Ihr Leben zu einem ungelenkten, unschöpferischen und sinnlosen Ablauf machen. Finden Sie heraus, was Sie wollen, was Ihnen gut tut und was Sie in Einklang mit anderen bringt. Das sind Ihre Richtlinien und Grundsätze. Faktoren, die innere Widersprüchlichkeit bewirken, sind Hindernisse, die überwunden werden müssen. Seien Sie beharrlich, unbeeinflussbar von Gefühlen, zuvorkommend und entschieden in der Auflösung dieser Widerstände und reformieren Sie dadurch Ihr Selbst und Ihre Umgebung.

OBERSTE LINIE
Wer seine eigenen falschen Handlungen nicht erkennen kann, wird sich immer weiter vom Weg entfernen. Wer nicht länger auf dem richtigen Weg ist, kann die Warnungen anderer nicht verstehen. Im Originaltext heißt es: „Unheil!"

▶ ### FÜNFTE LINIE
Obgleich es nur wenige Alternativen gibt, ist eine Entscheidung schwer zu fällen. Doch wenn Sie dann Ihren Weg eingeschlagen haben, sollten Sie sich nicht beirren lassen. Bleiben Sie sich der Gefahren bewusst, und Sie werden sie überwinden.

VIERTE LINIE
Die vor Ihnen stehende Aufgabe ist in der Tat schwierig. Was Sie überwinden müssen, befindet sich in einer starken Position. Bleiben Sie beharrlich und ausdauernd, sobald sie begonnen haben. Gute Ergebnisse sind nur durch Wachsamkeit und kontinuierliche Bemühung zu erwarten.

DRITTE LINIE
Es mangelt Ihnen an genügend Macht und Autorität, um die REFORM herbeizuführen. Ihre Versuche stoßen auf Gleichgültigkeit, und Sie fühlen sich durch Ihr vergebliches Handeln gedemütigt. Doch da die REFORM notwendig ist, sind Ihre Bestrebungen gerechtfertigt.

ZWEITE LINIE
Wer auf seinem falschen Verhalten beharrt, wird schnell und unerbittlich von Strafe und Vergeltung ereilt. Selbst wenn das Strafmaß übermäßig streng erscheint, zieht es doch die REFORM nach sich.

GRUNDLINIE
Da dies lediglich Ihr erster Schritt vom Weg ist, haben Sie nur eine milde Strafe zu erwarten. Sie soll dem Zweck einer REFORM dienen.

Die Anmut

BI

OBERES TEIL-TRIGRAMM
GEN: BERG

UNTERES TEIL-TRIGRAMM
LI: FEUER

OBERES KERN-TRIGRAMM
DSCHEN: DONNER

UNTERES KERN-TRIGRAMM
KAN: WASSER

HERRSCHENDE LINIEN

Dies ist ein Augenblick der ausgewogenen Form. Diese alles durchdringende Schönheit bringt dem Herzen Freude, dem Verstand Klarheit und der Seele Ruhe. Sie befinden sich in einem Zustand der ANMUT. Diese außergewöhnliche Zeit ermöglicht Ihnen einen außergewöhnlichen Blickwinkel, von dem aus die Betrachtung Ihrer Umgebung zu einer Vision der möglichen Vollkommenheit der Welt werden kann. Doch es wäre ein schlimmer Idealismus, diese Vollkommenheit durch ehrgeizige Versuche herstellen zu wollen. Nutzen Sie diesen flüchtigen Augenblick der ANMUT, um ausschließlich Ihre unmittelbare Umgebung zu betrachten und zu bereichern. Treffen Sie jetzt keine größeren Entscheidungen.

Bedenken Sie, dass nun das Schwergewicht eher auf der Form als auf dem Inhalt liegt, und verwechseln Sie beide nicht. Die vollkommene Ausgewogenheit der ANMUT und die großartigen Einblicke, die sie Ihnen gewährt, werden schließlich vorübergehen. Solche Einblicke sind lediglich eine Krönung des Augenblicks und sollten nicht zur Gestaltung der Zukunft verwendet werden.

Behalten Sie in Geschäften Ihre seit langem bestehenden Grundsätze und Prioritäten bei. Der Zustand der ANMUT kann den Geschäfts- und Machtangelegenheiten einen neuen Grad von Kultiviertheit vermitteln, und Sie können die Zeit nutzen, um Ihre Stellung zu verbessern. Dennoch ist dies nicht die Zeit, um bedeutsame und weit reichende Entscheidungen zu fällen. Verstärken Sie lediglich die Öffentlichkeitsarbeit.

Ein großer Idealismus entwickelt sich in Ihren persönlichen Beziehungen. Ihre Neigungen zu ästhetischen Aspekten der Liebe kann Ihren Blick in allen Bereichen Ihres Lebens färben. Daran ist nichts Schlechtes, doch sollten Sie sich klar machen, dass Sie jetzt ein extremes Ideal der Liebe erfahren, in dem Alltagsangelegenheiten Sie mit Sicherheit ernüchtern wür-

---

Der Herr im unteren Trigramm der menschlichen Angelegenheiten bringt den umgebenden Linien Zierde und Anmut. Der ferne Herr im oberen Trigramm der kosmischen Ideale bringt der vierten und fünften Linie Idealismus und ein Beispiel der Beharrlichkeit.

GEN, das Stillhalten, im oberen Trigramm der kosmischen Ideale, bringt Erleuchtung und Klarheit in das untere Trigramm LI, die menschlichen Angelegenheiten. In seiner unbewegten Form drückt das Hexagramm ANMUT aus, dass dies ein von der übrigen Zeit losgelöster Augenblick ist. Sie sehen wohl Harmonie im Gegenstand Ihrer Befragung, doch diese stimmt nicht unbedingt mit der Wirklichkeit überein. Sie haben es mit Idealismus zu tun, und so glühend Sie Ihre Illusionen auch spüren mögen, so bringt dieser Weg doch keine reale Hilfe. Die himmlische Ordnung hat Ihnen eine rosa Brille aufgesetzt.

22

den. Obwohl ein wenig emotionale ANMUT ein gutes Element jeder Beziehung ist, stellt sie weder für eine Heirat noch für eine Scheidung eine Grundlage dar.

Die Zeit der ANMUT bereichert die innere Entwicklung und die Fähigkeit, sein Selbst auszudrücken. Wer schöpferisch oder künstlerisch tätig ist, wird seine Arbeit höchst befriedigend finden. Was jetzt geschaffen wird, scheint von göttlicher Eingebung zu sein. Dieser Augenblick der ANMUT sollte um der Freude und des Erfolgs willen genossen werden, aber er darf nicht zum Ausgangspunkt für einen radikalen Wechsel werden. Betrachten Sie stattdessen die Vollendung des Augenblicks und streifen Sie Ihr Selbst in der seltenen Ruhe der ANMUT ab.

▶ OBERSTE LINIE
Sie können darauf bauen, dass die Aufrichtigkeit Ihres Wesens Ihre Wirkung nach außen hin fördert. Ansprüche, Förmlichkeiten und Ausschmückungen sind nicht mehr nötig zur Erreichung Ihrer Ziele. Schlichtheit ist der Weg, den Sie wählen müssen. Auf ihm werden Sie keinen Fehler begehen.

FÜNFTE LINIE
Es mag sein, dass Sie gerne Ihre Verbindungen zu jemandem, den Sie bewundern, verstärken wollen, aber Sie spüren, dass das, was Sie anzubieten haben, nicht bedeutend genug ist, um Aufmerksamkeit zu erregen. Doch Ihr innerer Wunsch nach Freundlichkeit und Ihre Ehrlichkeit sind das, was zählt. Man wird Ihren Wert erkennen. Erfolg steht Ihnen bevor.

VIERTE LINIE
Sie haben die Wahl zwischen zwei Wegen: Glanz und Ruhm oder Schlichtheit und innere Werte. Ihre Überlegungen empfehlen eine tiefere Auseinandersetzung mit Ihrem wahren Selbst. Der Weg der Schlichtheit wird zu sinnvolleren Beziehungen zu anderen und größerer Selbsterkenntnis führen.

DRITTE LINIE
Sie befinden sich in einer Phase vollkommener ANMUT und erleben eine Zeit wie im Märchen. Lassen Sie sich durch dieses Glück nicht träge machen, denn das brächte Sorgen, sondern bleiben Sie bei Ihren Zielen und Grundsätzen.

▶ ZWEITE LINIE
ANMUT um ihrer selbst willen ist jetzt wertlos für Sie und stellt nur eine Zierde dar. Wenn Sie dem Gefäß mehr Aufmerksamkeit schenken als dem Inhalt, dann entgeht Ihnen völlig die Bedeutung dieses Augenblicks.

GRUNDLINIE
Gehen Sie aus eigener Kraft voran und erwecken Sie keine falschen Vorstellungen. Vermeiden Sie zweifelhafte Abkürzungen und demonstratives Verhalten. Es ist jetzt viel wichtiger, auf den eigenen Wert zu vertrauen.

Die Verschlechterung

BO

OBERES TEIL-
TRIGRAMM
GEN: BERG

UNTERES TEIL-
TRIGRAMM
KUN: ERDE

OBERES KERN-
TRIGRAMM
KUN: ERDE

UNTERES KERN-
TRIGRAMM
KUN: ERDE

HERRSCHENDE
LINIEN

(DIE ZERSPLITTERUNG)

Auf eindrucksvolle Weise zeigt sich nun in beinahe jedem Aspekt der laufenden Angelegenheit die VERSCHLECHTERUNG. Die niederen Elemente und die Menschen, die sie vertreten, haben die vollständige Kontrolle über die Situation an sich gerissen. Die VERSCHLECHTERUNG wird sich so lange ausbreiten, bis sie sich verläuft, und da kann ein integerer Mensch nichts anderes tun als warten.

Im politischen Geschehen und in Machtangelegenheiten kann diese Zeit als plötzliche VERSCHLECHTERUNG oder Umsturz gesehen werden. Es gibt nun zu viele inkompetente Leute, die Stellungen der Autorität einnehmen. Im alten China wurden solche Zeiten des Verfalls erwartet und akzeptiert. Das Beste für Sie ist abzuwarten, bis die schwierigen Zeiten vorbei sind. Schützen Sie sich, indem Sie großzügig für Ihnen Nahestehende sorgen.

In allen finanziellen und geschäftlichen Angelegenheiten sollte diese Zeit mit großer Wachsamkeit betrachtet werden. Wenn möglich, tun Sie nichts, um Ihre Interessen voranzutreiben, denn Sie werden sich geradewegs Feindschaft zuziehen. Die Situation ist in den Händen von Leuten, denen es an Weitsicht fehlt. Warten Sie, bis sich die Dinge ändern, und beschäftigen Sie sich in der Zwischenzeit mit der Sicherung Ihrer eigenen Stellung. Zeigen Sie Wohlwollen, und festigen Sie Ihre Beziehungen mit Ihren Untergebenen. Damit schaffen Sie sich in der Wartezeit ein sicheres Fundament.

Gesellschaftlich ist dies eine schwierige Zeit, da sich die Möglichkeiten befriedigender Kommunikation mit anderen ebenfalls in einem Zustand der VERSCHLECHTERUNG befinden. Durch vorsichtiges Auftreten können Sie in gesellschaftlichen Auseinandersetzungen Missverständnisse vermeiden. Falls Sie Künstler sind oder mit der Beeinflussung Ihrer Umgebung zu tun haben, könnten Sie keinen unglückseligeren Zeitpunkt wählen, um sich an Ihr Publikum zu wenden. Wenn sich

---

Die Struktur des Hexagramms zeigt, dass die weichen Linien im Begriff sind, die letzte feste Linie zu Fall zu bringen. Der Herr des Zeichens auf dem obersten Platz (Weisheit) ist wohlwollend gegen die unteren Linien und bewahrt seine Kraft.

Das untere Trigramm KUN, die Unterwerfung, weicht der Anwesenheit von GEN, das Stillhalten, im oberen Trigramm. Wenn Sie das Hexagramm VERSCHLECHTERUNG ohne bewegte Linien erhalten, heißt das, dass Sie sich in einer beinahe hoffnungslosen Situation befinden. Sie ist außer Ihrer Kontrolle, und deshalb werden Ihre Interessen nicht berücksichtigt. Stärken Sie Ihre Position, indem Sie anderen Wohltaten erweisen. Wenn ein Ausweg möglich ist, dann durch eine Haltung der Ergebenheit.

die Gelegenheit bietet, ein gesellschaftliches Ereignis zu übergehen, dann nehmen Sie sie wahr.

Ein Bruch in Ihren persönlichen Beziehungen kann jetzt nur schwer gekittet werden. Verhalten Sie sich ruhig und gelassen und seien Sie, wenn möglich, großzügig und hilfreich. Wenn sich dann die Dinge wieder bessern, wie es der Natur entspricht, dann werden Sie sehen, dass Sie Ihre Beziehungen gestärkt haben.

Zu dieser Zeit mögen Ihre Gesundheit und innere Entwicklung in einem nicht gerade idealen Zustand sein, was auf schlechte Absichten Ihrer Umgebung zurückzuführen ist. Äußerlichkeiten werden dem natürlichen Verlauf der VERSCHLECHTERUNG zunächst kein Ende setzen, sondern die Zeit.

▶ OBERSTE LINIE
Die Kräfte der VERSCHLECHTERUNG haben sich ausgetobt. Die Macht ist wieder in der Hand von Menschen mit wertvollen Absichten, die erneut die Unterstützung anderer gewinnen. Die Wegbereiter der VERSCHLECHTERUNG gehen unter, denn ohne Macht kann das Negative nicht bestehen.

FÜNFTE LINIE
Eine Situation der Schwäche ist im Begriff, sich zum Besseren zu wenden. Durch Zusammenarbeit können sich gegensätzliche Kräfte zum wechselseitigen Nutzen treffen. In Ihren Unternehmungen ist nun eine Möglichkeit für Erfolg.

VIERTE LINIE
Sie sind der Gefahr ausgeliefert. Unheil droht, und Sie können es nicht abwenden. Ohne Warnung befinden Sie sich an der Schwelle zur Niederlage.

DRITTE LINIE
Umstände haben Sie in eine Situation gebracht, in der Sie sich mit unangenehmen Menschen oder schlechten Idealen herumschlagen müssen. Wenn Sie dennoch eine starke Verbindung mit einem überlegenen Menschen bewahren können, dann vermeiden Sie die VERSCHLECHTERUNG und lösen sich selbst von bedauerlichen Irrtümern.

ZWEITE LINIE
Die Zeit erfordert höchste Vorsicht. Sie sind ohne Verbündete in einer gefährlichen Situation. Passen Sie sich, so gut es geht, den Umständen an. Nehmen Sie keine selbstgerechte Haltung ein, um nicht schlimm verletzt zu werden.

GRUNDLINIE
Ihre Stellung ist im Begriff, untergraben zu werden: Menschen mit schlechten Absichten höhlen die Situation von unten her aus und schaffen die Atmosphäre für eine VERSCHLECHTERUNG. Die Zeit lässt Unheil für integere Menschen erwarten. Alles, was Sie tun können, ist geduldig warten.

Die Wiederkehr

FU

**OBERES TEILTRIGRAMM
KUN: ERDE**

**UNTERES TEILTRIGRAMM
DSCHEN: DONNER**

**OBERES KERNTRIGRAMM
KUN: ERDE**

**UNTERES KERNTRIGRAMM
KUN: ERDE**

HERRSCHENDE LINIEN

Die Zeit der Stagnation und Enttäuschung war lang, doch nun ist der Kreis durchlaufen und Sie kehren zum Anfang zurück, um einen neuen Zyklus zu beginnen. Der Fortschritt kam bei jeder Gelegenheit zum Stillstand, und jegliche Aktion schien zum Scheitern verurteilt. Nun öffnen sich die Wege von selbst, die zu erneutem Wachstum führen. Auch wenn es Sie nun drängt, Ihre Pläne voranzutreiben, müssen Sie bedenken, dass die Dinge gerade erst in ihren Anfängen stecken. Seien Sie nicht ungeduldig. Die Wende zum Besseren kommt genauso sicher und natürlich wie die Wende vom Winter zum Frühling. Und wie die Jahreszeiten können auch die Lebenszyklen nicht beschleunigt werden. Heben Sie Ihre Kräfte auf. Sie werden sie noch benötigen, um mit den unvermeidlichen Schwierigkeiten fertig zu werden, die mit neuen Entwicklungen einhergehen.

Dies ist eine Zeit, in der sich Gruppen Gleichgesinnter finden und auf ein gemeinsames Ziel hinarbeiten. Hier zeichnet sich Erfolg ab, weil der Fortschritt dieser Gesinnungsfreunde sowohl in der Außenwelt als auch in ihren innersten Motivationen unbehindert ist. Sie haben vielleicht gerade eine tote Phase in Ihrem gesellschaftlichen Leben oder wurden durch eine Krankheit eingeschränkt. Die neue Lage lässt eine Rückkehr zu besseren Zeiten erwarten, doch ist Vorsicht vor übermäßiger Aktivität geboten. Dass Sie sich besser fühlen, ist kein Grund sich direkt in ein kräfteraubendes Unterfangen zu stürzen. Denken Sie daran, dass Sie den Beginn durch Ruhe stärken müssen.

Die Zeit der WIEDERKEHR kann auch erneute Annäherung an wichtige Bezugspersonen anzeigen. Seien Sie sehr sorgfältig, wenn dies der Fall ist. Sie müssen sich nun bewusst sein, was von den Beziehungen zu erwarten ist, die nicht auf einer geeigneten Grundlage stehen. Diese Grundlage

---

Die herrschende Linie befindet sich in der Anfangsposition der Neigung. Der Schwerpunkt kehrt also wieder an den Anfang das unteren Trigramms der menschlichen Angelegenheiten zurück.

In seiner unbewegten Form kann dieses Hexagramm die WIEDERKEHR an den Beginn eines vertrauten Zyklus bedeuten. Das Trigramm DSCHEN, das Erregende, bewegt von unten KUN, das Empfangende, zu einem sich wiederholenden Kreislauf der Aktivität. Während Ihres ganzen Lebens erkennen Sie immer wieder Dinge, die nicht zufällig geschehen, sondern Teil Ihres eigenen, besonderen Lebensmusters sind. Es mag sein, dass Sie Teile dieses vertrauten Musters als krankhaft empfinden, vielleicht gibt es Ihnen aber auch Sicherheit, darin Ihr Selbst zu sehen. Es versteht sich, dass Ihr Leben umso angenehmer wird, je positiver Ihre Einstellung zu Bedingungen ist, die Ihrer Natur vom Schicksal vorgegeben sind.

muss Ihrer Natur entsprechen, und sollten Sie sich darüber noch unschlüssig sein, so ist die gegenwärtige Phase eine ideale Gelegenheit zur Selbsterkenntnis. WIEDERKEHR zu neuen Anfängen bedeutet gleichzeitig das Ende eines alten Zyklus. Analysieren Sie die Situation, aus der Sie kommen, denn jetzt liegen die Gründe, warum manche Dinge für Sie unannehmbar oder verwirrend waren, offen da. Die Chinesen sehen in diesem Hexagramm das Zeichen für die Weisheit von Himmel und Erde.

OBERSTE LINIE
Zu Beginn dieses jüngsten Zyklus haben Sie den Zeitpunkt für eine Wendung zum Besseren verpasst. Dies ist bedauerlich, da Sie sehr wohl fähig waren, die Notwendigkeit einer Veränderung einzusehen. Stattdessen haben Sie sich eigensinnig in Ihre unkonstruktive Haltung verbohrt. Sie müssen nun den gesamten Zyklus abwarten, bis Sie eine erneute Chance zur Umkehr haben.

FÜNFTE LINIE
Sie sind sich der Notwendigkeit eines Neubeginns bewusst und haben den Mut, die Umkehr herbeizuführen. Betrachten Sie jetzt sachlich und entschlossen Ihre Fehler, und Sie werden die nötige charakterliche Stärke erlangen, um sie zu überwinden.

VIERTE LINIE
Sie befinden sich in schlechter Gesellschaft. Sie sind sich der Möglichkeit einer Umkehr zum Besseren bewusst geworden und sind entschlossen, diese Richtung einzuschlagen. Seien Sie sich im Klaren, dass Ihnen Ihre Freunde vielleicht nicht folgen werden und dass Ihr Weg einsam werden kann.

DRITTE LINIE
Diese Position bezeichnet Menschen, die hin- und herschwanken, weil Sie immer auf dem jeweils anderen Weg größere Vorteile vermuten. Solche Experimente können nicht nur gefährlich sein, sondern sind vor allem ärgerlich für alle Betroffenen. Dennoch ist für die Situation eine Verbesserung angezeigt.

ZWEITE LINIE
Es ist viel leichter, das Richtige in guter Gesellschaft zu tun. Richten Sie sich nach guten Beispielen, und der Erfolg ist Ihnen gewiss.

▶ GRUNDLINIE
Sie erwägen vielleicht einen Gedanken, der seiner Natur nach Ihren Grundsätzen zuwiderläuft. Üben Sie Selbstdisziplin, und beharren Sie auf dem, was Sie für recht empfinden. So bilden Sie Ihren Charakter und werden sicherlich Großes erreichen.

Die Unschuld

WU WANG

OBERES TEIL-TRIGRAMM KIEN: HIMMEL

UNTERES TEIL-TRIGRAMM DSCHEN: DONNER

OBERES KERN-TRIGRAMM SUN: WIND

UNTERES KERN-TRIGRAMM GEN: BERG

HERRSCHENDE LINIEN

Die Zeit erfordert eine Ausrichtung nach dem Gang des Kosmos. Diese Abstimmung muss erfolgen, bevor weitere Handlungen unternommen werden, sonst beginnen Sie, Fehler zu machen. Um Ihre Handlungen in Einklang mit dem Kosmos zu bringen, müssen Sie eine Haltung der UNSCHULD annehmen. Überprüfen Sie Ihre Motive, denn sie sind die Ursache Ihrer Probleme. Dies ist eine Zeit, in der Sie ohne bewusste Absichten handeln müssen, ohne Hintergedanken und mit ganzer Redlichkeit. Streben Sie nicht danach, für Ihr Tun belohnt zu werden, und versuchen Sie nicht arglistig, persönliche Beförderungen zu erreichen, sondern handeln Sie natürlich und reagieren Sie spontan.

Sie sollten Ihre Instinkte entwickeln und in die Richtung natürlicher Güte hin verändern. Ihre ersten Bestrebungen sollten darauf zielen, Ihr Wohlbefinden zu erhalten, den Weg für Ihre Mitmenschen zu ebnen und wichtige Informationen aufzunehmen. Es gibt zur Zeit keinen geraden Weg zu Ihrem Ziel. Sie müssen sich auf Ihre Grundsätze und innere Kraft verlassen und nicht auf klug ausgedachte Strategien. UNSCHULD und Spontaneität werden in vielen Bereichen Ihres Lebens schöpferische Akzente setzen. Ihre Umgebung wird an Ihnen Geist und Witz entdecken, was Ihnen Einfluss verschaffen wird. Falls Sie Lehrer, Familienoberhaupt oder in leitender Position sind, nutzen Sie die Einsichten und Anregungen, die Ihnen während einer Zeit der UNSCHULD zuteil werden, um die Bedürfnisse derer zu erfüllen, die von Ihnen abhängen. Tun Sie das ohne auf Ausgleich oder Prestigegewinn zu spekulieren.

Wenn Sie in absichtsloser UNSCHULD handeln, dann werden Sie auch das Unerwartete, das Außergewöhnliche und das nicht Vorhersagbare erfahren. Machen Sie sich auf überraschende Wendungen des Geschehens gefasst. Alles, was sich ereignet, wird neue Ideen hervorbringen, selbst wenn es auf den ersten Blick entnervend und verwickelt erscheint.

Ein Zustand der UNSCHULD kann ein erfrischendes Zwischenspiel in Ihren persönlichen Beziehungen sein. Spontaneität kann sowohl großes

---

Die starke Grundlinie herrscht vom Platz der Instinkte aus. Die herrschende Linie auf dem fünften Platz (Autorität) wird daher durch natürliche Impulse angeregt.

Die spontane und schöpferische Kraft im oberen Trigramm KIEN hat sich unter der heftigen Bewegung des unteren Trigramms DSCHEN entfaltet und ausgebreitet. Wenn dieses Hexagramm ohne bewegte Linien erscheint, dann ist das Element des Unerwarteten sehr stark. Sie können sicher sein, dass Sie nichts von dem, was geschehen wird, erwartet haben, doch wird Ihnen Anpassung ohne Schaden hindurchhelfen.

Vergnügen bereiten als auch wahre Gefühle und Motive enthüllen, während Intrigen zu dieser Zeit nur Verwirrung stiften und sogar zur Katastrophe führen können. Nochmals: UNSCHULD kann Bereiche von unerforschten gegenseitigen Interessen offenbaren.

Für jene, die verwirrt und beunruhigt oder über eine bestimmte Frage ins Stocken geraten sind, könnte spontanes Handeln sehr wohl zu einer höchst schöpferischen und originellen Lösung führen. Handeln Sie ohne Hinterlist, aber gehen Sie Ihr Problem nicht frontal an.

OBERSTE LINIE
Fortschritt ist unmöglich, und selbst unschuldiges Handeln führt ins Unheil. Beginnen Sie nichts Neues, und versuchen Sie nicht, auf Ihre Umgebung verbessernd einzuwirken. Handeln Sie überhaupt nicht.

▶ FÜNFTE LINIE
Was als eine unglückliche Wendung der Ereignisse erscheinen mag, hat innere Gründe, und äußere Mittel werden das Problem nicht lösen. Das Geschehen ist ein innerer Vorgang. Lassen Sie am besten der Natur ihren Lauf, und die Lösung wird sich von selbst einstellen.

VIERTE LINIE
Lassen Sie sich nicht von den Absichten Ihrer Umwelt beeinflussen. Nun ist es sehr wichtig, dass Sie Ihrer inneren Vorstellung vertrauen. Folgen Sie Ihren Instinkten.

DRITTE LINIE
Unverschuldetes und unerwartetes Unglück können über Sie hereinbrechen, doch es wird vorübergehen. Eine Haltung der UNSCHULD schließt das Unglück nicht aus, denn Wechsel des Glücks sind unvermeidbar. Doch sollte eine unschuldige Haltung nicht aufgegeben werden, da sie neue Möglichkeiten in der Auseinandersetzung mit Problemen eröffnen kann.

ZWEITE LINIE
Träumen Sie nicht von den Ergebnissen Ihrer Arbeit oder den Erfolgen Ihrer Bestrebungen, sondern setzen Sie sich tatkräftig für sie ein. Widmen Sie Ihre volle Aufmerksamkeit dem, was Sie nun tun. Nur so können Sie Ihr Ziel erreichen.

▶ GRUNDLINIE
Integeres und spontanes Handeln lässt Sie erfolgreich sein. Sie können Ihren Instinkten vertrauen, da Sie voller Güte sind. Erfolg steht bevor.

Die angesammelte Kraft

(DES GROSSEN ZÄHMUNGSKRAFT)

DA TSCHU

OBERES TEILTRIGRAMM
GEN: BERG

UNTERES TEILTRIGRAMM
KIEN: HIMMEL

OBERES KERNTRIGRAMM
DSCHEN: DONNER

UNTERES KERNTRIGRAMM
DUI: SEE

HERRSCHENDE LINIEN

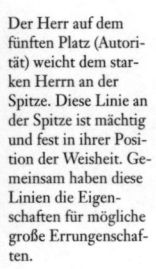

Da Sie im Besitz einer großen Menge ANGESAMMELTER KRAFT sind, können Sie sich nun auf ehrgeizige und umfassende Unternehmungen einlassen, wobei die zeitliche Planung von großer Wichtigkeit ist. Die Fähigkeit, Ihre Kräfte zu kontrollieren, sie zu lenken, zurückzuhalten oder zu speichern, wird Ihnen sehr viel Erfolg bringen. Außerdem ist es von größter Bedeutung, dass Sie unablässig die Korrektheit und den Nutzen Ihres Planes überprüfen.

Falls Sie nun Aufgaben im politischen Bereich erwägen, sollten Sie sich nicht für den Weg des persönlichen Vorteils, sondern den des öffentlichen Interesses entscheiden. Stellen Sie Ihre ANGESAMMELTE KRAFT einem würdigen Führer zur Verfügung. Die Zeit ist bereit für das Erreichen großer Ziele, und wenn Sie im Zweifel sind, dann denken Sie an die Lehrmeinungen der Geschichte, auf denen die gegenwärtigen politischen Systeme basieren.

Sie werden sehen, dass sich die geschäftlichen Angelegenheiten den Interessen der Allgemeinheit zuneigen. Alle Unternehmungen, die für Güter und Dienste sorgen, die unmittelbar dem Wohl anderer dienen, werden äußerst erfolgreich sein. Sie haben das gesammelte Wissen und die Mittel zur Verfügung, um ein bedeutendes kommerzielles Unternehmen zu starten. Geben Sie jedoch Acht, dass sich Ihre Pläne im umfassenden Rahmen der Dinge als wertvoll erweisen. Diese Zeit ist zu kostbar, um sie in wertlosen Wagnissen zu vergeuden.

Ertragen Sie auch schwierige gesellschaftliche Beziehungen, und versuchen Sie nutzbringende Verbindungen zu fördern. Diese Zeit der ANGESAMMELTEN KRAFT kann Ihren Einflussbereich erstaunlich erweitern. Sie können andere geschickt organisieren und sie in ein nützliches Netz sozialer Gegenseitigkeit einpassen. Künstler und Menschen, die in schöpferischen Auseinandersetzungen stehen, werden aus der Ausdehnung Ihrer Wirkungskreise großen Nutzen ziehen. Nachdruck sollte nun auf pragmatische und nutzbringende Verbindungen gelegt werden.

Der Herr auf dem fünften Platz (Autorität) weicht dem starken Herrn an der Spitze. Diese Linie an der Spitze ist mächtig und fest in ihrer Position der Weisheit. Gemeinsam haben diese Linien die Eigenschaften für mögliche große Errungenschaften.

Das große Gewicht des stillen Nachsinnens, GEN, im oberen Trigramm umschließt die ungeheure schöpferische Kraft, KIEN, im unteren Trigramm. In seiner unbewegten Form ist das Hexagramm ANGESAMMELTE KRAFT explosiv. Sie werden mit großer Sorgfalt den Druck entweichen lassen müssen. Suchen Sie die Führung bei einem erfahrenen Menschen oder in bewährten Organisationen oder Methoden. Handeln Sie jetzt!

Sie besitzen einen großen Vorrat an angesammelter psychologischer Energie, und nichts spricht dagegen, dass sie positiv zur gegenseitigen Förderung eingesetzt wird. Persönliche Beziehungen können über Nacht aufblühen. Das Beharren auf traditionellen Werten bringt größten Erfolg: Betrachten Sie alle Gefühle im Licht des Gewesenen und dessen, was auf Grund der Überlieferung erwartet wird.

Die Gesamtheit Ihrer Erfahrungen hat sich zu einem strahlenden Bild von großer Klarheit geformt. Dies mag vielleicht einen echten Durchbruch bedeuten. Sie haben alle Kraft für einen erleuchteten Einblick gesammelt, der Ihr Leben ändern könnte.

▶ **OBERSTE LINIE**
Alle Hindernisse weichen. Die ANGESAMMELTE KRAFT kann nunmehr genutzt werden, um große Taten in der Welt zu vollbringen. Stellen Sie sich in Einklang mit dem TAO, und Ihnen ist unvergleichlicher Erfolg beschieden.

▶ **FÜNFTE LINIE**
Wenn man die Wurzeln einer ungezähmten Kraft abschneidet, kann sie gebremst und umgelenkt werden. Dieses indirekte Vorgehen ist viel besser als direkter Kampf oder Konfrontation. Erfolg!

VIERTE LINIE
Was Sie zurückgehalten hat, war letztlich eine Hilfe für Ihre Entwicklung. Sie haben Ihre Mittel nicht für verfrühte Erfolge verschwendet, sondern eine große Reserve von angesammelter Kraft aufgebaut. Erfolg!

DRITTE LINIE
Der Weg ist im Begriff, sich für Sie zu öffnen, und Ihr Fortschritt wird unbehindert sein. Andere mögen sich Ihnen mit ihren Kräften anschließen, doch behalten Sie ständig Ihre persönlichen Ziele im Auge. Bleiben Sie wachsam!

ZWEITE LINIE
Es gibt keine Gelegenheit zum Voranschreiten, denn Sie werden von Kräften außerhalb Ihrer Reichweite zurückgehalten. Bleiben Sie, wo Sie sind, und vermehren Sie die ANGESAMMELTE KRAFT. Begnügen Sie sich mit der gegenwärtigen Situation. Es sollte kein Konflikt entstehen.

GRUNDLINIE
Fassen Sie sich. Sie fühlen sich vielleicht in Ihrem Voranschreiten behindert, und in der Tat gibt es Hindernisse auf dem Weg vor Ihnen. Es wäre klug anzuhalten.

Die Ernährung

**OBERES TEIL-TRIGRAMM
GEN: BERG**

**UNTERES TEIL-TRIGRAMM
DSCHEN: DONNER**

**OBERES KERN-TRIGRAMM
KUN: ERDE**

**UNTERES KERN-TRIGRAMM
KUN: ERDE**

HERRSCHENDE LINIEN

Der Grundgedanke des Hexagramms ERNÄHRUNG entstammt der wechselseitig abhängigen Struktur des Nahrungskreislaufs auf der Erde, in dem alles Leben in einem sich selbst fortsetzenden Prozess stattfindet. Ein Beispiel für dieses System ist der genau abgestimmte Austausch von Sauerstoff, Kohlendioxyd und Stickstoff zwischen Pflanzen, Tieren und der Erde. Gleichzeitig bewirkt die Qualität und Quantität dieses Nahrungsaustauschs eine besondere Qualität und Quantität des Wachstums.

Im Mittelpunkt dieser Zeit steht – wörtlich und symbolisch – die korrekte ERNÄHRUNG Ihrer selbst und anderer. Wenn Ihre Bestrebungen die ERNÄHRUNG anderer miteinbeziehen, ist es wichtig, dass sie solcher Hilfe wert sind. Wenn Sie ständig Übergeordneten Nahrung bringen, die wiederum andere mit Nahrung versorgen, dann werden Sie große Wirkungen erzielen. Durch Nähren und Unterstützen können nun soziale und politische Aufgaben erfolgreich bewältigt werden.

In der Beurteilung einer Person oder Situation ist das Konzept der ERNÄHRUNG eine hervorragende analytische Richtlinie: Aus schlechter Gewohnheit oder falschem Denken kann sich jemand auf falsche Weise ernähren. Das zugrunde liegende Muster kann entdeckt werden, wenn man die herausstechenden Charakterzüge desjenigen beobachtet. Wenn es sich um minderwertige Charakterzüge handelt, dann nimmt er auch niedere Dinge in sich auf und hat nichts, was er Ihnen anbieten kann. Wenn seine Eigenschaften lobenswert sind, dann wird er wertvollere Dinge zum Verzehr wählen, und er wird entsprechend viel Wertvolles haben, das sich zu geben lohnt.

Falls es in Ihren Beziehungen Schwierigkeiten gibt, dann achten Sie auf die Qualität der Dinge, die Sie anderen geben: Sind es Anregungen oder Entmutigungen? Konzentrieren Sie sich in einer bestimmten Situation auf das, was falsch ist, oder auf das, was richtig sein könnte? Die richtige ER-

Die Linien formen das Bild eines offenen Mundes, daher die Vorstellung der ERNÄHRUNG. Die fünfte Linie (Autorität) ist empfänglich für die oberste Linie (Weisheit). Deshalb beherrschen und nähren beide Linien das Hexagramm mit Weisheit.

Sie sind das Produkt der Dinge, mit denen Sie Ihren Körper und Ihren Geist nähren. In seiner unbewegten Form ist das Hexagramm ERNÄHRUNG vollkommen ausgewogen. Das obere Trigramm GEN, das Stillhalten, sinnt nach über das neue Wachstum, welches durch das untere Trigramm DSCHEN, das Erregende, beschleunigt wird. Wenn Sie mit dem Zustand des Objekts Ihrer Befragung zufrieden sind, dann behalten Sie Ihre Aufnahmegewohnheiten bei, da sie die gegenwärtige Situation hervorgebracht haben. Wenn Sie unzufrieden sind, dann müssen Sie Ihren Geschmack ändern.

NÄHRUNG der Ihnen Nahestehenden ist lebenswichtig für Ihr Wohlbefinden, denn solche Hilfe wird Ihnen schließlich in gleichem Maß zurückerstattet werden. Zusätzlich sollten Sie Ihr Denken unerbittlicher Disziplin unterwerfen. Pflegen Sie nur produktive Anschauungen und Haltungen, um so Ihre Persönlichkeit auf geeignete Weise zu versorgen. Wenn Sie zu dieser Zeit aktiv sind, bleiben Sie so ruhig und entspannt wie möglich. Vermeiden Sie erregte und eigensinnige Ausbrüche, und äußern Sie sich stattdessen mit Bescheidenheit. Prüfen Sie Ihre Wahrnehmungen, und vermeiden Sie übertriebenen Luxus.

▶ **OBERSTE LINIE**
Ein Mensch in dieser Stellung hat ein höchst entwickeltes Bewusstsein von dem, was erforderlich ist, um andere angemessen zu erziehen, zu beeinflussen und zu nähren. Wenn er sich, in voller Kenntnis der damit verbundenen Verantwortung, dieser Aufgabe stellt, wird er vielen Gutes tun.

▶ **FÜNFTE LINIE**
Obgleich Sie sich der Notwendigkeit bewusst sind, andere zu nähren und zu lenken, fehlt Ihnen die nötige Kraft, um dies ohne Unterstützung zu tun. Sie müssen sich der Sache indirekt nähern und die Hilfe eines starken, erhabenen Menschen in Anspruch nehmen, um erfolgreich zu sein. Versuchen Sie es nicht auf eigene Faust.

VIERTE LINIE
Jeder Versuch, sich energisch für die ERNÄHRUNG anderer einzusetzen, wird Erfolg haben. Sie sind in der Lage hilf- und einflussreich zu sein, obwohl Sie dabei Helfer benötigen dürften. Suchen Sie nach geschickten Leuten, die Sie unterstützen.

DRITTE LINIE
Ihnen umfassend zu helfen ist schwierig, da Sie zu beschäftigt sind, an den falschen Orten nach ERNÄHRUNG zu suchen. Auf diese Weise entfernen Sie sich von denen, die Ihnen helfen könnten, und erreichen daher nichts. Dieses Verhalten ist ausgefallen und gefährlich.

ZWEITE LINIE
Obwohl Sie eigentlich fähig sind, sich in dieser Situation angemessen zu ernähren, vertrauen Sie auf unpassende Methoden oder Personen, die Ihre Bedürfnisse erfüllen sollen. Falls Sie dies fortsetzen, berauben Sie sich Ihrer Unabhängigkeit und schaffen sich eine ungesunde Einstellung. Das führt zu Schwierigkeiten.

GRUNDLINIE
Sie schauen so missgünstig auf den Erfolg anderer, dass Sie Ihr eigenes Geschick aus den Augen verlieren. Dieses bedauerliche Verhalten zieht Unheil nach sich.

Die kritische Masse

DA GO

(DES GROSSEN ÜBERGEWICHT)

**OBERES TEILTRIGRAMM
DUI: SEE**

**UNTERES TEILTRIGRAMM
SUN: WIND**

**OBERES KERNTRIGRAMM
KIEN: HIMMEL**

**UNTERES KERNTRIGRAMM
KIEN: HIMMEL**

HERRSCHENDE LINIEN

Wenn in einer Atombombe die KRITISCHE MASSE erreicht wird, nehmen zu viele Teilchen denselben Raum ein, was zu außergewöhnlichen Ereignissen und katastrophalen Kettenreaktionen führt. Auf sehr ähnliche Weise ist die gegenwärtige Situation mit zu vielen Überlegungen beladen. Zahlreiche Entscheidungen stehen an, die Luft ist voller Ideen mit all ihren unterschiedlichen Möglichkeiten, und die schwer wiegenden Angelegenheiten der Menschen Ihrer Umgebung drängen sich in den Vordergrund. Alle sind wichtig, ernst und bedeutsam, und alle spitzen sich jetzt zu.

Ihre Umgebung wird zunehmend zum Sammelplatz hoch wichtiger Einzelheiten, die sich auf Sie auswirken. Diese Dinge nehmen einen großen Teil Ihrer Zeit, Ihres Platzes und Ihrer Kraft in Anspruch. Diese sehr realen Zwänge fordern immer mehr Aufmerksamkeit von Ihnen.

Suchen Sie nach einem Fluchtweg, planen Sie die Entscheidungen für Ihren nächsten Schritt. Untersuchen Sie mit aller Sorgfalt die Dinge, die sich auf Sie auswirken. Sie brauchen all Ihren gesunden Menschenverstand, um diesen Übergang erfolgreich zu bewältigen. Stecken Sie sich ein Ziel.

In gesellschaftlichen oder geschäftlichen Angelegenheiten sollten Sie so bald wie möglich Ihre Lage überprüfen. Konzentrieren Sie sich auf die Pflege und Entwicklung Ihrer Aktivposten. Dies sind Dinge, welche Sie mit sich nehmen werden, und Sie sollten sie zur Grundlage Ihrer Stellung machen. Seien Sie bereit für einen raschen Übergang in eine völlig neue Lebensweise. Sie müssen sich darüber im Klaren sein, dass der Zustand KRITISCHE MASSE in persönlichen Beziehungen und inneren Entwicklungen eine Zeit der Krise sein kann. Selbstverständlich können nicht alle Dinge, die sich da zuspitzen, abgewendet werden, aber Sie sollten Ihre Kräfte stählen und den Sinn des Geschehens zu verstehen suchen. Wenn es nötig ist, müssen Sie sich in Ihr eigenes Inneres zurückziehen, um Ihre Lage zu erfassen. Wenn verschiedene Dinge zugleich auf Sie einstürzen, dann

Das Hexagramm ist an den Enden nachgiebig und schwach, im Zentrum fest und stark. Es bildet daher eine KRITISCHE MASSE. Ungewöhnliche Stärke auf dem zweiten Platz (Eigeninteresse) und dem vierten (soziales Bewusstsein) lässt Herrschaftsqualitäten entstehen.

In der unbewegten Form deutet KRITISCHE MASSE an, dass Sie dem Angriff dieser schweren Zeiten möglicherweise alleine und fest entgegentreten müssen. Die stetigen Bemühungen des unteren Trigramms SUN dauern an, während oben das Trigramm DUI, Übermaß, vorherrscht. Es gibt Zeiten, in denen zu viel, selbst von etwas Gutem, eben ZU viel ist.

müssen Sie bereit sein, einen festen Standpunkt zu beziehen und sich auf die Widerstandskraft Ihrer Persönlichkeit zu verlassen. Wenn es dazu kommt, dass Sie dies allein bewältigen und sich sogar von Ihrer gesamten Umgebung lösen müssen, sollten Sie dies zuversichtlich und mutig tun. Ein Mensch, der auf bedeutsame Zeiten vorbereitet ist, überlebt sie unversehrt und geht sogar stärker aus ihnen hervor.

Wenn KRITISCHE MASSE bevorsteht, muss vor allen Dingen gehandelt werden. Ob dies ein wohl überlegter Rückzug ist oder der entschlossene Vorsatz, mit dem, was kommt, fertig zu werden, in jedem Fall ist der Erfolg jenen gewiss, die innerlich stark und sicher bleiben.

OBERSTE LINIE
Die Aufgabe ist es wert, bewältigt zu werden, selbst wenn es ein Opfer fordert, dessen Ausmaße bestürzend sein mögen. Dieses Unternehmen hat nichts Negatives, obwohl Sie sich über die Außergewöhnlichkeit dessen, was geschieht, im Klaren sein sollten.

FÜNFTE LINIE
In kritischen oder bedeutsamen Zeiten ist es anstrengend, seine Ideale hochzuhalten und die Wirklichkeit der Umgebung zu ignorieren. Diese Wirklichkeit ist das Gerüst, das Ihr Leben stützt. Wenn Sie in Ihrem Streben nach oben Ihre Grundlagen vergessen, dann werden Sie schwanken und nichts erreichen.

▶ VIERTE LINIE
Jetzt können Sie in sich genug Kraft und Voraussicht finden, um Ihre Unternehmungen erfolgreich ausgehen zu lassen. Verlassen Sie sich nicht auf die Führung von Menschen oder Dingen. Abhängigkeit von Äußerlichkeiten führt nur zur Demütigung.

DRITTE LINIE
Sie neigen dazu, sich mit Gewalt Ihren Weg zu bahnen, zu einem Zeitpunkt, da Hindernisse vor Ihnen liegen, die auf diese Weise nicht zu überwinden sind. Schlimmer noch: Sie können den Rat anderer nicht annehmen, weil er nicht das enthält, was Sie hören wollen. Das verursacht unweigerlich Schaden.

▶ ZWEITE LINIE
Halten Sie Ausschau nach bescheidenen Menschen oder solchen, die wie Sie am Anfang stehen, damit Sie Ihnen bei Ihren Unternehmungen helfen. So kommen Sie in eine Gemeinschaft von Leuten, die die Begeisterung über Ihre Ziele versteht und teilt. Die Dinge werden sich sacht entwickeln, und die Situation wird sich neu beleben.

GRUNDLINIE
Wenn Sie etwas Bedeutendes vorhaben, ist es notwendig, am Anfang den Einzelheiten besondere Aufmerksamkeit zu schenken. Die Zeiten sind in der Tat außerordentlich, und Sie müssen äußerst vorsichtig sein, um auf die richtige Weise voranzuschreiten. Selbst ein Übermaß an Vorsicht ist kein Fehler.

Die Gefahr

KAN

OBERES TEIL-TRIGRAMM
KAN: WASSER

UNTERES TEIL-TRIGRAMM
KAN: WASSER

OBERES KERN-TRIGRAMM
GEN: BERG

UNTERES KERN-TRIGRAMM
DSCHEN: DONNER

HERRSCHENDE LINIEN

Die Situation birgt wirkliche GEFAHR für Sie. Diese GEFAHR kommt nicht durch übermächtige Tendenzen im Kosmos oder durch Konflikte in Ihnen selbst, sondern wird durch Ihre unmittelbare Umgebung verursacht. Es wird Geschick erfordern, die Schwierigkeiten zu überwinden, aber diese Zeit der Herausforderung kann – richtig gehandhabt – Ihre besten Seiten zur Geltung bringen. Der chinesische Text betont, dass Sie, wenn Sie mit Vertrauen in Ihre Fähigkeiten handeln, in dem, was sie tun, Erfolg haben werden.

Scheuen Sie sich nicht vor Konfrontationen in schwierigen oder bedrohlichen Situationen; jetzt müssen Sie sich ihnen stellen und sie durch richtiges Verhalten überwinden. Halten Sie an Ihrer Ethik und Ihren Prinzipien fest, und erwägen Sie keine Kompromisse, wenn Sie etwas für richtig halten. Einwandfreies und sicheres Handeln ist der Schlüssel zur Bewältigung der GEFAHR.

In geschäftlichen oder politischen Angelegenheiten sollten Sie sich an altbewährte Richtlinien halten. Wenn Sie über Führungsfragen urteilen, sollten Sie weder Ihre Prinzipien preisgeben noch versuchen, die Angelegenheit zu umgehen, denn ein derartiges Verhalten würde alles, was bisher erreicht wurde, sinnlos machen. In Ihren gesellschaftlichen Beziehungen sollten Sie Ihrer Natur treu bleiben. Wenn sich die Möglichkeit ergibt, überzeugen Sie andere von der Lauterkeit Ihrer Ideen, indem Sie ihnen die guten Auswirkungen Ihres Handelns vor Augen führen. Wer nicht auf Ihrer Seite ist, den brauchen Sie nicht. Bleiben Sie aktiv. Spielen Sie nicht mit der GEFAHR. In persönlichen Beziehungen sollten Sie es nicht dazu kommen lassen, dass Leidenschaften Sie ins Verderben führen. Wenn Schwierigkeiten nicht ohne Aufgabe Ihrer Prinzipien überwunden werden können, steht die Beziehung möglicherweise an einem Wendepunkt.

Die Zeit der GEFAHR kann für innere Entwicklungen besonders wertvoll sein. Wenn Sie moralisch fest bleiben und Ihre Vorstellungen und

Die festen Herren in den Zentren der beiden Teiltrigramme werden von nachgiebigen, weichen Linien umgeben. Obwohl dies gefährlich ist, bleiben sie fest und glückverheißend.

Die Teiltrigramme wiederholen sich: oben und unten erscheint KAN, das Abgründige und Tiefe. Wenn dieses Hexagramm unbewegt erscheint, dann wiederholt sich hinsichtlich Ihrer Frage die GEFAHR auf dramatische Weise. Ihre Sehnsüchte sind immer wieder die Ursache dafür. Häufig gelingt Ihnen die Flucht nur, um vom Regen in die Traufe zu geraten. Stärken Sie Ihren Charakter und verhalten Sie sich einwandfrei. Das kann Ihnen helfen, die gesamte Angelegenheit zu überwinden.

Ideale beibehalten, rückt alles in einen beständigen, greifbaren Rahmen. Sie erkennen Ihre Beziehungen zur Umwelt und können so Ihre Ziele erreichen. So subjektiv dieser Rahmen auch sein mag, so ist er den Problemen, welchen Sie gegenüberstehen, doch angemessen.

Zu alledem werden Sie durch Ihr Festhalten an einer vorbildlichen Lebensführung zu einem lebendigen Beispiel für Ihre Angehörigen und Mitmenschen. Durch die Beständigkeit Ihrer Handlungsweisen führen und inspirieren Sie andere bei der Behandlung ihrer eigenen Angelegenheiten. Dies wiederum schafft Ordnung und verbannt die GEFAHR aus Ihrer Umgebung. Auf diese Weise sind Sie geschützt.

OBERSTE LINIE
Keine Ihrer Lösungen oder Bemühungen ist angemessen gewesen. Der Weg aus der GEFAHR ist versperrt. Es kommt eine lange Zeit der Unordnung. Alles, was Sie tun können, ist warten.

▶ FÜNFTE LINIE
Kämpfen Sie nur so viel, wie nötig ist, um sich von Ihren Problemen freizumachen. Zu ehrgeizige Menschen, die mehr versuchen, als sie sollten, können weitere Schwierigkeiten hervorrufen. Hier wird angezeigt, dass die Gefahr von selbst vorübergeht.

VIERTE LINIE
Schlagen Sie den einfachen und direkten Weg ein, um Ihre Probleme zu lösen und Schwierigkeiten zu überwinden. Streben Sie nach geistiger Klarheit. Bringen Sie ihre Schritte nicht mit nutzlosen Finten durcheinander, da dies die Situation nur verwirren wird.

DRITTE LINIE
Sie sind von GEFAHR umgeben und verstehen sie nicht. Jedes Handeln würde alles nur verschlimmern. Bewahren Sie Ihre Prinzipien, und warten Sie, dass sich die Lösung von selbst ergibt.

▶ ZWEITE LINIE
Die GEFAHR ist groß und kann nicht in einer einzigen Handlung überwunden werden. Nur kleine, beständige Bemühungen, sich in einem Meer von Schwierigkeiten über Wasser zu halten, sind zu dieser Zeit möglich.

GRUNDLINIE
Sie haben sich an schlechte Einflüsse gewöhnt und bekämpfen sie nicht mehr. Dies könnte die Folge einer Charakterschwäche sein. In jedem Fall haben Sie Ihren Weg verloren, und je mehr Sie unternehmen, desto weiter werden Sie von ihm abkommen. Beginnen Sie zu einer anderen Zeit neu.

Das Zusammenwirken

LI

OBERES TEIL-TRIGRAMM
LI: FEUER

UNTERES TEIL-TRIGRAMM
LI: FEUER

OBERES KERN-TRIGRAMM
DUI: SEE

UNTERES KERN-TRIGRAMM
SUN: WIND

HERRSCHENDE LINIEN

(DAS HAFTENDE)

Wenn zwei Elemente so zusammenkommen, dass der Umfang dessen, was sie gemeinsam erreichen können, weit über die Summe der Wirkungen hinausgeht, welche jedes einzeln erzielen könnte, dann verhalten sie sich synergetisch, d.h. im ZUSAMMENWIRKEN. In diesem Fall hat das ZUSAMMENWIRKEN den Effekt einer über normale Erwartungen hinausgehenden Zusammenarbeit.

Dieses Hexagramm bedeutet, dass Sie und der Gegenstand Ihrer Frage voneinander abhängig sind. Durch Zusammenarbeit kann die Wechselbeziehung Ihrer Einflüsse zu bedeutenden Taten führen. Solche synergetischen Wechselbeziehungen bringen Ideen und Anregungen hervor, erzeugen Energien für ein fortgesetztes Wachstum und verfeinern Kommunikation und Wahrnehmung.

Was äußere Angelegenheiten betrifft, so ist dies eine Zeit, in der ein Führer, der sich auf seine Grundsätze und seinen Sinn für Gerechtigkeit stützt, Klarheit und Ordnung unter die von ihm Geführten bringen kann. Die Chinesen betonen hier: „So haftet die doppelte Klarheit des berufenen Mannes am Rechten und vermag dadurch die Welt zu gestalten."

In persönlichen Beziehungen kann durch Anpassung Ihrer Wünsche viel erreicht werden. Die Zeit ist geeignet, Ihre Beziehungen zu überprüfen und herauszufinden, ob Sie sich gegeneinander verhalten oder ZUSAMMENWIRKEN. Gemeinsame Anstrengungen vermindern nicht die Energie, die für individuelle Arbeit nötig ist. Gut funktionierende Beziehungen sind nun für individuelle Erfolge besonders förderlich.

Bedenken Sie, dass für Sie als Individuum Ihre Beziehung zum Kosmos festgelegt ist. Ihrer Natur nach ist die Erde ein Ort der Beschränkungen – Beschränkung der Energie, der Ideen, der Rohstoffe, ja sogar der Lebenskraft selbst. Der beste Weg, Ihre Ziele innerhalb der Beschränkungen Ihrer Situation zu erreichen, ist der, sich auf Ihre Energien zu stützen und

---

Die Herren in den Zentren der beiden gleichen Trigramme wirken in gegenseitiger Abhängigkeit. Der zweite Platz (Eigeninteresse) bringt Korrektheit, und der fünfte Platz (Autorität) bringt Empfänglichkeit durch seine nachgebende Natur.

Das Hexagramm ZUSAMMENWIRKEN ist aus dem verdoppelten Trigramm LI, die Abhängigkeit, zusammengesetzt. Die Abhängigkeit des unteren Trigramms, welche die Abhängigkeit oben fördert und mit ihr zusammenarbeitet, wird Klarheit in die Situation bringen. Bei unbewegter Form des Hexagramms müssen Sie sich darauf konzentrieren, die vielen Elemente Ihres Lebens zu einer synergetischen Einheit auszurichten, um sie völlig zu verstehen und zu kontrollieren. Wenn Sie sich innerlich klar darüber werden, bringen Sie auch der Welt Klarheit.

diese mit den Kräften des Kosmos zusammenwirken zu lassen. Lernen Sie die richtigen Zeiten erkennen und handeln Sie entsprechend. Wenn der Druck zunimmt, sollten Sie nicht aus der Haut fahren, sondern vielmehr ruhig und unermüdlich daran arbeiten, ihn zu vermindern. In Zeiten gesteigerter Energie sollten Sie sich keiner unbeherrschten Hochstimmung überlassen. Arbeiten Sie daran, diese Energien aufs Beste zu nutzen, um neue Ideen zu verwirklichen und Ihre Ziele zu fördern. Lassen die Energien nach, nutzen Sie die Zeit zur Rast und Erholung Ihrer Kräfte, statt sich durch sinnlosen Kampf zu verausgaben.

OBERSTE LINIE
Es liegt an Ihnen, die Störquelle der Situation zu finden und zu beseitigen. Handeln Sie jedoch maßvoll gegenüber anderen, die vielleicht zum falschen Denken verführt worden sind. Sobald das Hauptproblem gelöst ist, wird Ordnung herrschen. (Diese Linie kann sich auch auf eine schlechte Gewohnheit oder Charakterschwäche beziehen.)

▶ FÜNFTE LINIE
Eine echte Gefühlsänderung tritt ein. Ein so dramatischer Wechsel wird manchmal von tiefem Schmerz begleitet. Doch wird dieser Schmerz heilsam sein, da die Veränderung allen Betroffenen bessere Zeiten bringt.

VIERTE LINIE
Ihre überengagierte Kraftverschwendung wird Sie erschöpfen. Dies führt zu gar nichts.

DRITTE LINIE
Das Beste, was Sie in diesem Abschnitt Ihres Lebens tun können, ist, die Ereignisse einfach hinzunehmen. Sich ganz dem Glück des Augenblicks hinzugeben ist genauso schlecht, wie die Trauer über das Vergehen der Zeit. So eine rationale und emotionale Dummheit zieht den Verlust innerer Freiheit nach sich. Misserfolge drohen.

▶ ZWEITE LINIE
Eine vernünftige und gemäßigte Haltung wird Ihnen das größtmögliche Glück bringen. Achtung: Geben Sie sich keinen Exzessen, extremen Gedanken oder Handlungen hin.

GRUNDLINIE
Wenn Sie den ersten Schritt Ihres neuen Weges tun, stürzen die Eindrücke nur so auf Sie ein. Halten Sie sich ständig Ihr Ziel vor Augen, dann können Sie der Verwirrung entgehen. Und vergessen Sie nicht, dass Sie sich in der Position eines Anfängers befinden, gewissermaßen außerhalb der Situation.

Die Anziehung

HIEN

**OBERES TEIL-TRIGRAMM
DUI: SEE**

**UNTERES TEIL-TRIGRAMM
GEN: BERG**

**OBERES KERN-TRIGRAMM
KIEN: HIMMEL**

**UNTERES KERN-TRIGRAMM
SUN: WIND**

HERRSCHENDE LINIEN

Von den unermesslichen Bewegungen des Sonnensystems im Raum bis zum perfekt ausgewogenen Mittelpunkt des Atoms erschaffen die Kräfte gegenseitiger ANZIEHUNG alle Dinge. Im Leben zeigen sich diese Anziehung in einem komplexen Netz von Wünschen, Ausdauer und Erfüllung. Leben erzeugt Leben und entwickelt sich selbst nach einem geordneten, höheren Muster. Die Betonung liegt hier auf der ANZIEHUNG zwischen Mann und Frau und der ihr zugrunde liegenden Bedeutung für die gesellschaftliche Einheit sowie ihrer möglichen Bedeutung für die Nachkommenschaft. Dieses Kraftfeld entspricht keinem oberflächlichen Bedürfnis, sondern ist der Anfang der grundlegendsten sozialen Einheit: der Familie.

Es ist eine ernste und tiefe ANZIEHUNG, die Sie mit dem Gegenstand Ihr Interesses teilen, sei es nun eine Person oder eine Situation, in deren Entwicklung Sie einbezogen sind. In dieser Situation befinden Sie sich in einer Stellung der Macht, die Initiative liegt bei Ihnen. Um die besten Ergebnisse zu erzielen, müssen Sie sich unterordnen und Ihr Denken von Absicht und Vorurteilen freimachen. Lassen Sie sich vom Gegenstand Ihres Interesses beeinflussen und verändern. Da Sie sich wegen Ihrer Stärke im Vorteil befinden, wird die ANZIEHUNG auf diese Weise wechselseitig sein.

Auf diese Art können große Führer die Gesellschaft beeinflussen. Wenn der Führer dem Volk gegenüber eine Haltung des Dienens einnimmt, dann ermutigt er es, sich an ihn um Rat und Lenkung zu wenden.

In gesellschaftlichen Dingen zieht Ihre Bereitschaft, sich beeinflussen zu lassen, andere an, auch wenn Sie sich selbst genügen mögen. Dies schafft eine Atmosphäre des Gedankenaustauschs. Im Bezug auf persönliche Beziehungen ist im Originaltext unzweideutig festgehalten: „Ein Mädchen nehmen bringt Heil."

Der ungewöhnlich starke Herr auf der vierten Position (soziale Belange) übt Anziehung und Einfluss auf den Herrn in der fünften Position (Autorität) aus. Beide liegen nebeneinander und sind vereint.

In seiner unbewegten Form bedeutet ANZIEHUNG, dass es notwendig sei kann, empfänglich und offen für alle Dinge zu sein, die zu dieser Zeit in Ihr Leben treten. GEN, die Ruhe und das Stillhalten, zieht im unteren Trigramm DUI, das Heitere und die Freude, an. Gelassene Offenheit erlaubt Ihnen, Einfluss auszuüben und beeinflusst zu werden, und bringt dadurch die Freude gemeinsam geteilter Erfahrungen in Ihr Leben. Dieser spontane, wechselseitige Einfluss – wie etwa in einer Liebesbeziehung – muss erfahren werden, bevor eine Veränderung eintritt.

Falls Sie zu dieser Zeit versuchen, eine Entscheidung oder ein Urteil über einen anderen Menschen zu fällen, dann achten Sie besonders auf die Dinge, auf die er ANZIEHUNG ausübt. Wenn Sie seine Bemühungen, Ideen und Dinge, die ihm nahe sind, überprüfen, dann können Sie bald sehen, welcher Art Ihre Beziehung sein wird. Das Gleiche gilt für die Beurteilung jeder Situation. Indem Sie die Dinge erfassen, auf welche die Situation ANZIEHUNG ausübt – Menschen, Probleme, Möglichkeiten –, können Sie sehen, in welcher Weise sie sich auf Ihre gegenwärtige Position, Ihr Wohlergehen und Ihre Zukunft auswirkt.

OBERSTE LINIE
Worte sind keine Taten. Ideen bedeuten wenig, wenn sie nicht ausgeführt werden. Was tun Sie?

▶ FÜNFTE LINIE
Schauen Sie nach innen, um den Umfang Ihres Einflusses auf äußere Dinge zu erkennen. Menschen mit tiefer innerer Entschlossenheit können viel erreichen, während solche mit seichten Wurzeln keinen entscheidenden Einfluss nach außen ausüben können.

▶ VIERTE LINIE
Der Wunsch, eine bestimmte Person oder Situation zu beeinflussen, ist nun besonders stark. Lassen Sie Ihre Bemühungen nicht von Berechnung oder Manipulationen bestimmen, sondern zeigen Sie die Stärke Ihrer Überzeugung in allem, was Sie tun. Wenn Sie in allen Dingen beständig bleiben, werden Sie Ihr Ziel erreichen.

DRITTE LINIE
Sie müssen die Kontrolle über sich selbst gewinnen. Laufen Sie nicht einfach hierhin und dorthin im Bestreben, andere zu beeinflussen oder sich Ihren zahlreichen Launen hinzugeben. Solch unüberlegtes Handeln wird Sie schließlich demütigen. Setzen Sie sich selbst einige Grenzen, und agieren Sie innerhalb dieser Beschränkungen, während Sie eine gewisse Selbstkontrolle entwickeln.

ZWEITE LINIE
Sie mögen sich getrieben fühlen, sich zu bewegen, irgendeine Art von Aktion durchzuführen, aber Sie wissen nicht genau, was Sie tun. Das erinnert an einen Schlafwandler. Vermeiden Sie zu handeln, bevor Sie sich bewusst sind, was los ist, sonst besteht die Gefahr, dass Sie in Schwierigkeiten geraten.

GRUNDLINIE
Es liegt etwas in der Luft. Vielleicht ist es der Anfang einer unwiderstehlichen ANZIEHUNG oder ein Gedanke, der gerade geboren wird. Was es auch immer sein mag, es ist von geringer Bedeutung, da noch sehr viel geschehen muss, bevor daraus Wirklichkeit wird.

Die Fortführung

HONG

OBERES TEILTRIGRAMM
DSCHEN: DONNER

UNTERES TEILTRIGRAMM
SUN: WIND

OBERES KERNTRIGRAMM
DUI: SEE

UNTERES KERNTRIGRAMM
KIEN: HIMMEL

HERRSCHENDE LINIEN

(DIE DAUER)

Betrachten Sie eine aufblühende Pflanze: Wie auf ein unsichtbares Kommando entfaltet sie sich und lockt mit der Sinnlichkeit ihrer Farbenpracht und ihres Duftes. Die Natur bestäubt sie und fördert dadurch das Wachstum des wunderbaren Samens, der in der Frucht verborgen ist. Wenn schließlich die Pflanze verblüht und zur Ruhe kommt, vielleicht selbst ihrem Ende entgegengeht, löst sich der Samen und führt das sich ständig wiederholende Geheimnis des Lebens fort. Die Chinesen sagen über dieses Hexagramm: „Wenn man die Dauer der Dinge ergründet, dann kann man die natürlichen Bewegungsrichtungen von Himmel und Erde sehen. Darin liegt das Geheimnis des Ewigen."

Die Zeit erfordert eine Beschäftigung mit lebendigen Traditionen und dauerhaften Werten. Neue Ziele können erreicht werden, indem Sie auf jene Eigenschaften Ihrer Natur vertrauen, die sich durch Ausdauer und Beständigkeit auszeichnen. Lassen Sie den Gesetzen Ihres Selbst freien Lauf, und vertrauen Sie Ihren Instinkten, wenn Sie Ihren Geschäften nachgehen.

Gesellschaftliches Brauchtum wird Ihnen gerade wegen seiner Beständigkeit Sicherheit und Unterstützung sein. Die FORTFÜHRUNG von Traditionen, die die selbstverständlichen Grundlagen sozialer Wechselbeziehungen sind, bringt nunmehr Ihnen und Ihrer Gemeinschaft Ordnung, Einheit und ein tiefes Gefühl von Sicherheit. Dies bedeutet keinesfalls blinde Unterwerfung unter willkürliche gesellschaftliche Institutionen, sondern vielmehr das Festhalten an Grundlagen, die das Wachstum eines heilen und reibungslos funktionierenden Gesellschaftssystems fördern.

In geschäftlichen und politischen Angelegenheiten sollten Sie Ihr besonderes Augenmerk auf die Unterstützung von Strategien richten, die sich bereits als nützlich erwiesen haben. Jetzt ist nicht die Zeit, um Vorgehensweisen nur um der Veränderung willen zu ändern. Benutzen Sie statt-

---

Das Hexagramm ist ausgewogen durch die Entsprechung der Linien 1 und 4, 2 und 5 und 3 und 6, woraus eine fortwährende Dauerhaftigkeit entsteht. Die ungewöhnlich feste Linie im unteren Trigramm der menschlichen Angelegenheiten bezeichnet den Herrn des Hexagramms.

In seiner unbewegten Form weist FORTFÜHRUNG auf die Notwendigkeit hin, Kontinuität und Einheit im Selbst zu entwickeln. Das untere Trigramm SUN mit seinen stetigen, beharrlichen Anstrengungen gibt dem oberen Trigramm DSCHEN, Bewegung, die Richtung. Diese Richtung bestimmt jedes Verhalten und sollte beständig und prinzipientreu sein. Undisziplinierte Bewegung wird Sie zu dieser Zeit von Ihren Zielen entfernen. Hören Sie auf Ihre innere Stimme, suchen Sie nach dauerhaften Werten.

dessen die alten Methoden für neue Ziele. Erfolg wird nun erreicht durch die FORTFÜHRUNG der Bewegung auf seit langem bestehende Ziele hin.

Persönliche Beziehungen entwickeln sich jetzt am vorteilhaftesten innerhalb eines Rahmens von dauerhaften sozialen Institutionen wie Ehe oder Familie. Bräuche, die aus Überlieferungen erwachsen, werden Freude und Sicherheit in Ihr Leben bringen. Zu gleicher Zeit sollten Ihre Beziehungen zielgerichtet sein, mit den Zeiten wachsen und sich ihnen anpassen. Die FORTFÜHRUNG der Traditionen bildet ein Gerüst für eine sich entfaltende Beziehung, wie das Spalier für die Weinrebe. Sie sollte jedoch nie zu einer starren Einschränkung werden.

OBERSTE LINIE
Wenn Sie Ihre Angelegenheiten immer nur mit Besorgnis angehen, werden Sie sich bald erschöpfen. Mit einer ruhigen, gelassenen Haltung könnte mehr erreicht werden. Versuchen Sie zu verstehen, was wirklich geschieht, und stellen Sie sich darauf ein, bevor Sie sich selbst in Schwierigkeiten bringen.

FÜNFTE LINIE
Wenn Sie nach materiellen Werten streben, sollten Sie mit entsprechenden Methoden arbeiten. Wenn Sie jedoch hohe und ehrgeizige Ziele haben, dann müssen Ihre Methoden erfinderisch und wagemutig sein. Lernen Sie die angemessene Art des Einsatzes anzuwenden, um die Wirkung zu erzielen, die Sie wünschen.

VIERTE LINIE
Vergewissern Sie sich, dass Ihre Ziele realistisch sind. Wenn Sie Dinge zu erreichen versuchen, die unwahrscheinlich sind, so werden Sie, wie nachdrücklich Sie sich auch einsetzen mögen, dennoch absolut nichts erreichen. Vielleicht sollten Sie ihre Wünsche überprüfen.

DRITTE LINIE
Ihre Reaktionen und Stimmungen, die durch äußere Situationen ausgelöst werden, sind ebenso wenig voraussagbar wie diese mannigfaltigen Umstände. Diese Unbeständigkeit wird Sie in peinliche Situationen bringen und in der Folge einen Kreislauf von Schwierigkeiten in Bewegung setzen. Versuchen Sie, sich zu sammeln.

▶ ### ZWEITE LINIE
Setzen Sie gerade so viel Kraft ein, wie die Situation verlangt. Zu viel oder zu wenig Einsatz führt in ein Chaos. Vermeiden Sie Extreme.

GRUNDLINIE
Versuchen Sie nicht in Eile, eine Methode oder ein System hundertprozentig zu übernehmen, das neu für Sie ist. Lebensstile können nicht über Nacht geändert werden und Reformen haben keine Abkürzungen. Solche Dinge muss man pflegen und reifen lassen, damit sie zu den gewünschten Ergebnissen führen.

Der Rückzug

DUN

**OBERES TEILTRIGRAMM
KIEN: HIMMEL**

**UNTERES TEILTRIGRAMM
GEN: BERG**

**OBERES KERNTRIGRAMM
KIEN: HIMMEL**

**UNTERES KERNTRIGRAMM
SUN: WIND**

HERRSCHENDE LINIEN

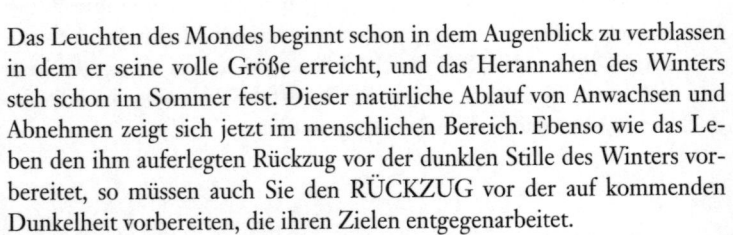

Das Leuchten des Mondes beginnt schon in dem Augenblick zu verblassen in dem er seine volle Größe erreicht, und das Herannahen des Winters steh schon im Sommer fest. Dieser natürliche Ablauf von Anwachsen und Abnehmen zeigt sich jetzt im menschlichen Bereich. Ebenso wie das Leben den ihm auferlegten Rückzug vor der dunklen Stille des Winters vorbereitet, so müssen auch Sie den RÜCKZUG vor der auf kommenden Dunkelheit vorbereiten, die ihren Zielen entgegenarbeitet.

Diese feindliche und niedere Kraft steht ebenso wie der Winter in Übereinstimmung mit den kosmischen Abläufen. RÜCKZUG im richtigen Augenblick ist die beste aller Handlungsmöglichkeiten. Wählen Sie diesen Zeitpunkt mit Bedacht! Wenn Sie sich zu früh zurückziehen werden Sie keine Zeit haben, Ihre Wiederkehr angemessen vorzubereiten; wenn Sie dagegen zu lange warten, besteht die Gefahr, in eine Falle zu geraten. Ihr RÜCKZUG sollte mit Zuversicht und Entschlossenheit ausgeführt werden. Sie geben die Situation ja nicht auf, sondern weichen klug und rechtzeitig aus. Vorläufig, bis die Zeit für die Gegenbewegung gekommen ist, sind nur kleine Dinge machbar.

Jetzt ist es besonders wichtig, sich nicht auf eine Konfrontation mit gegnerischen Kräften einzulassen und dadurch emotional in eine sinnlose Sache verstrickt zu werden. Rache- und Hassgefühle beeinträchtigen Ihr Urteilsvermögen. Sie können den Kampf im Augenblick nicht gewinnen, wohl aber das Vorrücken des Feindes verhindern. Dies erreichen Sie durch entschlossenes Loslösen: Unterbrechen Sie Ihre Kommunikationswege, seien Sie selbst genügsam und ziehen Sie sich geistig und emotional zurück.

In geschäftlichen und politischen Angelegenheiten nehmen Schwierigkeiten und Feindseligkeiten zu. Versuchen Sie nicht, mit diesen Kräften zu konkurrieren. Schaffen Sie stattdessen intern kleine Verstärkungen. Im Moment ist die Gesamtsituation unbeweglich.

Der korrekte Herr auf dem fünften Platz (Autorität) bewegt sich nach oben und entfernt sich von den aufsteigenden, schwachen Linien des unteren Trigramms der menschlichen Angelegenheiten.

Das obere Trigramm KIEN, die Entschlossenheit, bewegt sich nach oben und entfernt sich vom unbeugsamen, unbeweglichen GEN in der unteren Position. Der RÜCKZUG in seiner unbewegten Form bedeutet, dass der Gegenstand Ihrer Frage unbeugsam, unhaltbar und schrecklich ist. Sie müssen sich ruhig und leidenschaftslos aus dieser Situation zurückziehen.

Was Ihre Beziehungen betrifft, so kann es sein, dass Sie sich auf einen Schlag von den Sie umgebenden Kräften zurückziehen müssen. Falls in Ihrer Liebesbeziehung Unstimmigkeiten bestehen, so betrachten Sie diese als eine vorübergehende Phase. Versuchen Sie sachlich und gelassen zu werden. Zur gegenwärtigen Zeitpunkt können sich Ihre Ideale innerhalb der Beziehung nicht verwirklichen.

Es ist möglich, dass Sie jetzt unter einem inneren Konflikt leiden, der auf dem Widerspruch zwischen Ihren Idealen und der Realität basiert. Wenn das der Fall ist, dann ist die Zeit für RÜCKZUG und ruhiges Abwarten gekommen. Geben Sie Ihre Grundsätze nicht auf, vermeiden Sie aber Situationen und Verhaltensweisen, die Konflikte heraufbeschwören. Das Verweilen im inneren Konflikt ist schädlich für Geist und Körper.

OBERSTE LINIE
Sie sind weit genug von der Situation entfernt und ohne Schuldgefühle oder Zweifel zum RÜCKZUG fähig. Hierbei sind Sie mit außerordentlichem Glück gesegnet. In Ihren Unternehmungen werden Sie lohnenden Erfolg finden.

▶ FÜNFTE LINIE
Machen Sie Ihren RÜCKZUG freundlich, aber entschlossen. Lassen Sie sich nicht in nebensächliche Diskussionen oder Erörterungen über Ihre Entscheidung verwickeln. Ein beharrlicher RÜCKZUG bringt Erfolg.

VIERTE LINIE
Wenn Sie den Augenblick für den RÜCKZUG erkennen, vergewissern Sie sich, ihn in angemessener Haltung durchzuführen – nämlich freiwillig. Auf diese Weise passen Sie sich mühelos an und machen in Ihrer neuen Umgebung Fortschritte. Jene, die während des RÜCKZUGS von emotionaler Unruhe erfüllt sind, werden sehr leiden.

DRITTE LINIE
Sie wurden vom RÜCKZUG abgehalten und befinden sich folglich inmitten einer schwierigen Situation. Es ist möglich, dass Sie von niederen Menschen und Idealen umringt werden. Diese können eingesetzt werden, um weitere Schwierigkeiten von Ihnen fernzuhalten, aber Sie können nichts Bedeutsames erreichen, solange Sie von niederen Elementen gefesselt sind.

ZWEITE LINIE
Es fehlt Ihnen genügend Kraft, um sich gänzlich zurückzuziehen. Wenn Sie Ihren starken Wunsch nach RÜCKZUG aufrechterhalten können oder sich nach jemandem ausrichten, der Sie führen kann, dann können Sie entkommen.

GRUNDLINIE
Sie befinden sich sehr nah an einem Gegner. Es wäre ihr Vorteil gewesen, sich früher zurückzuziehen. Handeln Sie jetzt in keinem Fall: das zieht sofort Gefahren nach sich.

Die große Macht

DA DSCHUANG

**OBERES TEIL-TRIGRAMM
DSCHEN: DONNER**

**UNTERES TEIL-TRIGRAMM
KIEN: HIMMEL**

**OBERES KERN-TRIGRAMM
DUI: SEE**

**UNTERES KERN-TRIGRAMM
KIEN: HIMMEL**

HERRSCHENDE LINIEN

Wenn einem Menschen GROSSE MACHT zufällt, so wird sie zum wahren Prüfstein seines Charakters. Er besitzt die Mittel, Erleuchtung und Fortschritt in seine Welt zu bringen oder sie in Chaos und Verderben zu führen. Er vermag seine eigene innere Entwicklung zu fördern oder sich selbst vollkommen zu verausgaben. Deshalb setzt sich der Inhaber GROSSER MACHT vor allem mit der Frage der Korrektheit auseinander.

Bedenken Sie, dass Macht nur ein Mittel und nicht ein Ziel an sich ist. Wenn Sie die verfügbaren Kräfte in einer gegebenen Situation einsetzen, dann versichern Sie sich, dass der Zeitpunkt gut gewählt und die Handlungen korrekt sind – d.h. im besten Interesse aller Beteiligten. Die Verantwortung für Korrektheit in Zeiten großer Macht ist von unvergleichlicher Bedeutung, da unangemessenes oder falsches Handeln Sie und andere ins Verderben stürzt. Wenn Sie mit großer Macht versehen sind, tun Sie gut daran, eine Denkpause einzulegen und sich zu vergewissern, dass Ihre angestrebten Ziele ehrenhaft sind. Richten Sie sich nach der Vergangenheit und machen Sie keine neuen Experimente. Seien Sie geduldig, und warten Sie auf die günstigste Gelegenheit, um Ihren Plan auszuführen.

Besonders in sozialen Fragen ist Ihr Einfluss unübersehbar. Sie stehen im Mittelpunkt des Interesses. Ihre Wirkung auf andere ist ungeheuer stark, es gibt keine Situation, in der Sie unbemerkt bleiben. Nutzen Sie Ihre Macht, um Beziehungen zu verbessern und Gutes zu fördern. In Zweifelsfällen halten Sie sich ganz strikt an bestehende Gewohnheiten und die gesellschaftliche Ordnung.

Auch in Ihren Privatbeziehungen haben Sie ungewöhnlich starken Einfluss. Das ist ohne Zweifel eine große Verantwortung. Menschen, die Sie lieben, schenken Ihnen ihr Vertrauen und wollen von Ihnen geführt wer-

---

Die vierte Linie auf dem Platz der sozialen Bewusstheit gewinnt Macht von den festen Linien darunter und beherrscht das gesamte Hexagramm.

KIEN, die himmlische Kraft, im unteren Trigramm legt mit Bestimmtheit den Weg des Guten fest. Die große Bewegung, DSCHEN, im oberen Trigramm führt ihn aus. Wenn Sie dieses Hexagramm in seiner unbewegten Form erhalten, müssen Sie sich der Aufgabe unterziehen, Eintracht zwischen Ihrem Selbst und den traditionellen Idealen herzustellen.

Dadurch werden Sie, ungeachtet Ihrer Meinungen über konventionelle Werte, Ihren Mittelpunkt finden. Dies ist absolut notwendig, damit Ihre GROSSE MACHT den korrekten Druck erhält – einen Druck, der aus einer möglicherweise erstickenden Situation hinausdrängt.

den. Diese Menschen spüren ihre Abhängigkeit und suchen jetzt Sicherheit bei Ihnen. Halten Sie sich jetzt strikt an die traditionelle Rolle.

Überwinden Sie Schwierigkeiten in Ihrer Entwicklung, indem Sie sich Ihrer Unzulänglichkeiten bewusst bleiben. Glauben Sie keinesfalls, dass Macht gleichbedeutend ist mit Charakterstärke oder dass sie all Ihre Haltungen und Anschauungen rechtfertigt. Achten Sie besonders auf Zeitpunkt, Angemessenheit und Qualität, um die Ihnen verfügbare GROSSE MACHT voll und ganz einzusetzen. Indem Sie anderen Erleuchtung und Fortschritt bringen, stärken Sie ihre eigene Gesundheit und Ihr Wohlbefinden.

OBERSTE LINIE
Sie haben Ihren Wünschen so weit nachgegeben, dass Sie sich nun in einer Sackgasse befinden. Alles, was Sie nun zu tun versuchen, macht die Situation nur noch verwickelter. Wenn Sie die Schwierigkeit erkennen, werden Sie schließlich gezwungen, sich zu fassen, und die gesamte Angelegenheit kann dann gelöst werden.

FÜNFTE LINIE
Sie sollten nun jede verstockte und eigensinnige Haltung ablegen. Es ist nicht länger notwendig, etwas zu beweisen. Die Situation wird mühelos voranschreiten, und deshalb haben Sie es nicht nötig, übermäßige Kraft anzuwenden.

▶ VIERTE LINIE
Wenn Sie an Ihren Zielen arbeiten und voranschreiten, ohne Ihre Macht groß zur Schau zu stellen, werden Sie eine außerordentliche Wirkung erzielen. Die Hemmnisse weichen, und Ihre innere Stärke hält an. Erfolg!

DRITTE LINIE
Nur niedere Menschen rühmen sich ihrer Macht und stellen sie demonstrativ zur Schau. Dies führt zu zahlreichen, unnötigen Verwicklungen und letztlich zu Gefahr. Beharren Sie nicht darauf. Macht im Verborgenen hat zu dieser Zeit die größte Wirkung.

ZWEITE LINIE
Mäßigung ist nun der Schlüssel zu dauerhaftem Erfolg. Werden Sie nicht zu selbstsicher, nur weil Sie auf so wenig Widerstand in Ihren Bemühungen stoßen. Nutzen Sie Ihre Macht sorgfältig.

GRUNDLINIE
Selbst wenn Sie die nötige Stärke haben, ist es ein Fehler, mit Ihrem Plan fortzufahren. Sie dürfen ein Resultat jetzt nicht erzwingen, denn Sie befinden sich keineswegs in einer Position, wo dies erfolgreich wäre.

Der Fortschritt

DSIN

OBERES TEIL-TRIGRAMM LI: FEUER

UNTERES TEIL-TRIGRAMM KUN: ERDE

OBERES KERN-TRIGRAMM KAN: WASSER

UNTERES KERN-TRIGRAMM GEN: BERG

HERRSCHENDE LINIEN

Dies ist die Zeit des raschen Fortschritts, der von einem hervorragenden Einzelnen ausgeht und seiner gesamten Umwelt zugute kommt. Er wird dafür anerkannt und erhält eine Stellung von großem Einfluss. Er wird sowohl von den maßgeblichen Führern als auch von denen, die er führt, als große Stütze angesehen.

Gute Ideen werden jetzt am besten genutzt, um anderen zu helfen. Wenn Sie als Führer in der Lage sind, fortschrittliches Handeln in die Wege zu leiten, wird Ihnen großer Erfolg zuteil. Sie stehen inmitten eines sich rasch ausweitenden sozialen und politischen Interesses. Der Einfluss, den Sie nun auf andere gewinnen können, wird Sie in eine Stellung von außerordentlicher Bedeutung vorrücken lassen. Wenn Sie ein starkes Gefühl für sozialen FORTSCHRITT bewahren, werden Sie von Ihrer Umwelt Unterstützung bekommen, und Ihr Beispiel wird Nachahmer finden. Loyales Handeln ist jetzt die Grundlage für eine vertrauensvolle Annäherung an maßgebliche Persönlichkeiten. Ihre Intelligenz und ethische Kraft werden rasch erkannt und mit Aufstieg belohnt. Die Vorschläge, die Sie jetzt zur Lösung wichtiger Probleme vorbringen, haben große Wirkung.

In einer Zeit des raschen Fortschritts ist die Kommunikation von außerordentlicher Bedeutung. Sie handeln klug, wenn Sie in enger Verbindung mit allen Ebenen Ihrer sozialen Umwelt bleiben. Achten Sie auf die Bedürfnisse anderer und unterstützen Sie fortschrittliche Veränderungen. Beteiligen Sie sich aktiv am Gemeinschaftsleben.

In Ihren persönlichen und familiären Beziehungen bestehen jetzt sehr gute Gelegenheiten zur Kommunikation und gegenseitigen Abstimmung. Die wertvollsten Aspekte des Familienlebens werden sichtbar, wenn die Mitglieder loyal die Ziele der Einzelnen unterstützen und die Erfolge der Einzelnen der Familie Ehre und FORTSCHRITT einbringen. Hier hat Eifersucht keinen Raum. Sie und die Menschen, die Sie lieben, können

---

Der nachgebende Herr in der fünften Position (Autorität) ist für Anregungen von den unteren Linien empfänglich. Er wird umgeben von Festigkeit auf dem Platz der Weisheit an der Spitze und gesellschaftlicher Bewusstheit in der vierten Position. Daher herrscht hier FORTSCHRITT.

Klarheit, LI, im oberen Bereich, steigt empor aus KUN, der aufrichtigen Hingabe, im unteren Trigramm der menschlichen Angelegenheiten. Wenn das Hexagramm FORTSCHRITT ohne bewegte Linien erscheint, spiegelt es eine heile und stabile Lage wieder. Diese dauerhafte Harmonie vermittelt Ihnen ein Fundament, von dem aus Sie Ihre moralischen und philosophischen Betrachtungsweisen verbessern können. Künftige Unternehmungen können von einer höheren Ebene der Einsicht aus beginnen; Ziele können präzisiert und wirklich kostbar werden.

nunmehr eine starke soziale Einheit bilden, durch die Ihre Beziehung an Rang und Einfluss gewinnt. Verstärken Sie altruistische Motive und entwickeln Sie echte Loyalität: das wird Ihre Persönlichkeit stärken. Überprüfen Sie die Beziehung zu Ihren Mitmenschen. Richten Sie Ihr Augenmerk auf die Wirkung, die Sie auf Menschen in höherer Position ausüben, und auf die Beziehungen zu Ihnen Gleichgestellten. Wenn es Ihnen gelingt, beide Seiten zu unterstützen, sind Sie auf einem erleuchteten Weg.

OBERSTE LINIE
Gehen Sie nur dann aggressiv und offensiv vor, wenn Sie sich selbst erziehen wollen. Solche strengen Vorsichtsmaßnahmen werden Ihnen helfen, bedauerliche Irrtümer zu vermeiden. Machen Sie jedoch nicht den Fehler, mit gleicher Heftigkeit gegen andere vorzugehen, sonst werden Sie die Demütigung der Entfremdung und des Versagens erleiden.

▶ FÜNFTE LINIE
Es ist nun weise, mit Sanftheit, Zurückhaltung und Mäßigung zu handeln, ungeachtet der Tatsache, dass Sie sich in einer Stellung von großem Einfluss befinden. Denken Sie nicht an mögliche Gewinne oder drohende Rückschläge, die Sie treffen könnten. Gehen Sie weiter den Weg des rechtschaffenen FORTSCHRITTS, und Sie werden erfolgreich sein.

VIERTE LINIE
FORTSCHRITT wird durch fragwürdige Methoden oder schlechtgesinnte Menschen herbeigeführt. Wenn es auch möglich ist, auf diesem Weg voranzukommen, so wird die Wahrheit doch entdeckt werden. Dies ist alles sehr riskant, und Sie könnten sich in einer gefährlichen Situation wiederfinden.

DRITTE LINIE
Ihr FORTSCHRITT hängt von der Gemeinschaft mit anderen und ihrer Ermutigung ab. Die Vorteile allgemeinen Vertrauens werden alle Gewissensprobleme verschwinden lassen.

ZWEITE LINIE
Ihr FORTSCHRITT ist nicht so umfassend, wie er sein könnte, da Sie daran gehindert werden, eine bedeutsame Verbindung zu jemandem in maßgebender Stellung aufzunehmen. Aber wenn Sie in Ihren Bemühungen ausharren und unerschütterlich in Ihren Grundsätzen bleiben, dann wird Ihnen unvermuteter Erfolg zuteil.

GRUNDLINIE
Sie werden am Voranschreiten gehindert, da es anderen an Vertrauen zu Ihnen mangelt. Versuchen Sie nicht, dieses Vertrauen zu erzwingen, und werden Sie nicht ärgerlich. Bleiben Sie ruhig, und verhalten Sie sich großzügig und freundlich. Richten Sie Ihre Aufmerksamkeit auf die Vervollkommnung Ihrer Arbeit, und Sie werden bedauerliche Irrtümer vermeiden.

Die Zensur

(DIE VERFINSTERUNG DES LICHTS)

MING I

**OBERES TEILTRIGRAMM
KUN: ERDE**

**UNTERES TEILTRIGRAMM
LI: FEUER**

**OBERES KERNTRIGRAMM
DSCHEN: DONNER**

**UNTERES KERNTRIGRAMM
KAN: WASSER**

HERRSCHENDE LINIEN

Sie werden mit Kräften konfrontiert, die Ihre Überzeugungen und Ihre Ziele bedrohen. Unglücklicherweise besitzen Sie in dieser Situation keine Macht. Es ist notwendig, sich in dieser Zeit der ZENSUR zu unterwerfen und in den Hintergrund zu treten. Verbergen Sie Ihre Gefühle. Tun Sie, als würden Sie die schwierigen Bedingungen Ihrer Umwelt akzeptieren. Es ist nutzlos und gefährlich, in dieser Situation Überzeugungen darzulegen, weil Sie dadurch weitere Schwierigkeiten bekommen. Dennoch sollten Sie nicht einen Moment lang Ihre Prinzipien aus den Augen verlieren. Sie kennen Ihre Ziele, und gerade in Zeiten, wo sie unerreichbar scheinen, ist es besonders wichtig, sich Ihrer ganz bewusst zu sein.

Wenn Sie es für notwendig erachten, können Sie andere beeinflussen, indem Sie sich ihnen nähern, ohne Ihr Innerstes zu zeigen. Seien Sie zurückhaltend, dann werden Sie für Ihre Widersacher keine Bedrohung sein. So wird es Ihnen gelingen, Ihre Prinzipien zu bewahren, andere sanft zu beeinflussen und Schwierigkeiten zu vermeiden. Die Chinesen sagen über dieses Hexagramm: „Der überlegene Mensch benutzt seine Intelligenz, indem er sie verbirgt."

Es ist jetzt ungünstig, die Meinungen anderer anzugreifen. Nehmen Sie die Dinge hin, auch wenn sie im Widerspruch zu Ihren Vorstellungen und Zielen stehen. Generell sollten Sie Aufsehen vermeiden und politische Ambitionen auf einen späteren Zeitpunkt verschieben.*

Dies ist keine Zeit, um in persönlichen Beziehungen Konflikte offen anzugehen. Ihre Gefühle und Anschauungen stellen keine beliebten Themen

---

Der Herr auf dem zweiten Platz (Eigeninteresse) ist korrekt, verträgt sich aber schlecht mit dem inkorrekten Herrn auf dem fünften Platz (Autorität): er wird eingeschränkt.

Ohne bewegte Linien bedeutet das Hexagramm ZENSUR, dass Sie vielleicht nie entscheidenden Einfluss über den Gegenstand Ihrer Frage gewinnen werden. Das Trigramm LI, das Klare und Helle, wird gänzlich aufgesogen von KUN, dem Empfänglichen und Dunklen. Doch das heißt auch, dass Ihre Ziele und Überzeugungen mit dem in Eintracht stehen, was das Beste für Ihre Entwicklung ist, und sie sollten daher nicht aufgegeben werden. Es ist Teil Ihres Schicksals, in der eingeschränkten Position zu sein, in der Sie sich befinden.

* Der Philosoph Laotse (6. Jh. v. Chr.) beschreibt dieses Konzept mit folgenden Worten: „Er will nicht selber scheinen, darum wird er erleuchtet. Er will nichts selber sein, darum wird er herrlich. Er rühmt sich selber nicht, darum vollbringt er Werke. Er tut sich nicht selber hervor, darum wird er erhoben. Denn wer nicht streitet, mit dem kann niemand auf der Welt streiten."

bei Ihnen nahe stehenden Menschen dar. Im Augenblick gibt es nichts zu erörtern.

Dennoch kann Ihnen diese Situation im Bereich Ihrer persönlichen und geistigen Entwicklung helfen, schlechte Zeiten akzeptieren zu lernen. Wenn jemand versucht, Schlechtes zu ignorieren, so bereitet er ihm häufig den besten Nährboden. Gut und Böse gehören genauso zum Kosmos wie Tag und Nacht. Es ist einfacher, einen starken Charakter zu entwickeln, wenn das Übel als Bestandteil der Welt akzeptiert wird.

OBERSTE LINIE
Die laufende Entwicklung nähert sich dem Ende. Die schlechten Zeiten vergehen von selbst und sind bald nur noch Erinnerung. Jene, die sich einst um die Kontrolle der Situation gestritten haben, versinken in Dunkelheit.

▶ **FÜNFTE LINIE**
Sie nehmen eine unverkennbare und bedeutende Rolle in dieser Situation ein, doch sind Sie mit ihr nicht in Übereinstimmung. Ihre Lage hindert Sie, gegen Elemente zu kämpfen, die gegen Ihre Grundsätze sind. Verbergen Sie Ihre Ideale, und geben Sie äußerlich den herrschenden Mächten nach. Letztlich werden Sie Anerkennung finden.

VIERTE LINIE
Sie befinden sich in einer guten Stellung, um die gegenwärtige Situation zu durchschauen. Wenn sie, was sehr wohl sein kann, hoffnungslos erscheint, dann ist jetzt die Zeit, sie hinter sich zu lassen.

DRITTE LINIE
Sie werden dem Unruhestifter persönlich begegnen. Die Umstände erlauben es Ihnen, mühelos die Kontrolle der Situation an sich zu reißen. Gehen Sie sorgfältig vor. Es ist gefährlich, eingefahrene Verhaltensweisen auf einen Schlag abschaffen zu wollen.

▶ **ZWEITE LINIE**
Eine Verletzung, die Sie in jüngster Zeit davongetragen haben, wird Sie mehr zu bejahendem und entschlossenem Handeln für das Allgemeinwohl anregen als Sie behindern.

GRUNDLINIE
Ein Versuch, sich über die Hindernisse in Ihrer Umgebung hinwegzusetzen, trifft auf Feindschaft. Wenn Sie sich entschließen, Ihren persönlichen Neigungen zu folgen und Kompromisse in Bezug auf gesellschaftliche Bedürfnisse einzugehen, werden Sie missverstanden und getadelt. Das ist die Schwierigkeit dieser Situation.

Die Familie

GIA JEN

**OBERES TEIL-TRIGRAMM
SUN: WIND**

**UNTERES TEIL-TRIGRAMM
LI: FEUER**

**OBERES KERN-TRIGRAMM
LI: FEUER**

**UNTERES KERN-TRIGRAMM
KAN: WASSER**

**HERRSCHENDE
LINIEN**

In funktionierenden Familien halten die Mitglieder an ihren natürlichen Rollen fest. Ihre Beziehungen basieren auf Zuneigung und einem aufrichtigen Gefühl der Verantwortung, dem das Wohlergehen der FAMILIE ebenso wichtig ist wie die Anliegen jedes Einzelnen Mitglieds. Für die Chinesen hatte diese kleinste aller sozialen Einheiten einen ganz besonderen Wert. Sie sagen über dieses Hexagramm: „Wenn die Familie die ihr gemäße Ordnung hat, dann werden sich auch alle anderen sozialen Beziehungen auf richtige Weise regeln."

Wenn die Rollenaufteilung zwischen Führern und Gefolgsleuten verstanden und geachtet wird, dann entwickeln sich auch die politischen Situationen positiv. Führer müssen ebenso wie der Familienvorstand innere Stärke und Autorität besitzen. Sie sollten ihre Worte abwägen und ihre Glaubwürdigkeit durch Handlungen erhärten, die den Wert ihrer Grundsätze erkennen lassen. Gefolgsleute, die ihren Führern gehorchen, können jetzt viel erreichen.

Geschäftsbeziehungen sollten jetzt wie die Beziehungen innerhalb der FAMILIE gestaltet werden. Tugenden wie Treue, Loyalität und Gehorsam können immer Vorteile bringen, nie jedoch mehr als jetzt. Handlungen sprechen eine deutlichere Sprache als Worte, also verschwenden Sie weder Zeit noch Geld auf Rhetorik.

Sie können ihre sozialen Beziehungen verbessern, indem Sie Ihr Rollenverhalten auf natürlicher Zuneigung und Achtung vor anderen Menschen aufbauen. Große Ansprüche, Selbstdarstellung und Karrieresucht sprechen jetzt gegen Sie. Ihre Umgebung verlangt von Ihnen beständige Prinzipientreue. Wenn Sie an den bestehenden sozialen Bräuchen festhalten, gewinnen Sie Unterstützung und Loyalität.

Halten Sie sich in den persönlichen Beziehungen an Ihre spontanen Gefühle und natürlichen Instinkte, damit man Sie einschätzen kann. Wenn Sie eine traditionelle Familienbeziehung anstreben, dann verhindern Sie

Der korrekte Herr auf dem zweiten Platz (Eigeninteresse) gibt nach und entspricht dem korrekten starken Herrn auf dem fünften Platz (Autorität).

LI, die Klarheit, im unteren Trigramm der menschlichen Angelegenheiten bringt Erleuchtung in die durchdringende Arbeit von SUN im oberen Bereich. In seiner unbewegten Form zeigt das Hexagramm FAMILIE, dass Sie große Klarheit über Ihre Rolle besitzen. Sie sind in Ihrem Verständnis von Macht und Wirksamkeit in der Welt von dieser Rolle abhängig. Solange Ihr Verhalten damit übereinstimmt, werden Sie keine Schwierigkeiten bezüglich des Gegenstands Ihrer Frage haben.

37

nicht, dass Autoritätsstrukturen entstehen, und nehmen Sie Ihren angemessenen Platz ein. Falls ein Rollenkonflikt entsteht, in dem Sie auf Nachgeben nicht vorbereitet sind, dann werden Sie möglicherweise in große Schwierigkeiten geraten.

Versuchen Sie jede Organisation, gleichgültig ob familiär, sozial oder politisch, als FAMILIE zu sehen, und nehmen Sie in ihr die Ihnen angenehmste Position ein. Wenn Sie sich dabei auf Ihre natürlichen Anlagen verlassen und gleichzeitig die daraus erwachsenden Pflichten verstehen, können Sie Ihre Ziele leichter erreichen. Aber vergewissern Sie sich, dass Sie sich nicht in eine Rolle hineinbegeben, die Ihnen nicht angemessen ist oder die Ihnen aufgebürdet wurde: dies würde Ihrem Leben seinen Sinn nehmen.

OBERSTE LINIE
Ihr Charakter und seine Entwicklung kommen zur Geltung. Ihr Gefühl der Verantwortlichkeit Ihnen selbst und anderen gegenüber bringt Glück und Erfolg. Sie werden für Ihre Einsichten und positiven Werke anerkannt und geehrt.

▶ FÜNFTE LINIE
Eine großmütige und herzliche Beziehung besteht zwischen dem Führer und seinen Gefolgsleuten. Es gibt keinen Grund, Offenheit in dieser Art von Beziehungen zu fürchten. Erfolg kommt durch nützlichen Einfluss.

VIERTE LINIE
Das Augenmerk, das sich auf Einzelheiten der wirtschaftlichen Situation richtet, bringt Glück. Alle Versuche, das Wohlbefinden anderer auf bescheidene und schlichte Weise zu fördern, sind erfolgreich.

DRITTE LINIE
Es muss ein gemäßigter Weg gefunden werden, Ordnung in die Situation zu bringen. Ein Ausgleich sollte geschaffen werden zwischen sorglosem Wohlleben und strenger Zucht. In Zweifelsfällen allerdings ist es bei weitem besser, übermäßig streng zu sein, als die Situation im Chaos der Unmäßigkeit enden zu lassen.

▶ ZWEITE LINIE
Geben Sie jetzt nicht Ihren Trieben nach und versuchen Sie nichts mit Gewalt. Stellen Sie Aktionen zurück, die nicht zu den laufenden Geschäften gehören. Glück stellt sich ein, wenn die unmittelbaren Bedürfnisse der FAMILIE erfüllt werden.

GRUNDLINIE
Wenn Sie bereits am Anfang von Beziehungen und Unternehmungen klare Rollen und wohl definierte Strukturen festlegen, dann entwickelt sich alles zum Guten. Selbst Gelegenheiten, die Grund zu Auseinandersetzungen geben könnten, werden vorübergehen, ohne Reue zu hinterlassen.

Der Widerspruch

KUI

**OBERES TEIL-TRIGRAMM
LI: FEUER**

**UNTERES TEIL-TRIGRAMM
DUI: SEE**

**OBERES KERN-TRIGRAMM
KAN: WASSER**

**UNTERES KERN-TRIGRAMM
LI: FEUER**

**HERRSCHENDE
LINIEN**

Die beiden Herren sind Gegensätze, stark und schwach, jeweils im Zentrum der beiden gegenüberstehenden Trigramme. Weiterhin sind sie auf entgegengesetzten Plätzen: stark auf der Position des Schwachen und umgekehrt. So entsteht die Vorstellung des WIDERSPRUCHS.

(DER GEGENSATZ)

Die gegenwärtige Situation steht deutlich im Zeichen von WIDERSPRUCH. Dies können gegenteilige Ansichten sein, aber auch Personen, die einander entgegenhandeln, oder eine innere Dualität, die Unentschiedenheit hervorruft. Es kommt jetzt darauf an, dass Sie Verständnis für die voneinander abweichenden Kräfte entwickeln. Erfolg ist lediglich kleinen Unternehmungen und allmählicher Einflussnahme beschieden.

Trotz des Widerspruchs, der sich in politischen Fragen auftut, besteht die Möglichkeit einer zukünftigen Einheit. Häufig sind gerade die Zusammenschlüsse, die sich aus einander bekämpfenden Kräften ergeben haben, wesentlicher als zufällige und ungeplant eingegangene Verbindungen. Deshalb ist es gut möglich, dass die bestehende Polarität die idealen Voraussetzungen für Einmütigkeit schafft. Werden Sie nicht ungeduldig, und stellen Sie sich nicht gegen die Entwicklung, sondern unternehmen Sie allmähliche Versuche, die politische Entfremdung zu überwinden.

Gesellschaftliche und geschäftliche Strategien mögen wirkungslos erscheinen, weil sie durch gleich starke, gegensätzliche Kräfte aufgehoben werden. Ehrgeizige Ziele müssen bis zu einer günstigeren Zeit zurückgestellt werden. Das Beste, was Sie im Augenblick tun können, ist, freundliche Beziehungen zu stärken. Lassen Sie sich nicht in fragwürdige Pläne hineinziehen, sondern versuchen Sie, Möglichkeiten der Zusammenarbeit zu schaffen.

Der WIDERSPRUCH, der im Familienleben und in persönlichen Beziehungen besteht, ist in seiner Art klassisch. So bilden die voneinander abweichenden Wünsche von Geschwistern direkte Gegensätze. Natürlich werden die Blutsbande im größeren Zusammenhang die Basis für eine Einheit bilden, aber für den Augenblick widersprechen sie sich.

Zur Zeit herrschen Missverständnisse und Entfremdung zwischen den Geschlechtern. Diesen Graben zu überwinden ist ein wesentlicher Bestandteil von Beziehungen. Es ist das immerwährende Spiel der Geschlechter, die Grundvoraussetzung für jede bedeutsame Einheit. Solche

Das obere Trigramm LI, Erleuchtung, sucht oben Klarheit, während das untere Trigramm DUI, die Freude, unten Zufriedenheit findet. WIDERSPRUCH in seiner unbewegten Form bedeutet Entfremdung, da Elemente von verschiedener Natur gegeneinander arbeiten. Halten Sie an Ihrer Individualität fest, da nur dies Sie aus der Sackgasse führen wird.

Widersprüche betonen lediglich die interessanten Möglichkeiten der Auseinandersetzung. Nutzen Sie kleine, sanfte Einflüsse, um diese gegenseitige Übereinstimmung zum Tragen zu bringen.

Jetzt werden Sie möglicherweise mit der Gespaltenheit Ihrer eigenen Natur konfrontiert. Während Sie unterschiedliche Aspekte abwägen, können Sie anderen unentschlossen und zweideutig erscheinen. Niemals haben Sie Ihre zwei Seiten so deutlich gesehen. Vorgefasste Meinungen wie Patriotismus, Sippendenken oder Vorurteile gegen andere Gesellschaftsklassen verlieren an Bedeutung, da Sie beginnen, die Dinge im größeren Rahmen zu sehen. Der Kampf zwischen Gut und Böse, Leben und Tod und allen Gegensätzen dieser Art erscheint jetzt in dem Maße, in dem Sie die Sichtweise eines Edlen entwickeln, als natürliche Wechselbeziehung der Kräfte des Universums. Dieses Verständnis von Einheit in einer Welt des Widerspruchs kann Ihnen geistigen Frieden bringen.

OBERSTE LINIE
Missverständnisse und Misstrauen haben Sie jede Perspektive verlieren lassen. Sie verkennen Ihre wahren Freunde als Feinde und werden abwehrend. Dennoch sehen Sie Ihre Fehler ein, und die Spannungen werden sich auflösen. Wenn die Widersprüche am schärfsten sind, beginnen sie sich aufzulösen. Erfolg!

▶ FÜNFTE LINIE
In der allgemeinen Atmosphäre von WIDERSPRUCH und Opposition ist es möglich, dass Sie jemanden verkennen, der Ihnen aufrichtig helfen kann. Trotz des Misstrauens, das Ihre Sicht vernebelt, eröffnet sich Ihnen diese Person vielleicht. Zusammenarbeit an laufenden Projekten bringt jetzt Erfolg.

VIERTE LINIE
Inmitten der Widerstände und der Vereinzelung finden Sie jemanden, mit dem Sie eine innere Beziehung verbindet. Gegenseitiges Vertrauen kann nun erwachsen, und Gefahren können gemeinsam überwunden werden. Diese Zusammenarbeit kann zu bedeutenden Erfolgen führen.

DRITTE LINIE
Schwierigkeiten häufen sich und mit jedem Schritt stoßen Sie auf Widerstand. Obgleich dies ein schlechter Anfang ist, besteht die Möglichkeit eines guten Endes. Halten Sie an dem fest, was Sie als recht erkannt haben, oder orientieren Sie sich an einem starken Helfer, und es wird schließlich gut werden.

▶ ZWEITE LINIE
Ein unerwartetes oder zufälliges Treffen mit einer wichtigen Idee oder einem wichtigen Menschen wird von Nutzen für Sie sein. Hier wirkt eine naturgegebene Anziehung, obwohl eine direkte Annäherung unvorstellbar oder unmöglich gewesen wäre.

GRUNDLINIE
Zwischen Elementen, die der Natur nach zueinander gehören, besteht jetzt eine Entfremdung. Versuchen Sie nicht, eine Vereinigung zu erzwingen, sondern lassen Sie die Dinge auf natürlichem Weg zu ihrer Eintracht zurückkehren. Seien Sie unbesorgt: die Entwicklung wird von selbst kommen. Wenn Ihnen etwas Unwürdiges aufgezwungen werden soll, hilft es, wenn Sie sich abweisend zeigen.

Die Hindernisse

GIEN

**OBERES TEIL-TRIGRAMM
KAN: WASSER**

**UNTERES TEIL-TRIGRAMM
GEN: BERG**

**OBERES KERN-TRIGRAMM
LI: FEUER**

**UNTERES KERN-TRIGRAMM
KAN: WASSER**

HERRSCHENDE LINIEN

Wenn das fließende Wasser – das Bild des TAO – auf seinem Weg einem Hindernis oder einer Sperre begegnet, hält es inne. Es steigt und gewinnt an Kraft, es sammelt sich, füllt den Raum vor dem Hindernis an und fließt schließlich darüber hinweg. Diese HINDERNISSE treten nicht plötzlich auf, sondern sind einfach Bestandteil des eingeschlagenen Weges.

Von gleicher Art ist das Hindernis, dem Sie sich im Moment gegenübersehen. Es ist ein Teil des Wegs, den Sie eingeschlagen haben, und muss erst überwunden werden, bevor Sie voranschreiten können. Laufen Sie nicht davon, denn es gibt keinen geeigneten Ort, an den Sie sich begeben könnten. Sie sollten auch nicht gegen die Gefahr anrennen. Wenn Sie dazu die Kraft hätten, hätten Sie das Orakel nicht befragt. Folgen Sie dem Beispiel des Wassers: Halten Sie an, und sammeln Sie Ihre Kräfte, bis das Hemmnis keine Sperre mehr für Sie darstellt. Vertrauen Sie Menschen, die Ihnen helfen können, und suchen Sie nach guten Ratschlägen. Wenn Sie sich dann standhaft und umsichtig auf den Weg machen, werden Sie einen wichtigen Schritt vorwärts tun.

Auf allen weltlichen Wegen sind HINDERNISSE natürliche Erscheinungen des Zeitverlaufs. Im Bereich von Macht und Politik müssen die Widerstände überwunden werden, sobald sie auftauchen. Die richtige Vorgehensweise erfordert ein gewisses Maß an Geschicklichkeit, weil Sie entweder eine Gefolgschaft organisieren oder sich an die Führenden anpassen müssen, um etwas vorzubereiten. Im Geschäftsbereich ist jetzt eine günstige Zeit, Menschen einzustellen, die Ihnen helfen können. Schauen Sie bei diesen Menschen auf Führungseigenschaften, auf Fähigkeiten, die geeignet sind, HINDERNISSE, die langfristigen Zielen im Weg stehen, zu überwinden.

Soziale Probleme erfordern jetzt eine besonders bewusste Behandlung. Die Fähigkeit, zur rechten Zeit am rechten Ort zu sein, ist niemals nützlicher gewesen. Wenn Sie die Möglichkeit haben, sich mit anderen zusam-

---

Die starke Linie auf dem fünften Platz (Autorität) ist für die anderen Linien ein hilfreicher Herr.

Das obere Trigramm KAN, die Schwierigkeit, versperrt den Fortschritt von GEN, dem Stillhalten, im unteren Trigramm. GEN sinnt über die Bedeutung dieses Hindernisses nach. In seiner unbewegten Form stellt das Hexagramm eine Situation dar, die blockiert ist. Und da die HINDERNISSE den Weg nicht freigeben, scheint es, dass Sie sie selbst geschaffen haben. Schieben Sie nicht anderen die Schuld zu, sondern nutzen Sie die Gelegenheit, um sich selbst zu erforschen.

menzuschließen, dann tun Sie es. Beobachten Sie sich selbst, und versuchen Sie, die HINDERNISSE zu erkennen, die Sie sich selbst schaffen.

Viele Ihrer äußeren HINDERNISSE haben innere Ursachen. Ob Sie diese dadurch schaffen, dass Sie innere Konflikte nach außen tragen, oder instinktiv Wege wählen, die schwierig sind: sie müssen in jedem Fall überwunden werden. Diese Kämpfe werden in Ihrem Selbst ausgetragen. Solche HINDERNISSE, häufig Hemmungen genannt, stehen Ihrem Fortschritt im Wege. Doch wenn Sie sich bewusst auf sie konzentrieren und mit konstruktiver und positiver Einstellung an ihnen arbeiten, wird Ihnen großer Erfolg zuteil, denn Ihr Charakter wird entwickelt und gestärkt.

OBERSTE LINIE
Es scheint nur so, als ob Sie den Tumult um sich ignorieren und sich mit eigenen Dingen beschäftigen können: unweigerlich werden Sie in den Streit hineingezogen. Halten Sie sich an das, was die Erfahreneren sagen.

▶ FÜNFTE LINIE
Selbst in den schlimmsten Auseinandersetzungen werden Sie allein durch Ihre Einstellung Helfer anziehen. Diese Zusammenarbeit wird Ihnen Erfolg bei Ihren Bemühungen bringen. Die HINDERNISSE werden überwunden.

VIERTE LINIE
Um die Herausforderung anzunehmen und die HINDERNISSE zu überwinden, mit denen Sie konfrontiert sind, müssen Sie jemandem vertrauen, der Ihnen helfen kann. Gehen Sie gemeinsam vor und nehmen Sie die Hilfe einer anderen Person oder Organisation in Anspruch. Alleingänge werden scheitern. Halten Sie sich zurück und vereinigen Sie sich mit anderen.

DRITTE LINIE
Wenn Sie Ihre laufenden Angelegenheiten im Stich lassen, um mit einem äußeren Hindernis zu kämpfen, dann laufen Sie Gefahr, die Sicherheit der Ihnen Nahestehenden aufs Spiel zu setzen. Es wäre klug, sich zu sammeln und Ihren Plan zu überdenken.

ZWEITE LINIE
Da Sie sich einer größeren Sache verschrieben haben – ob Sie es erkennen oder nicht –, müssen Sie HINDERNISSE direkt angehen. Normalerweise ist das nicht ratsam, doch für außergewöhnliche Fälle ist es angemessen.

GRUNDLINIE
Falls Sie auf ein Hindernis gestoßen sind, versuchen Sie nicht, es zu überwinden. Ziehen Sie sich stattdessen aus der Situation zurück, und warten Sie, bis die Unruhe vorbei ist. Der Augenblick des Handelns ist da, wenn Sie nicht mehr eingeschränkt sind.

Die Befreiung

HIE

**OBERES TEILTRIGRAMM
DSCHEN: DONNER**

**UNTERES TEILTRIGRAMM
KAN: WASSER**

**OBERES KERNTRIGRAMM
KAN: WASSER**

**UNTERES KERNTRIGRAMM
LI: FEUER**

HERRSCHENDE LINIEN

Angst und Streit verschwinden, wenn Sie jetzt entschlossen handeln und zum Angriff übergehen. So wie ein Gewitter die Spannungen in der Atmosphäre löst, so ist es jetzt Zeit, die Luft von Missverständnissen zu reinigen. Dies sollte entschieden und ohne Zögern ausgeführt werden. Die rechtzeitige Ausführung einer BEFREIUNG von Schwierigkeiten ist eine Grundvoraussetzung für den Erfolg.

Die Lösung lästiger politischer Probleme ist nicht mehr unmöglich. Es liegt jetzt in Ihrer Macht, Streitfragen zu klären, die Ihrem Erfolg im Wege standen. Wenn möglich, übersehen Sie Irrtümer und seien Sie nachsichtig, denn je eher die Spannungen beseitigt sind, desto besser ist es für alle Beteiligten. Falls Sie sich in einer unerträglichen Situation oder Intrige befinden sollten, dann ist vielleicht jetzt die Zeit gekommen, sich aus der Situation zurückzuziehen. Welche Richtung Sie auch einschlagen, handeln Sie rasch und halten Sie sich nicht mit Einzelheiten auf. Eine rechtzeitige BEFREIUNG von den Spannungen, die in Machtangelegenheiten auftreten, wird Ihnen Glück bringen.

Personen oder Probleme, die Ihnen bei Ihren beruflichen Anstrengungen im Weg standen können jetzt umgangen werden. Viele Schwierigkeiten werden sich jetzt wie von selbst lösen und Ihnen Erleichterung verschaffen. Trachten Sie nicht nach Vergeltung.

Ihre Beziehungen zu anderen sollten Sie jetzt auflockern, denn die Spannungen lösen sich und das erfrischende Gefühl der BEFREIUNG tritt an die Stelle Ihrer Ängste. Es gibt keinen Grund, mit Verdruss an die Vergangenheit zu denken oder sich der neu gewonnenen Freiheit zu brüsten. Führen Sie das, was Sie zu tun haben, schnell und gelassen aus, und lassen Sie sich nicht ablenken.

Der Herr auf dem zweiten Platz (Eigeninteresse) ist ungewöhnlich stark, während der Herr auf dem fünften Platz (Autorität) schwach und nachsichtig ist. Daher werden Schwierigkeiten und Spannungen gelöst.

KAN, die Schwierigkeit, im unteren Trigramm wirkt auf DSCHEN, die erregende Bewegung, im oberen Bereich aktivierend. So ein Effekt wirkt positiv. Wenn keine der Linien wandelbar ist, dann kündigt dieses Hexagramm einen inneren Prozess der BEFREIUNG an. Es kann das Vorübergehen einer ungesunden Gewohnheit oder Verhaltensweise sein. Vielleicht werden Sie eine kurzsichtige Meinung, die Ihre Entwicklung dämpft, oder eine wirklichkeitsfremde Besessenheit, die Ihre Energien verzehrt, aufgeben. Welcher Natur auch diese innere BEFREIUNG ist, sie wird Ihren Charakter fortwährend verbessern.

Spannungen und Ängste gehen auch in Ihren persönlichen Beziehungen vorüber. Nehmen Sie diese Gelegenheit wahr, um die Vergangenheit hinter sich zu lassen. Diese BEFREIUNG von emotionalen Verwicklungen und Widrigkeiten kann einen neuen Anstoß in der Beziehung zu dem Menschen bedeuten, den Sie lieben. Die augenblickliche Stimmung kann außergewöhnlich erotisch sein.

Wenn die BEFREIUNG gekommen ist und die Gewitterspannungen vorüber sind, wird sich Ihr Geist erfrischt und angeregt fühlen. Der Boden ist für neue Entwicklungen bereitet, und die Zukunft erscheint viel versprechend. Wenn es Ihnen dann gelingt, auf Ihre eingefahrenen emotionalen Reaktionen aus früheren Zeiten zu verzichten, werden Sie eine ausgezeichnete Chance für persönliches Weiterkommen haben.

OBERSTE LINIE
Bereiten Sie sich vor, tatkräftig mit einem großen Widersacher fertig zu werden. Dies gelingt mit sorgfältiger Planung und geschickter Wahl des Zeitpunkts. Da es sich dabei um einen starken Gegner handelt, müssen Sie beständig auf der Hut sein. Wenn Sie dieses Hindernis für Ihren Fortschritt beseitigt haben, dann wird alles, was Sie anpacken, erfolgreich sein.

▶ FÜNFTE LINIE
Um eine schlechte Gewohnheit oder Situation loszuwerden, müssen Sie zuerst den inneren Entschluss fassen, sie zu überwinden. Wenn Sie erst frei davon sind, dann werden die dunklen Elemente in den Hintergrund treten, und Sie werden die verdiente Anerkennung gewinnen. Erfolg.

VIERTE LINIE
Es gibt Menschen, die sich Ihnen nur zum eigenen Nutzen anschließen. Das sind parasitäre Beziehungen, die zur Gewohnheit werden können. Sie sollten sich von dieser Art der Verstrickung befreien, da sie andere zurückstößt, die wertvolle Verbündete in Ihren Unternehmungen sein könnten.

DRITTE LINIE
Sie waren fähig, eine einigermaßen machtvolle Stellung zu erringen, die Sie nun nicht zu kontrollieren verstehen. Sie behaupten, etwas zu sein, was Sie nicht sind. Das erweckt Neid. Wenn Sie diesen Weg weiterverfolgen, werden Sie durch andere, die sich Ihrer Stellung bemächtigen möchten, Demütigungen erleiden.

▶ ZWEITE LINIE
Die Situation mag in den Händen schlecht gesinnter Personen liegen, die sich schädlicher Methoden bedienen, um Menschen in maßgebender Position zu beeinflussen. Sie müssen nun besonders geradeheraus und charakterfest sein, um diese Bemühungen scheitern zu lassen. Erfolg!

GRUNDLINIE
Sie haben in Ihrer laufenden Unternehmung die Schwierigkeiten überwunden. Der Weg ist frei und der Fortschritt wird andauern. Nutzen Sie diese Zeit, um Ihre Stellung zu festigen.

Der Niedergang

SUN

OBERES TEIL-TRIGRAMM
GEN: BERG

UNTERES TEIL-TRIGRAMM
DUI: SEE

OBERES KERN-TRIGRAMM
KUN: ERDE

UNTERES KERN-TRIGRAMM
DSCHEN: DONNER

HERRSCHENDE LINIEN
▶

Dieses Hexagramm gleicht in seiner Form Hexagramm 11. Doch hier opfert das untere Trigramm eine Linie, die an die Spitze wandert. Deshalb gibt es in den menschlichen Angelegenheiten NIEDERGANG. Da das obere Trigramm bereichert wurde, ist die Linie in der fünften Position (Autorität) Herr des Zeichens.

(DIE MINDERUNG)

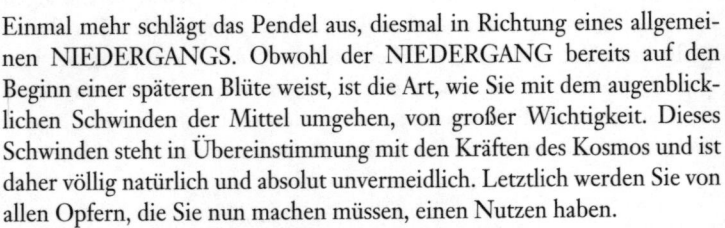

Einmal mehr schlägt das Pendel aus, diesmal in Richtung eines allgemeinen NIEDERGANGS. Obwohl der NIEDERGANG bereits auf den Beginn einer späteren Blüte weist, ist die Art, wie Sie mit dem augenblicklichen Schwinden der Mittel umgehen, von großer Wichtigkeit. Dieses Schwinden steht in Übereinstimmung mit den Kräften des Kosmos und ist daher völlig natürlich und absolut unvermeidlich. Letztlich werden Sie von allen Opfern, die Sie nun machen müssen, einen Nutzen haben.

Akzeptieren Sie den NIEDERGANG, und reagieren Sie angemessen, indem Sie Ihr Leben schlichter gestalten. Eine ernsthafte und anspruchslose Einstellung zum Leben wird Sie davor bewahren, schwerwiegende Fehler zu machen. Wenn Sie den NIEDERGANG für unannehmbar halten und den Anschein besserer Zeiten aufrechterhalten, dann verfallen Sie in Irrtümer und verlieren den Bezug zur Wirklichkeit.

Schlichtheit ist zu dieser Zeit angemessen für Ihre innere Entwicklung. Sie müssen nun bestimmte Haltungen ändern und Ihre Instinkte und Ihr Temperament im Zaum halten. Sogar in Ihrem Innersten müssen Sie entsprechend dem gegenwärtigen NIEDERGANG der Lebenskräfte haushalten. Falls Sie normalerweise mit großer Anspannung handeln, dann ist es Zeit, Ihr Verhalten zu ändern. Werden Sie sich jeder außergewöhnlichen, emotionalen Reaktion bewusst.

Diese Arbeit am Selbst wird zur Grundlage aller äußeren Angelegenheiten. Der NIEDERGANG wird in der Verringerung der sozialen Kontakte sichtbar. Sie sollten wiederum nicht versuchen, das Geschehen zu zwingen, oder so weitermachen, als ob sich nichts geändert hätte. Nur mit aufrichtiger Hingabe und Schlichtheit werden Sie Erfolg haben.

In Geschäftsangelegenheiten wird sich diese Zeit besonders heftig in Form von materiellen Verlusten offenbaren. Wenn jedoch Ihre Haltung

---

Das untere Trigramm DUI, der Auswuchs, wird von dem wie ein Berg lastenden Gewicht des oberen Trigramms GEN in Schach gehalten. In seiner unbewegten Form bedeutet das Hexagramm NIEDERGANG, dass Ihre Gefühle und Reaktionen nicht im Einklang mit den Zeiten stehen. Ungeachtet des Gegenstands Ihrer Frage oder Ihrer allgemeinen Ziele müssen Sie die Realität des Niedergangs akzeptieren und die notwendigen Angleichungen in sich durchführen. Bevor sich die Dinge zum Erfolgreichen wenden, müssen Sie eine gewisse Wirtschaftlichkeit im Einsatz Ihrer Gefühle erreichen.

zuversichtlich und ergeben ist und Sie bei den laufenden Geschäften bleiben, dann ist auch in diesen Angelegenheiten Erfolg voraussagbar.

Persönliche Beziehungen können nun weniger reizvoll und angenehm sein als in der Vergangenheit. Die Kommunikation kann abnehmen, und es offenbart sich ein schmerzhafter Mangel an Information. Werden Sie beim Versuch, Leidenschaften wieder zu entzünden, nicht ärgerlich oder herausfordernd. Bringen Sie stattdessen die Beziehung auf eine einfachere Form, die für die Zeit des Niedergangs geeigneter ist, während Sie Ihre Kräfte der Stabilisierung Ihres Charakters widmen.

OBERSTE LINIE
Weiten Sie Ihre Ziele aus, damit Sie einen universelleren Charakter erhalten. Andere werden Unterstützung gewähren. Ihre Erfolge werden Sie erneut ins Bewusstsein der Öffentlichkeit bringen. Sie werden sehen, dass diese gesellschaftliche Stellung und Verantwortlichkeit einen wünschenswerten neuen Lebensstil darstellt und für viele von Vorteil ist.

▶ FÜNFTE LINIE
Sie sind vom Schicksal zum Glück bestimmt, und nichts kann ihm im Weg stehen. Es wird durch die inneren Kräfte herbeigeführt, die Sie in diese Situation gebracht haben. Fürchten Sie nichts. Erfolg.

VIERTE LINIE
Wenn Sie nun Ihre Unzulänglichkeiten und schlechten Gewohnheiten feststellen und sich ernsthaft darum bemühen, sie zu verringern, dann werden ihnen Freunde und Helfer näher treten. Eine demütige Haltung wird den Weg zu fortschrittlicher Wechselbeziehung und Freude bahnen.

DRITTE LINIE
Die engsten Bindungen sind nun lediglich zwischen zwei Menschen möglich. Gruppen von drei Menschen lassen Eifersucht und Misstrauen entstehen und werden schließlich zerbrechen. Doch jemand, der allein bleibt, wird einsam und sucht einen Gefährten. Es ist Zeit, den richtigen Ausgleich zu finden.

ZWEITE LINIE
Achten Sie, wenn Sie anderen helfen, darauf, Ihre Würde zu bewahren. Wenn das Wesen Ihres Ziels Ihre Stärke verringert oder Ihre Grundsätze aufweicht oder wenn Sie Ihre Persönlichkeit opfern, um Ihrem Vorgesetzten zu gefallen, handeln Sie schändlich. Nur Bemühungen, die Ihr Selbst nicht mindern, sind wertvoll.

GRUNDLINIE
Wenn Sie anderen helfen oder sich von anderen helfen lassen, so achten Sie darauf, maßvoll zu bleiben. Zu viel zu geben oder zu nehmen kann zu einer unausgewogenen Situation führen. Überlegen Sie sich das sorgfältig, bevor Sie handeln.

Der Nutzen

(DIE MEHRUNG)

OBERES TEILTRIGRAMM
SUN: WIND

UNTERES TEILTRIGRAMM
DSCHEN: DONNER

OBERES KERNTRIGRAMM
GEN: BERG

UNTERES KERNTRIGRAMM
KUN: ERDE

HERRSCHENDE LINIEN

Außergewöhnliche Energie wird in die gegenwärtige Situation geleitet. Viele Dinge, selbst sehr schwierige Unternehmungen, werden möglich. Es ist wichtig, dass Sie Ihre Zeit nun aufs Beste nützen, da sich die Bedingungen ändern werden. Verfolgen Sie Ihre Ziele nur von Tag zu Tag, und bleiben Sie beharrlich. Vergessen Sie nicht, dass Ihre unmittelbaren Ziele zum NUTZEN Ihrer ganzen Umgebung beitragen sollen, um die in diesem Hexagramm angelegten Erfolge zu verwirklichen. Die Art von gegenwärtig verfügbarer Energie kann nur für wertvolle Unternehmungen genutzt werden.

Wenn Sie ein Führer, Unternehmer, Verwalter oder auf andere Art von Einfluss in der Gemeinschaft sind, dann ist dies eine sehr günstige Zeit, um freigebig zu Ihren Untergebenen zu sein. Sie können sehr wohl auch angehalten sein, aus Ihren persönlichen Mitteln ein Opfer zu bringen, um die *Ziele* Ihrer Mitarbeiter voranzubringen. Eine solche Geste kann nun der Gesellschaft großen NUTZEN bringen. Die Menschen werden von Ihren Handlungen so beeindruckt sein, dass sie zu Loyalität und Einigkeit gedrängt werden und so den Zusammenhalt stärken. Die Chinesen sagen von diesem Hexagramm: „Wahrhaft herrschen heißt dienen."

Wer in geschäftlichen und politischen Angelegenheiten zu tun hat, kann dieses Modell für seine eigenen Zwecke NUTZEN, solange diese Ziele wertvoll genug sind. Der Zeitpunkt ist ideal, anderen großzügige Dienste zu erweisen. Dies wird den Weg für größere Entwicklungen öffnen. Großmütiges Handeln kann aber auch die gesellschaftlichen, familiären und persönlichen Beziehungen fördern.

Zu dieser Zeit ist es möglich, dass Sie in sich gehen, um Ihren Charakter zu entwickeln. Die Intensität der positiven Kräfte bietet Ihnen eine hervorragende Möglichkeit zur Arbeit an Ihrer Person. Ob Sie nun mit alten

---

Der schwache Herr des unteren Trigramms (menschliche Angelegenheiten) empfängt die Wohltaten des korrekten starken Herrn auf dem Platz der Autorität im oberen Trigramm. Ähnlich wie in der Struktur von Hexagramm 12 bekommt das untere Trigramm der menschlichen Angelegenheiten Hilfe durch die starke Grundlinie.

In seiner unbewegten Form bedeutet das Hexagramm NUTZEN die Notwendigkeit, in erhöhtem Maße empfindsam gegenüber dem Gegenstand Ihrer Frage zu sein. Das untere Trigramm DSCHEN, Bewegung und Wachsen, wird durch den wohltätigen Einfluss des oberen Trigramms SUN, die kleinen Bemühungen, gefördert. Seien Sie bereit, Ratschläge oder Informationen über das, was man von Ihnen braucht, anzunehmen. Eine einfache Geste wird nicht genug sein. Die Situation verlangt Ihre beständige Großzügigkeit. Wenn Sie Bereitschaft zeigen, sich Tag für Tag einzusetzen, werden Sie schließlich Erfolg haben.

Gewohnheiten brechen oder neue und nützliche Eigenschaften aufbauen wollen, in jedem Fall herrscht eine Konstellation der Kräfte, die zu günstigen Ergebnissen führt. Dies ist besonders die Zeit, um eine selbstgefällige Haltung zugunsten einer grundlegenden Güte und ein festes Fundament sowie ein Gefühl für Richtung und Angemessenheit zu entwickeln. Wenn Sie schlechte Gewohnheiten aufgeben, dann werden Sie bessere und fortschrittliche Verhaltensweisen annehmen. Selbstbewußtheit und Selbstdisziplin sind die Schlüssel für diese Veränderung. Beobachten Sie die wohltätigen Auswirkungen des Guten in anderen, und streben Sie nach diesen wertvollen Charakterzügen.

OBERSTE LINIE
Es scheint nur so, als hätten Sie die Mittel, anderen zu NUTZEN. Sie verhalten sich nicht gemäß den Erfordernissen der Zeit. Sie werden Ihren Einfluss verlieren und Angriffen ausgesetzt sein.

▶ **FÜNFTE LINIE**
Eine wahrhafte Freundlichkeit von Ihnen, etwas, das Sie ohne Hintergedanken und eigenen Gewinn getan haben, wird Ihnen Anerkennung bringen.

VIERTE LINIE
Sie haben die Gelegenheit, als Mittler zwischen einem höher als Sie Gestellten und jenen unter Ihnen zu handeln. Wenn Sie sich klar äußern und den NUTZEN aller Betroffenen an die Spitze Ihrer Interessen stellen, dann wird man Ihrem Rat folgen. Diese einflussreiche Stellung kann weit reichende Wirkungen zeigen.

DRITTE LINIE
Es mag sein, dass Sie aus einer Situation, die als unheilvoll bezeichnet werden kann, NUTZEN ziehen. Wenn Sie auf Ihren Grundsätzen beharren, werden Sie dennoch Tadel vermeiden können.

▶ **ZWEITE LINIE**
Da Sie sinnvollen Zielen und Kräften gegenüber aufgeschlossen sind, haben Sie Erfolg in Ihren Unternehmungen. Ihnen mag es als ein außergewöhnlicher Glücksfall erscheinen. Sie können diese günstige Phase ausdehnen, wenn Sie den normalen Rhythmus Ihres Lebens beibehalten. Werden Sie nicht unbesonnen und übermäßig zuversichtlich.

GRUNDLINIE
Sie haben jetzt die Möglichkeit, sich an eine große Aufgabe zu wagen, die Sie zu jeder anderen Zeit vermieden oder nicht in Erwägung gezogen hätten. Der Erfolg ist Ihnen gewiss, wenn Ihre Ziele lohnend sind und anderen NUTZEN können. Überlegen Sie dies sorgfältig. So wird Ihr Ruf ohne Makel bleiben.

Die Entschlossenheit

GUAI

OBERES TEILTRIGRAMM
DUI: SEE

UNTERES TEILTRIGRAMM
KIEN: HIMMEL

OBERES KERNTRIGRAMM
KIEN: HIMMEL

UNTERES KERNTRIGRAMM
KIEN: HIMMEL

HERRSCHENDE LINIEN

Die Kräfte, die Sie gefährden können, lassen sich nun auslöschen. Dies muss ohne an Rückzug zu denken, ganz offen und gewaltlos geschehen. Sie können sich nicht auf einen Kampf mit Ihren Gegnern einlassen, denn indem Sie deren Kräfte anerkennen, verleihen Sie ihnen Macht. Leugnen Sie stattdessen diese Macht, und fassen Sie einen festen, öffentlichen Entschluss, in der Richtung zu arbeiten, die Wohlergehen bringt.

Ein Kompromiss ist nicht möglich. ENTSCHLOSSENHEIT muss von Herzen kommen und sich Ihren Freunden, Ihrer Familie und Gemeinschaft mitteilen. Geben Sie anderen klar Ihre Absichten zu erkennen, Hindernisse zu überwinden. Dies sollte ruhig, heiter und selbstsicher geschehen, sodass Sie einen psychologischen Vorteil daraus ziehen, wie ein Meisterspieler über seinen Widerpart. Solche Kämpfe finden ohne Leidenschaft und Gewalt statt, aber mit innerer Überzeugtheit und Entschlossenheit, die keine Niederlage kennen. Der Kampf sollte so lange andauern, bis Ihrem Fortschritt nichts mehr im Wege steht.

Ihre Beziehungen zur Gesellschaft im Allgemeinen kann es erforderlich machen, Wahrheiten offen zu verkünden. Offene Wahrheit kann zu Gefahr führen, aber, wie Hexagramm 29 betont, kann Gefahr für alle Betroffenen eine sehr gute Sache sein. Dies kann sich auf juristische Dinge beziehen oder auf Ihre Absichtserklärung, eine Änderung herbeizuführen. ENTSCHLOSSENHEIT verlangt friedfertige und gewaltlose Methoden, darum soll Ihre Haltung freundlich, doch kompromisslos sein.

In persönlichen Beziehungen können Sie nunmehr offen einen Entschluss fassen, Schwierigkeiten zu überwinden und in positive Richtung voranzuschreiten. Das wird Ihre Bindungen stärken. Im Umgang mit Kindern gilt es vor allem, Möglichkeiten aufzuzeigen, anstatt sich auf negative Gesichtspunkte zu konzentrieren.

Wenn Sie sich auf Ihre Rechtschaffenheit berufen wollen, versichern Sie sich, dass Sie nicht selbst solche Schwierigkeiten haben, wie die, die Sie lö-

---

Der Herr auf dem fünften Platz (Autorität) führt die anderen Linien, indem er entschlossen die schwache Linie in der obersten Position (Macht) verdeckt.

Die große Macht im unteren Trigramm KIEN, Stärke, wirkt auf das obere Trigramm DUI, Offenheit und Worte, und bringt es zur Reife. Wer dieses Hexagramm in seiner unbewegten Form erhält, dem wird dadurch angezeigt, dass der wahre Kampf im Inneren stattfindet, welche Frage er auch immer gestellt haben mag. Verkünden Sie Ihre ENTSCHLOSSENHEIT, alte Anschauungen über Bord zu werfen und mit neuen Ideen zu experimentieren.

sen wollen. Sie können nicht Korruption mit korrupten Mitteln bekämpfen, Ungerechtigkeit mit eigennützigen Interessen oder Lügen mit hinterlistigen Täuschungen. Bei der Vorbereitung eines öffentlichen Vorsatzes müssen Sie offen alle Aspekte Ihres Selbst überprüfen. Falls Sie voller Selbstzufriedenheit und Stolz sind, legen Sie diese Haltungen ab, um weiter zu wachsen. Wenn Sie mit Gütern und Informationen geizig sind, dann verteilen Sie sie an andere, und umso mehr wird durch Ihre Hände gehen. Wer zu viel hat, kann sich nicht mehr entwickeln.

OBERSTE LINIE
Gefahr droht durch etwas Negatives in Ihnen selbst. Vielleicht durch Selbsttäuschung oder Eitelkeit, die Ihren Blick trüben. Gerade wenn Sie das Gefühl haben, Sie könnten in Ihrer ENTSCHLOSSENHEIT nachlassen und ohne Hilfe weitermachen, geraten Sie in die Irre. Unheil!

▶ FÜNFTE LINIE
Wenn Sie versuchen, starke Widersacher oder Hindernisse zu überwinden, dann sind große ENTSCHLOSSENHEIT und Zielgerichtetheit notwendig. Die Wurzeln dieser Gegner sind weit verzweigt und reichen tief, und sie können immer wieder an die Macht zurückkehren, solange sie nicht vollständig vernichtet sind. Ruhige Gründlichkeit hilft Ihnen weiter.

VIERTE LINIE
Bei Ihrem weiteren Vorwärtsdrängen stoßen Sie auf ein Hindernis nach dem anderen. Ihre ENTSCHLOSSENHEIT hat einen Punkt erreicht, an dem Sie sich nicht zurückhalten können. Wenn Sie sich den schwierigen Zeiten unterwerfen und anderen zu führen gestatten, dann lösen sich Ihre Probleme von selbst. Ein solcher Rat ist aber bedeutungslos, da Sie nicht geführt werden können.

DRITTE LINIE
Ihren Kampf gegen einen Widersacher müssen Sie allein angehen. Obwohl Ihre ganze Umgebung gegen diesen Feind eingestellt ist, bleibt der Kampf dennoch Ihre Aufgabe. Um diese Schwierigkeit zu überwinden, kann es sein, dass Sie sich mit ihr gemein machen. Das sieht schlecht aus, und Sie werden verkannt, doch letztlich bleiben Sie ohne Fehler.

ZWEITE LINIE
Es ist nun am besten, beständig auf der Hut zu sein und innere Kraft zu entwickeln. Verhalten Sie sich so, als wären Sie unablässig in Gefahr. Durch angespannte Aufmerksamkeit gewinnen Sie an Sicherheit und brauchen keine Schwierigkeiten zu fürchten.

GRUNDLINIE
Trotz starker ENTSCHLOSSENHEIT ist der Anfang die schwierigste und gefährlichste Zeit. Vergewissern Sie sich, dass Sie der Aufgabe gewachsen sind, die Sie im Sinn haben. Jetzt könnte ein Fehler zu einem unüberwindbaren Rückfall führen. Überlegen Sie sich das Ganze nochmals.

Die Versuchung

GOU

OBERES TEIL-TRIGRAMM KIEN: HIMMEL

UNTERES TEIL-TRIGRAMM SUN: WIND

OBERES KERN-TRIGRAMM KIEN: HIMMEL

UNTERES KERN-TRIGRAMM KIEN: HIMMEL

HERRSCHENDE LINIEN

(DAS ENTGEGENKOMMEN)

Eine scheinbar harmlose, doch potenziell gefährliche VERSUCHUNG ist aufgetaucht. Wie kann ein so unbedeutendes Element eine Bedrohung für die bestehende Situation darstellen? Sie brauchen sich nur auf diese Versuchung einzulassen, um das herauszufinden. Wenn Sie Ihre Aufmerksamkeit den zwielichtigen Dingen zuwenden, dann räumen Sie ihnen eine Machtstellung ein. Diese Begegnung kann nicht vermieden werden, aber Sie können verhüten, dass sie Einfluss gewinnt.

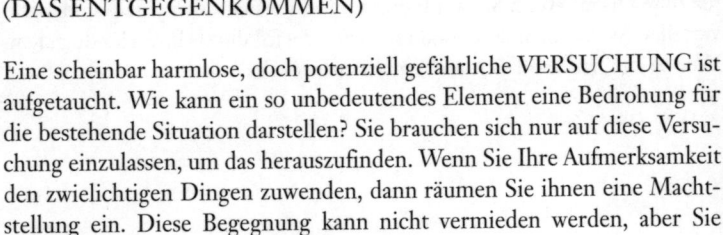

Selbst in einer gesellschaftlichen Umgebung ohne besondere Spannungen sollten Sie sich hüten, sich auf ungute Ideen oder Menschen einzulassen. Machen Sie aus Ihrem Herzen keine Mördergrube. Dies gilt vor allem für politische Angelegenheiten, da dort die Versuchungen die größte Bedrohung darstellen. Geben Sie Menschen, die solche Ideen unterstützen, ungeachtet der Umstände keinen Einfluss. Stellen Sie sich auch gering scheinenden Anforderungen, und setzen Sie sich öffentlich mit Personen auseinander, die falsche Ideale vertreten. Ihre Worte haben jetzt Einfluss. In geschäftlichen Angelegenheiten wirkt sich das, was Sie vorschlagen oder was Ihnen vorgeschlagen wird, hemmend auf die Produktivität aus. Neben der Zeitvergeudung könnte es sich auch noch als gefährlich erweisen. Ob es sich um einen raschen Umsatz von Geld oder um eine Verpflichtung auf ein unsicheres, aber attraktives Angebot handelt, es könnte sehr leicht mehr Schwierigkeiten als Vorteile bringen. Lassen Sie andere wissen, wie Sie dieser Versuchung gegenüber empfinden, und Sie werden mit Ihrem Beispiel ein starke Geschäftspolitik betreiben.

Erwarten Sie in dieser Zeit nicht viel von persönlichen Beziehungen, vor allem nicht von Menschen, mit denen Sie erst seit kurzem bekannt sind. Der Originaltext betont ausdrücklich: „Es ist nicht gut zu heiraten" und nimmt Bezug auf einen Menschen von fragwürdigen Grundsätzen, der

---

Die beiden starken Herrn auf dem zweiten Platz (Eigeninteresse) und dem fünften Platz (Autorität) treffen auf die einzelne, schwache Linie und wehren ihr Eindringen und ihre VERSUCHUNG ab.

SUN, das Durchdringen, im unteren Trigramm der menschlichen Angelegenheiten, steht in Wechselwirkung mit der großen Kraft von KIEN, das Schöpferische, im oberen Trigramm. In der statischen Form kann das Hexagramm VERSUCHUNG eine kraftvolle Wechselwirkung darstellen, wie es beispielhaft im fruchtbaren Zusammenkommen von positiven und negativen Kräften geschieht. Dies mag im Inneren ein Neuaufschwung sein oder in der Außenwelt eine Begegnung von Bedeutsamkeit. Wenn Ihre Haltung keine Arglist einschließt, dann kann VERSUCHUNG den Beginn eines neuen Abschnitts bedeuten.

die Situation ausnutzt. Folgen sind nun schwer zu erkennen, und die Voraussicht ist eingeschränkt. Äußern Sie in Ihren Beziehungen offen Ihre Überzeugungen und Bedürfnisse, und Sie werden die störende VERSUCHUNG vertreiben.

Das Ich mag ganz neue Neigungen finden, die völlig harmlos scheinen. Es ist am allerschwierigsten, diese innere VERSUCHUNG abzuwehren. Üben Sie Selbstdisziplin und halten Sie sich an gewohnte Verhaltensmuster. Mehr als sonst können sich jetzt Kleinigkeiten zu starken inneren Einflüssen auswachsen. Gelegentliche Schwächen sollten tatkräftig unter Kontrolle gebracht werden.

OBERSTE LINIE
Selbst wenn Sie sich von einer Person mit negativem Einfluss abwenden, so existiert sie doch. Man hält Sie für stolz und unzugänglich. Es wäre praktischer und weniger demütigend, sich ruhig zurückzuziehen. Dennoch sind Sie für Ihre Handlungen nicht zu tadeln.

▶ #### FÜNFTE LINIE
Der Erhabene vertraut nun der Korrektheit seiner Grundsätze und der Kraft seines Charakters, um Wirkungen zu erzielen. Er arbeitet gelassen von innen heraus. Sein Wille steht in Übereinstimmung mit den großen Zusammenhängen, und er erreicht sein Ziel.

VIERTE LINIE
Geben Sie sich nicht so unnahbar, dass Sie den Kontakt mit Menschen von geringerem Einfluss verlieren. Irgendwann in der Zukunft könnten Sie ihre Hilfe und Unterstützung brauchen. Wenn Sie die Kommunikation jetzt nicht aufrechterhalten, wird man Ihnen später nicht beistehen – und das wäre eine schlechte Entwicklung.

DRITTE LINIE
Obwohl Sie versucht sind, sich in eine schlechte Situation zu begeben, werden Sie gegen Ihren Willen zurückgehalten. Sie müssen nun diesen unentschiedenen Konflikt lösen. Bedenken Sie alle Gesichtspunkte, damit Sie Irrtümer vermeiden.

▶ #### ZWEITE LINIE
Lassen Sie die Situation nicht entgleiten. Kontrollieren Sie vorsichtig die schwachen Punkte, und geben Sie ihnen keine Möglichkeiten, sich zu zeigen. Wenn sie für andere erkennbar werden, können sich die Dinge ungesteuert entwickeln.

GRUNDLINIE
Sie haben die Gelegenheit, ein unangenehmes Element in die Schranken zu weisen und ein Wachsen seines Einflusses zu verhüten. Lassen Sie sich nicht in VERSUCHUNG führen, den Dingen eine natürliche Entwicklung zu gestatten. Wenn Sie dies ignorieren, wird ein beträchtliches Problem entstehen. Handeln Sie jetzt.

Die Sammlung

TSUI

**OBERES TEIL-TRIGRAMM
DUI: SEE**

**UNTERES TEIL-TRIGRAMM
KUN: ERDE**

**OBERES KERN-TRIGRAMM
SUN: WIND**

**UNTERES KERN-TRIGRAMM
GEN: BERG**

**HERRSCHENDE
LINIEN**

Die SAMMLUNG einer Gruppe ist die Grundlage dieser Situation. Die Mitglieder dieser Gruppe vereinen sich um gemeinsamer Verpflichtungen oder Ziele willen. Die SAMMLUNG kann eine Neuvereinigung von Menschen mit einem gemeinsamen Erbe, etwa einer Familie oder einer religiösen Gemeinschaft, sein oder ein künstliches Gebilde gesellschaftlicher, geschäftlicher oder politischer Zielsetzung.

Der Hauptschlüssel zum Verständnis und zum harmonischen Handeln in dieser Zeit liegt in der Betrachtung des Mittelpunkts. Bei jeder Zusammenkunft gibt es einen Führer und/oder ein gemeinsames Ziel. Ob Sie dieser Führer sind oder einer von mehreren, die für das Erreichen eines Zieles kämpfen, so ist Ihr Einsatz für diese Versammlung sowohl für Ihr persönliches Wohlergehen als auch für das der Gruppe von ungeheurer Wichtigkeit. Während der Zeit der SAMMLUNG muss jedes Mitglied der Gruppe die Einheit aufrechterhalten und dafür sorgen, dass überall eine einfühlende Verbindung besteht. Missklänge zwischen Mitgliedern, die aus abweichender Zielen entstehen, werden die Gruppe unterhöhlen. Starke Bande müssen durch das Festhalten an geeigneten moralischen Grundsätzen gepflegt und gestärkt werden und ständig zu noch größeren Taten anspornen.

In Geschäftsangelegenheiten und Gruppenpolitik müssen Sie sichergehen, dass die gesetzten Ziele ehrenhaft sind, damit Sie Ihren Führern vertrauen können. Sie können sich einflussreichen Menschen erfolgreich nähern, Sie müssen jedoch von Grund auf ehrlich sein und sich verpflichtet fühlen, da von Ihnen vielleicht ein Opfer verlangt wird, um das allgemeine Ziel zu erreichen. Wenn Sie dieses Opfer bringen wird sich das günstig für Sie auswirken.

Der Herr auf der vierten Position (soziales Bewusstsein) richtet sich nach dem Herrn auf der fünften Position (Autorität) und schafft dadurch ein geordnetes Zusammentreffen.

Das Trigramm DUI, die Freunde, erfährt vollkommene Verwirklichung, wenn KUN, die umfassende Empfänglichkeit allen Menschen gegenüber, die Basis bildet. In seiner unbewegten Form bedeutet das Hexagramm SAMMLUNG, dass Ihre Ziele, Ihre Entwicklungsmöglichkeiten und selbst Ihr Glück in irgendeiner Weise an eine Gruppe gebunden sind. In dieser Lage handeln Sie klug, wenn Sie sich ganz in die Ordnung und Unternehmungen der Gruppe eingliedern. Um größten Erfolg zu erzielen, halten Sie sich an den Führer und unterstützen Sie ihn, wodurch Sie zugleich die Gruppe stärken und Ihre Sicherheit festigen.

Persönliche Beziehungen können jetzt ausgebaut werden. Sie können Ihr Stellung in der Gesellschaft oder der Familie gut erkennen. Selbstbeobachtung in einer Gruppe kann Ihre Bewusstseinserweiterung beschleunigen. Der chinesische Kommentar betont, dass, „wenn man darauf blickt, was sie sammeln, man die Verhältnisse von Himmel und Erde und allen Wesen schauen kann".

Auch innerhalb des Selbst gibt es eine zentrale Kraft des Charakters, die Gedanken und Handlungen zusammenbringt. Wenn Sie nicht mit Ihren Zielen übereinstimmen, werden Sie ein Gefühl der Unentschiedenheit, des Widerspruchs und Unbehagens spüren, doch wenn Sie mit Ihren Zielen in Einklang sind, werden Sie Vertrauen und Wohlergehen empfinden.

OBERSTE LINIE
Jeder Versuch der SAMMLUNG wird zurückgewiesen. Dies wird Sie entmutigen, da Ihre Absichten verkannt werden. Wenden Sie Ihre Aufmerksamkeit nach innen, um die Bedeutung dieses Missklangs zu ergründen. Eine innere Einigkeit wird Ihre Position stärken, und schließlich wird die Einheit noch möglich sein.

▶ FÜNFTE LINIE
Die Person in dieser Stellung hat ziemlich große Macht und Einfluss in der Gruppe. Viele schließen sich ihr deswegen an. Sie muss jedoch weiterhin ihre Charakterstärke und Führungsqualität beweisen, um das Vertrauen der ganzen Gruppe zu gewinnen. Auf diese Weise kann sie ihre Ziele erreichen.

▶ VIERTE LINIE
Sie kommen mit anderen um eines größeren Zieles willen zusammen. Solchem Opfer ist persönlicher Erfolg beschieden.

DRITTE LINIE
Ein Bedürfnis nach Anschluss wird durchkreuzt. Die Gruppe ist geschlossen, und Sie werden sich beschämt fühlen, wenn Sie weiterhin versuchen, zu ihr Zugang zu finden. Falls es ungeheuer wichtig für Sie ist, können Sie Ihr Ziel erreichen, indem Sie sich einem einflussreichen Mitglied der Gruppe anschließen.

ZWEITE LINIE
Sie können sich auf geheimnisvolle Weise von gewissen Menschen oder Unternehmungen angezogen fühlen, auch wenn es nicht das ist, was Sie sich eigentlich vorgenommen hatten. Geben Sie diesem Drang nach. Hier wirken umfassendere Kräfte, und Erfolg stellt sich ein, wenn Sie sich ihnen unterwerfen.

GRUNDLINIE
Ihr Zögern, sich anderen anzuschließen und sich den gemeinsamen Zielen zu verpflichten, schafft Unentschlossenheit in Ihrem Leben. Sie werden das Problem nur dann lösen, wenn Sie in das Zentrum vorstoßen. Halten Sie sich an den Führer oder die zentral treibende Kraft. Wenn Sie nun um Hilfe bitten, werden Sie sie erhalten.

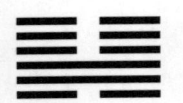

Der Aufstieg

SCHONG

**OBERES TEILTRIGRAMM
KUN: ERDE**

**UNTERES TEILTRIGRAMM
SUN: WIND**

**OBERES KERNTRIGRAMM
DSCHEN: DONNER**

**UNTERES KERNTRIGRAMM
DUI: SEE**

**HERRSCHENDE
LINIEN**

(DAS EMPORDRINGEN)

Sie erfahren einen AUFSTIEG Ihres persönlichen Einflusses und Ihres Ansehens, da Ihre bescheidene, beharrliche Handlungsweise zur rechten Zeit mit den entscheidenden Kräften in Einklang gebracht wurde. Der künftige Erfolg hat gewaltigen Umfang, da das Fundament, auf dem er beruht, über einen angemessenen Zeitraum hinweg mit Hingabe errichtet wurde und da die Zeit überaus günstig ist für die Ziele, die Sie erwägen.

Ziehen Sie Vorteil aus Ihrer begünstigten Lage, indem Sie diese Phase zu Kontakten mit Menschen nutzen, die sich in einflussreichen Stellungen befinden. Lassen Sie sich nicht verängstigen oder einschüchtern. Ein selbstsicherer und vertrauensvoller Kontakt mit Ihren Vorgesetzten wird ein erfolgreiches Echo haben. Bleiben Sie nicht bei Ihren bisherigen Bemühungen stehen, da unablässige Aktivität vonnöten ist, um aus Ihrem AUFSTIEG die günstigsten Ergebnisse zu erzielen. Bei beharrlicher Willenskraft wird ihr Glück Ihnen treu bleiben.

Sie können eine Beförderung oder einen AUFSTIEG in politischen oder geschäftlichen Angelegenheiten erwarten. Da Sie in der Vergangenheit bereit waren, sich intensiv mit den anstehenden Problemen zu befassen, erlangen Sie nun Vorteile, die möglicherweise Ihre Erwartungen übertreffen. Ihre Vorgesetzten gehen auf Ihre Wünsche ein, und Sie gewinnen persönliche Anerkennung.

Solche Anerkennung deutet sich auch in gesellschaftlichen Angelegenheiten an. Ein AUFSTIEG in Ihrer gesellschaftlichen Stellung steht bevor, womöglich sogar unerwartet. Tun Sie sich mit anderen zu Gemeinschaftsprojekten zusammen, und führen Sie diese aus. Sie werden jetzt instinktiv solche Vorhaben wählen, die im Einklang mit der Struktur und den Erwartungen der Gesellschaft stehen. Das wird Ihnen Ansehen verschaffen.

Ihr AUFSTIEG und die Zunahme Ihres Einflusses wird Ihre persönlichen Beziehungen nicht überschatten oder bedrohen, sondern eine ge-

---

Die herrschende Linie auf dem fünften Platz (Autorität) ist gebrochen und daher empfänglich für das ungewöhnlich feste Voranschreiten auf dem zweiten Platz (Eigeninteresse).

Das obere Trigramm KUN, die Zugänglichkeit, gestaltet eine empfängliche Atmosphäre für die Reifung von SUN, die kleinen und beständigen Bemühungen, im unteren Trigramm. Ohne bewegte Linien wird der AUFSTIEG nur mit einer sorgfältigen und langfristigen Näherung an den Gegenstand Ihrer Befragung eintreten. Sie können nicht erwarten, mit einem einzigen schwungvollen Satz einen Riesenschritt auf Ihr Ziel hin zu tun, sondern müssen mit Bescheidenheit und Fleiß ein stabiles Fundament legen, von dem aus Sie dann Ihr Ziel erreichen können.

deihliche emotionale Atmosphäre schaffen. Jetzt gelingt Ihnen der wirkliche Durchbruch in der Kommunikation mit Ihnen nahe stehenden Menschen. Wenn Sie diese aktiv betreiben, so entwickeln Sie noch stärkere Bindungen.

Ihre Arbeit an sich selbst ist nun auf den Willen konzentriert. Sie müssen sich klar machen, was getan werden muss, und es unermüdlich ausführen. Durch Selbstdisziplin kann nun das Fundament für einen starken Willen geschaffen werden. Dies führt sowohl zu unmittelbarem Erfolg als auch zu lang andauernder Charakterstärke.

OBERSTE LINIE
AUFSTIEG ohne beständiges Neubewerten und Differenzieren kann leicht zum blinden Drang werden. Solches Verhalten führt Sie sicher in gefährliche Irrtümer, und nur ein äußerst wachsames und gewissenhaftes Vorgehen kann Sie vor Schaden bewahren.

▶ FÜNFTE LINIE
Sie erreichen Ihre Ziele durch schrittweises Vorgehen. Lassen Sie sich die bevorstehenden Erfolge nicht zu Kopf steigen und handeln Sie nicht ungestüm. Setzen Sie Ihren Weg mit der Gründlichkeit fort, die Sie zum Erfolg geführt hat.

VIERTE LINIE
Ihr Fortschritt steigert sich, und Ihre Vorstellungen können sich nun erfüllen. Bleiben Sie bei Ihren Grundsätzen, und halten Sie sich an die bewährten Traditionen.

DRITTE LINIE
Sie können nun vollkommen mühelos voranschreiten – vielleicht zu mühelos. Diese plötzliche Leichtigkeit kann Sie in Zweifel stürzen. Ein wenig Wachsamkeit ist nun vorteilhaft, solange Sie Ihren Fortschritt dadurch nicht zum Stillstand bringen.

ZWEITE LINIE
Trotz Ihrer bescheidenen Mittel können Sie nun Ihr Ziel erreichen. Menschen in maßgeblicher Position werden durch Ihre Aufrichtigkeit beeindruckt, ungeachtet Ihres Mangels an traditionellen Einstellungen.

GRUNDLINIE
In Bezug auf Ihre Frage sind Sie in einer schwachen Position. Trotzdem gibt es eine natürliche Übereinstimmung mit Personen, die Ihnen überlegen sind. AUFSTIEG und Beförderung sind durch Fleiß von Ihrer Seite möglich und werden Vertrauen in ihre Fähigkeiten wecken. Erfolg!

Die Bedrängnis

KUN

**OBERES TEILTRIGRAMM
DUI: SEE**

**UNTERES TEILTRIGRAMM
KAN: WASSER**

**OBERES KERNTRIGRAMM
SUN: WIND**

**UNTERES KERNTRIGRAMM
LI: FEUER**

**HERRSCHENDE
LINIEN**

Alle physischen Vorgänge sind natürliche Vorgänge und unterliegen den Abläufen von Aufstieg und BEDRÄNGNIS. Auch die menschlichen Situationen folgen diesen Abläufen. Es ist ein Missverständnis, das von Menschenhand Geschaffene als unnatürlich anzusehen, und solche falschen Vorstellungen trennen das Individuum von seinem TAO. Es ist von sehr großer Bedeutung, diesen Zusammenhang zu erkennen.

Aufstieg ist in BEDRÄNGNIS übergegangen. Die Zeit der Schwierigkeit entspricht dem natürlichen Lauf der Dinge. Sie birgt echte Probleme, doch können diese mit der richtigen Einstellung ertragen werden, und außergewöhnlichen Menschen können sie sogar Erfolg bringen. Wenn Sie in BEDRÄNGNIS geraten, sollten Sie versuchen, gelassen und optimistisch zu bleiben. Halten Sie Ihre Ängste unter Kontrolle. Wenn Sie sich Unsicherheiten überlassen, werden Sie dem Druck erliegen. Die Chinesen zeigen, wie solche Ereignisse zu überwinden sind: „So setzt der Edle sein Leben daran, um seinem Willen zu folgen."

In allen weltlichen Angelegenheiten ist für einen Erfolg außergewöhnlicher Wille nötig. Das Hauptproblem besteht im Moment darin, dass Ihre Worte keinen Einfluss auf andere haben oder gar nicht geglaubt werden. Verlassen Sie sich, um Feindschaft und Verwirrung zu vermeiden, aufs Handeln. Gehen Sie sparsam mit Worten um, und lassen Sie Ihre Taten für sich sprechen. Durch Ihr Schweigen hindurch wird man Ihre Charakterstärke und Entschlossenheit erkennen.

Bei der Einschätzung geschäftlicher und politischer Dinge sollten Sie bedenken, dass diese Zeit von den Chinesen mit einem Baum verglichen wird, der an einem engen Ort wächst, wo er seine Äste nicht ausbreiten kann. Nur mit Willen und Beständigkeit kann diese BEDRÄNGNIS überwunden werden. Rückwärts gerichtete Tendenzen oder äußerer Druck dürfen Ihre Zuversicht und Ihren Optimismus nicht hemmen.

Der starke Herr im Zentrum des unteren Trigramms der menschlichen Angelegenheiten wird von beiden Seiten durch schwache Linien bedrängt. Der starke Herr im Zentrum des oberen Trigramms der kosmischen Ideale wird von oben her eingeschränkt.

DUI, Freude, im oberen Trigramm der kosmischen Ideale steigt empor und gelangt außer Reichweite von KAN, Schwierigkeit, im unteren Trigramm der menschlichen Angelegenheiten. Wenn Sie das Hexagramm ohne bewegte Linien erhalten, darin bedeutet das, dass Sie hinsichtlich Ihrer Frage bis zur Erschöpfung unter Druck stehen. Fortwährende BEDRÄNGNIS führt zu wachsender Entmutigung. Nichts, was Sie sagen, bewirkt etwas, und Sie können nur wenig tun, um die Situation entscheidend zu ändern. Nur innere Stärke kann Ihnen helfen auszuhalten.

Persönliche Beziehungen können unter der Last der BEDRÄNGNIS leiden. Wenn sich zwei Menschen in einer bedrückenden Situation befinden, müssen sich beide dem Bestand der Beziehung verpflichtet fühlen, um die Schwierigkeit mit Erfolg zu überwinden. Auch hier haben Worte kein Gewicht und stiften häufig eher Verwirrung als Klarheit.

Sowohl Ihre innere Entwicklung als auch Ihre physische Gesundheit können von BEDRÄNGNIS profitieren, wenn Sie Ihrer Zielsetzung treu bleiben. Vergessen Sie nicht, dass alles verloren ist, sobald Sie innerlich aufgeben, und verbannen Sie daher negative oder pessimistische Gedanken. Da Ihnen Einfluss nach außen versagt ist, wird Ihre innere Entwicklung nun zum Brennpunkt. In dem Maß, in welchem Sie um Überwindung der Schwierigkeiten kämpfen, wird Ihr Charakter gestärkt.

OBERSTE LINIE
Ziehen Sie nicht aus Schwierigkeiten der jüngsten Vergangenheit Schlüsse über die Zukunft. Wenn Sie zynisch oder eigensinnig geworden sind, ist das sehr schlecht für Sie. Verbessern Sie Ihre Grundhaltung, dann wird auch die Situation sich bessern.

▶ FÜNFTE LINIE
In Ihrer Umgebung herrscht ein frustrierender Mangel an Information. Die Bürokratie hemmt den Fortschritt. Wer Hilfe brauchte, ist gescheitert. Alles, was Sie tun können, ist Ruhe bewahren und warten, bis die versprochene Wende zum Besseren eintritt.

VIERTE LINIE
Ihr Fortschritt wird durch Ihre Stellung in der Situation verlangsamt. Obwohl Ihre Absichten gut sind, werden Sie durch Versuchungen von Ihrem Weg abgebracht. Es gibt eine gewisse Demütigung, aber schließlich werden Sie Ihr Ziel erreichen.

DRITTE LINIE
Sie lassen sich unnötigerweise unter Druck setzen. Sie setzen Vertrauen in Dinge, die Ihnen nicht helfen können. Sie sind unfähig, Ihre Prioritäten zu sehen, obwohl sie offensichtlich sind. Dies führt zu Unheil.

▶ ZWEITE LINIE
Die BEDRÄNGNIS, der Sie nun gegenüberstehen, ergibt sich aus Langeweile. Verwöhnung und Genuss werden Ihnen zu leicht zuteil. Versuchen Sie, sich einer sinnvollen Sache zu widmen. In altruistischen Handlungen liegt Befreiung.

GRUNDLINIE
Sie sind in Gefahr, in eine Falle zu gehen, die aus einer bedrängenden Situation entspringt. Zu der Falle haben Sie selbst durch Ihre Verzagtheit beigetragen. Verzagtheit schafft eine Kette von Fehlschlägen, die sich fortsetzen wird, wenn sie jetzt nicht unterbrochen wird.

Die Quelle

DSING

OBERES TEILTRIGRAMM
KAN: WASSER

UNTERES TEILTRIGRAMM
SUN: WIND

OBERES KERNTRIGRAMM
LI: FEUER

UNTERES KERNTRIGRAMM
DUI: SEE

HERRSCHENDE LINIEN

(DER BRUNNEN)

Dieses Hexagramm bedeutet die tiefe, unerschöpfliche, im Göttlichen wurzelnde QUELLE der Nahrung und Sinngebung für den Menschen. Mag jemand auch die verschiedensten philosophischen Lehren studieren und alle möglichen gelehrten Ziele verfolgen, mag er seine Erkenntnis in tausenderlei Art verändern – er muss stets zur QUELLE seiner wahren Natur zurück, um Erfüllung zu finden. Der chinesische Originaltext beschreibt dieses Hexagramm als den Brunnen. Es heißt dort: „Man mag die Stadt wechseln, aber kann nicht den Brunnen wechseln." Die QUELLE enthält die Gesamtwahrheit der Menschheit und wird aus dieser geboren. Sie empfängt aus der Erfahrung des Einzelnen und gibt der Natur des Einzelnen. Der Versuch, an die QUELLE der Menschheit vorzudringen, kann als das Hauptthema der chinesischen Philosophie gesehen werden. Chinas großer Philosoph Konfuzius sagt: „Wenn man sich der Menschheit widmet, kann man sich vom Bösen befreien." Der klassische Text betont, dass es Unheil bringt, wenn man das Hexagramm nicht vollständig ergründet.

Die QUELLE betrifft ganz besonders die gesellschaftlichen und politischen Systeme. Derartige Organisationen müssen auf die Voraussetzungen der menschlichen Natur abgestimmt sein. Eine solche organische Ordnung wird vom Volk als angemessen empfunden, da seine Bedürfnisse und Vorurteile berücksichtigt sind. Nur eine außergewöhnliche Persönlichkeit vermag andere auf diese Weise zu organisieren. Sollten Sie ein derartiger Führer sein, so tragen Sie Sorge, die wahren Gefühle Ihrer Mitmenschen zu erkennen. Ohne einen solchen Sinn für Menschlichkeit ist keine gute Regierung möglich und Unheil ist die Folge. Es herrschen Chaos und Verwirrung in der Gesellschaft, weil der Führer für die Ausführung des „Plans" nicht der Richtige ist. Den Richtigen erkennt man daran, dass er die von ihm Geführten inspirieren kann. Er bestärkt sie in ihren persönlichen Vorhaben und fördert Zusammenarbeit.

Der Herr im oberen Trigramm der kosmischen Ideale ist stark. Er versteht und nährt das ganze Hexagramm.

SUN, das Durchdringende, im unteren Trigramm der menschlichen Angelegenheiten steigt empor in den Bereich von KAN, das Tiefe. Ohne wandelbare Linien bedeutet die QUELLE, dass es die Mitarbeit anderer erfordert, um Ihr Ziel zu erreichen. Versäumen Sie nicht, jenen Aspekt der menschlichen Natur zu ergründen, der in dieser Situation wirkt, und nutzen Sie diese Einsicht, um andere zu organisieren und Ihren Plan zu vollenden.

Versuchen Sie in gesellschaftlichen Dingen ein intuitives Verständnis für die Natur Ihrer Mitmenschen zu entwickeln. Wenn Sie versuchen, andere zu beurteilen, ohne an die QUELLE ihrer menschlichen Instinkte vorzudringen, bleiben Ihre Beobachtungen flach. Achten Sie jedoch darauf, dass Sie sich nicht in übermäßigen Verallgemeinerungen oder dogmatischem Denken verlieren. Das Thema „Mensch" hat unzählige Variationen.

In Ihren persönlichen Beziehungen sollten Sie versuchen, die biologischen und soziologischen Einflüsse zu erkennen, welche Menschen zusammenbringen. Es gibt allgemein gültige Kriterien, nach denen gewisse Einzelpersonen zusammenkommen. Wenn Sie die QUELLE dieser Kriterien und ihre Natur erkennen, bekommen Sie Klarheit, wohingegen eine kurzsichtige Betrachtungsweise zu dieser Zeit Unheil bringt.

OBERSTE LINIE
Zusammen mit anderen werden Ihnen zuverlässige Ratschläge und außergewöhnliche Erfüllung zuteil. Das bedeutet großes Glück.

▶ FÜNFTE LINIE
Sie haben alle denkbaren Möglichkeiten, um Einsicht und Weisheit zu erlangen. Diese Gabe ist das Zeichen eines unvergleichbaren Führers. Solche Möglichkeiten müssen allerdings auch in Ihrem täglichen Leben angewendet werden, damit sich die Entwicklung fortsetzt.

VIERTE LINIE
Jetzt ist es Zeit für Sie, sich zurückzuziehen und Ihre Ziele neu abzustecken. Das bedeutet, dass Sie an den Angelegenheiten anderer nicht aktiv teilnehmen. Indem Sie allerdings Ihr Leben in Ordnung bringen, werden Sie später fähig sein, einen umso größeren Beitrag zu leisten.

DRITTE LINIE
Es kann sein, dass Sie eine Möglichkeit verkennen oder dass Sie und Ihre Fähigkeiten von anderen verkannt werden. Dies ist sehr ungünstig. Wenn dies irgendwie klar werden könnte, würden Sie und Ihre gesamte Umgebung Vorteile davon haben.

ZWEITE LINIE
Da Sie möglicherweise Ihre Fähigkeiten und Talente nicht nützlich einsetzen, verbringen Sie Ihr Leben unbemerkt. Wenn Sie von Ihren Zeitgenossen nicht aufgesucht und herausgefordert werden, verlieren sich Ihre Talente. Wenn es dann wichtig wird, können Sie Ihre Funktion nicht erfüllen.

GRUNDLINIE
Sie verlassen sich zu sehr auf Ihre eigenen Meinungen und Wahrnehmungen und haben daher anderen wenig Einsicht und Unterstützung zu bieten. Wenn es mit anderen keinen Austausch mehr gibt, dann sind Sie bald vergessen.

Die Umwälzung

GO

OBERES TEIL-
TRIGRAMM
DUI: SEE

UNTERES TEIL-
TRIGRAMM
LI: FEUER

OBERES KERN-
TRIGRAMM
KIEN: HIMMEL

UNTERES KERN-
TRIGRAMM
SUN: WIND

HERRSCHENDE
LINIEN

(DIE REVOLUTION)

Die in dieser Situation wirksamen Kräfte befinden sich im Konflikt: einer UMWÄLZUNG ist damit der Weg geebnet. Doch die Arbeit an einer solchen UMWÄLZUNG ist ebenso schwierig wie notwendig. Die Menschen fürchten sich vor Veränderungen wegen ihrer nicht vorhersehbaren Auswirkungen auf die Zukunft, daher ist es wirklich eine ernste Angelegenheit, wenn sich ein echtes Bedürfnis nach UMWÄLZUNG bemerkbar macht. Klarheit, Vorausschau und große Hingabe sind erforderlich. Bei richtiger Handhabung kann das Ergebnis jedoch eine fortschrittliche neue Ära herbeiführen.

Um in der gegenwärtigen Situation Stillstand und Verfall zu vermeiden, kann eine UMWÄLZUNG nötig werden. Überzeugen Sie sich zunächst, dass dies tatsächlich der Fall ist. Untersuchen Sie den Zeitgeist. Sprechen Sie mit anderen, und vergewissern Sie sich, dass es sich nicht um eine vorübergehende Laune, eine schwelgerische Einbildung oder selbstbezogene Motivation handelt. Keine UMWÄLZUNG sollte ohne zwingende Notwendigkeit stattfinden.

Der Wandel sollte schrittweise erfolgen, Verbesserung für Verbesserung, damit Sie die Auswirkungen einschätzen können. Vermeiden Sie Hast und übertriebenes Verhalten. Dies ist keine gewalttätige Revolution, sondern eine sorgfältig berechnete Umwandlung. Große Ausdauer ist vonnöten, um diese lebenswichtige Veränderung durchzuführen, weswegen Korrektheit der wichtigste Faktor sowohl für den Erfolg als auch für Ihre weitere Glaubwürdigkeit ist.

Schließlich ist das Entscheidende bei diesem Vorhaben Ihre Zeitplanung. Da die Ergebnisse nicht erkennbar sind, bevor die Veränderung tatsächlich stattgefunden hat, ist es äußerst schwierig, die Schritte zu begründen. Wenn die konstruktiven Aspekte Ihrer Tätigkeit erkennbar werden,

Der starke Herr auf dem fünften Platz befindet sich in einer Position der Autorität und bewirkt Veränderung. Er entspricht der nachgebenden Linie auf dem zweiten Platz (Eigeninteresse) und wirkt zusammen mit der obersten Linie der Weisheit.

Zwischen den Teiltrigrammen findet ein Kampf statt. Das obere Trigramm DUI, die Befriedigung, wird von dem unteren Trigramm LI, die Klarheit, angegriffen. In ihrer statischen Form bedeutet die Zeit der UMWÄLZUNG, dass Sie zwar nicht wissen, was zu tun ist, aber dennoch wissen, dass etwas getan werden muss. Das beste, was Sie tun können, ist, sehr wachsam zu sein und sehr sorgfältig auf die sich ändernden Stimmungen in Ihrer Umgebung zu achten. Dies hilft Ihnen zu ermessen, von woher Sie Unterstützung bei der Durchführung Ihrer Ziele erwarten können.

gewinnen Sie das Vertrauen anderer. Die Kritik, deren Ziel Sie möglicherweise waren, verstummt nun, und Ihr Einfluss wächst.

Es ist möglich, dass auch Ihre persönlichen Beziehungen einer UMWÄLZUNG bedürfen. Es kommt hier vielleicht zu Interessenkonflikten oder auch aggressiven Versuchen, die Beziehung zu steuern. Das liegt am Bedürfnis nach einem einzigen, wohl geordneten Konzept. Falls Ihnen die Dinge vollständig entgleiten, sollten Sie eine Änderung der gesamten Beziehung erwägen. Es wird einige Zeit und Mühe in Anspruch nehmen, alle äußeren Elemente Ihres Lebens mit diesem neuen Standpunkt in Einklang zu bringen, aber der Erfolg ist Ihnen am Ende sicher.

OBERSTE LINIE
Das große Ziel ist erreicht und lediglich Einzelheiten sind noch zu korrigieren. Obwohl Sie Beschränkungen in der neuen Lage sahen, dürfen Sie keine Missklänge durch einen Drang nach Perfektion hervorrufen. Versuchen Sie Befriedigung in dem zu finden, was jetzt möglich ist, und stabilisieren Sie Ihr Leben.

▶ FÜNFTE LINIE
Blicken Sie sich um, und Sie werden merken, dass Ihre Handlungen von anderen spontan unterstützt werden. Sie sind genau in der richtigen Stellung, um die Situation entscheidend zu ändern. Vertrauen Sie Ihrer Eingebung.

VIERTE LINIE
Eine radikale Veränderung steht bevor. Wenn Ihre Stellung korrekt ist, Ihre Motive Wert haben und Sie angemessen vorbereitet sind, dann wird die neue Situation großes Glück bringen.

DRITTE LINIE
Gehen Sie die Veränderung nicht überhastet an, denn das hat schlechte Folgen. Doch wenn Sie zögern oder die Möglichkeit einer Veränderung abstreiten, begeben Sie sich selbst in Gefahr. Seien Sie offen und diszipliniert. Wenn sich die Notwendigkeit der UMWÄLZUNG unzweifelhaft erwiesen hat und wenn Sie die Auswirkungen durchdacht haben, dann können Sie anfangen.

ZWEITE LINIE
Sie haben einen Punkt erreicht, an dem eine Veränderung sowohl notwendig als auch zeitgerecht ist. Um sie herbeizuführen, bedarf es einer genauen Vorstellung vom angestrebten Ergebnis und einer vollständigen Verpflichtung an die Sache. Mit dieser Einstellung werden Sie Erfolg haben, Sie werden zusätzlich Unterstützung durch andere finden.

GRUNDLINIE
Halten Sie sich zurück, denn Sie wissen nicht genau, ob dies die passende Zeit zum Handeln ist. Warten Sie, bis Sie sicher sind. Ein wenig Mäßigung wird jetzt Gutes bewirken, während verfrühte Handlungen Schwierigkeiten mit sich bringen.

Die kosmische Ordnung

DING

OBERES TEIL-
TRIGRAMM
LI: FEUER

UNTERES TEIL-
TRIGRAMM
SUN: WIND

OBERES KERN-
TRIGRAMM
DUI: SEE

UNTERES KERN-
TRIGRAMM
KIEN: HIMMEL

HERRSCHENDE
LINIEN

(DER TIEGEL)

Die Bedeutung des Begriffs KOSMISCHE ORDNUNG bezieht sich auf das Verhältnis der Entwicklung Einzelner zu den Forderungen des Kosmos. Befinden sich die beiden im Gleichklang, darin ist KOSMISCHE ORDNUNG vorhanden: Die menschlichen Möglichkeiten werden gesteigert und viele Dinge gedeihen. Solcher Gleichklang zeigt sich in der nutzbringenden Beziehung zwischen einem Menschen und seinem Vorgesetzten oder zwischen der Gesellschaft und ihren Führern. Gelehrte sehen in diesen Hexagrammen einen deutlichen Hinweis auf das Vorhandensein solch harmonischer Übereinstimmung.*

Zu dieser Zeit fällen die führenden Persönlichkeiten und Politiker kluge und wohl angesehene Entscheidungen. Geschäftliche Dinge florieren, da Sie die Nachfrage Ihres Marktes befriedigen. Allgemein kann man sagen, dass die Vorstellungen, die Sie im Augenblick am höchsten bewerten, tatsächlich höchst wertvoll sind. Welche Opfer Sie auch zur Erreichung Ihres Ziels bringen müssen, sie werden belohnt und ihr Erfolg wird den Wert Ihrer Absichten bestätigen und dadurch Ihre Zuversicht stärken. Falls Sie Künstler sind, werden Ihre Werke das Publikum anregen und inspirieren.

Persönliche und familiäre Beziehungen können neue gesellschaftliche Bedeutung gewinnen. Zusammen gelingt Ihnen jetzt vieles und die Ausstrahlung, die von Ihrer wechselseitigen Übereinstimmung ausgeht, beeindruckt Ihre Gemeinschaft. Gleichzeitig verfestigen sich Ihre Beziehungen. In einer Zeit wie dieser sollten Sie Ihre Persönlichkeit den großen Zusammenhängen anpassen. Es gibt Bereiche in jedem Einzelnen, die von vornherein festgelegt sind, so, wie auch den Naturkräften Grenzen gesetzt sind. Es fällt gerade den westlichen Menschen nicht leicht, diesen Gedanken zu

---

Der nachgebende Herr in der fünften Position (Autorität) ist empfänglich für die Linien darunter und wird vom mächtigen Herrn in der obersten Position (Weisheit) bestärkt. So entsteht KOSMISCHE ORDNUNG.

Wenn das Hexagramm KOSMISCHE ORDNUNG in seiner unbewegten Form erhalten wird, darin bedeutet das, dass jene, mit denen Sie verbunden sind, wie auch Sie selbst Erfolg haben werden. SUN, die kleinen Bemühungen, im unteren Trigramm der menschlichen Angelegenheiten trifft oben auf LI, die Klarheit, und wird erleuchtet. Ihre gesamte Umgebung, die religiöse, soziale, politische oder familiäre, entwickelt sich im Einklang mit dem Kosmos.

* Richard Wilhelm sagt in seiner Übersetzung des I GING zu diesem Hexagramm: „Alles Sichtbare muss sich steigern und fortsetzen ins Unsichtbare hinein. Dadurch bekommt es die rechte Weihe und rechte Klarheit und wurzelt in den Weltzusammenhängen fest."

akzeptieren, doch ein Annehmen dieser Gegebenheiten kann die Persönlichkeit sehr stärken. Sie beginnen zu erkennen, was Sie tatsächlich erreichen können, und verschwenden keine wertvollen Energien an das Unmögliche, d.h. an jene Gegenstände, welche sich unter den Bedingungen Ihres Lebens nicht im Einklang mit der kosmischen Ordnung befinden.

Wenn es Ihnen gelingt, Ihre Ziele und Wünsche mit den Bedürfnissen und Strömungen des Kosmos in Gleichklang zu bringen, werden bedeutende Taten möglich. Das BUCH DER WANDLUNGEN ist hier von großem Wert, da es ihre Stellung im Gesamtzusammenhang der Dinge offenbart.

▶ OBERSTE LINIE
Es herrscht nun allgemein eine Atmosphäre von Klarheit und Größe. Alle Umstände sind günstig. Das innere Selbst hat ein hoch entwickeltes Stadium erreicht. Alle werden ihren Nutzen daraus ziehen.

▶ FÜNFTE LINIE
Jemand in maßgebender Position, der bescheiden und empfänglich ist, wird weitere Fortschritte in der Entwicklung seines Charakters machen. Er wird Einsichten und Weisheit erlangen. Er sollte fortfahren, seine Erkenntnisse zu erweitern.

VIERTE LINIE
Sie haben nicht die Fähigkeit, die Ziele zu erreichen, die Sie anstreben. Sie waren in Ihrer Selbsteinschätzung nicht realistisch. Es fehlt Ihnen entweder Energie, Pflichtbewusstsein, Information oder Unterstützung. Wenn Sie Ihre Pläne weiterführen, beschwören Sie eine Katastrophe herauf.

DRITTE LINIE
Ihre Talente werden nicht genutzt, weil sie nicht erkannt werden. Dies mag an Fehlern Ihrerseits liegen. Bewahren Sie Ihre positive Einstellung zu sich selbst, und die Dinge wandeln sich zum Besseren.

ZWEITE LINIE
Sie mögen die Notwendigkeit verspüren, sich von Ihren Mitmenschen fernzuhalten, um etwas Wichtiges zu erreichen. Eine solche Haltung erweckt Neid, doch wird das für Sie zu keinem Problem. Erfolg ist angezeigt.

GRUNDLINIE
Um ein wertvolles Ziel zu erreichen, müssen Sie möglicherweise Mittel benutzen, die als unorthodox betrachtet werden. Falls Sie dieses Ziel seit langem angestrebt haben, müssen Sie vielleicht erneut und mit neuen Methoden beginnen. Das ist kein Fehler. Sie können erfolgreich sein, auch wenn Sie unerfahren sind.

Die Erschütterung

DSCHEN

**OBERES TEIL-TRIGRAMM
DSCHEN: DONNER**

**UNTERES TEIL-TRIGRAMM
DSCHEN: DONNER**

**OBERES KERN-TRIGRAMM
KAN: WASSER**

**UNTERES KERN-TRIGRAMM
GEN: BERG**

HERRSCHENDE LINIEN

Die plötzliche Stoßkraft aufgestauter kinetischer Energie im Kosmos entlädt sich in einer machtvollen ERSCHÜTTERUNG. Wie der Furcht erregende Donnerschlag während der Stille vor einem Sturm, erweckt sie im Herzen aller, die sie erleben, eine tiefe Ehrfurcht vor der alles beherrschenden Macht der Natur. Alles gerät jetzt vor Furcht in Bewegung. Doch da dies eine vorsichtige Bewegung ist, führt sie zum Erfolg.

Die Zeit gleicht dem Frühling, wenn die Naturkräfte neues Wachstum anregen. In der Menschenwelt kann eine ERSCHÜTTERUNG eine Wende bedeuten, etwa durch unvorhergesehene, umwälzende Ereignisse, die durch unsichtbare und dennoch unwiderstehliche Kräfte ausgelöst werden. Wenn Ihre spontane Reaktion darauf Angst oder Ehrfurcht ist, so werden günstige Zeiten erfolgen. Eine intensivere Erfahrung der Kräfte, die Ihr Leben beeinflussen, verschafft Ihnen Einblick in die Vorgänge in Ihnen selbst. Sie vermögen Ihre Reaktionen zu prüfen und dadurch zu bestimmen, wie Sie Ihren Charakter am besten festigen können.

Sobald die ERSCHÜTTERUNG, wie der Donnerschlag vor dem Sturm, vorüber ist, wird sich Ihre angespannte Bereitschaft und Vorsicht in Freude auflösen. Haben Sie diese Schrecken erregende Kraft erlebt, so gewinnen Sie Zuversicht in Ihre Fähigkeit, mit allem Weiteren fertig zu werden. Wenn Sie charakterfest reagieren und Haltung bewahren, so ist der Erfolg auf Ihrer Seite. Diese Haltung und innere Stärke sind Merkmale echter Führungspersönlichkeiten, Menschen, die der Gesellschaft wirklich nützen können. In Zeiten der ERSCHÜTTERUNG ergibt sich Gelegenheit, neuen gesellschaftlichen Einfluss zu gewinnen, wenn Sie gelassen und beherrscht bleiben.

Die feste Linie auf dem ersten Platz (Instinkt) beherrscht das gesamte Hexagramm.

Wenn Sie dieses Hexagramm in seiner unbewegten Form erhalten, steht die Zeit der ERSCHÜTTERUNG unmittelbar bevor. Das einzig Voraussagbare über das Kommende ist seine erschreckende Unvoraussagbarkeit. Der verdoppelte Einfluss der beiden aktiven Teiltrigramme DSCHEN, die Bewegung, verursacht heftigen und wiederholten Aufruhr. Prüfen Sie sich selbst, um zu sehen, ob Sie die Bereitschaft haben, die plötzlich in Bewegung geratenen Kräfte des Kosmos anzunehmen. Nur mit einer solchen Haltung können Sie sich korrekt verhalten. Bezüglich des Gegenstands Ihrer Frage erleben Sie möglicherweise viele solcher Erschütterungen, die sich fortsetzen werden, bis Sie Ihre Absichten völlig ändern.

Jetzt ist die geeignete Zeit, Ihr Verhältnis zu allen Ihren äußeren Angelegenheiten zu untersuchen. Fahren Sie in dem, was Sie beschäftigt, fort, gehen Sie aber sicher, dass Sie die Elemente Ihres Lebens möglichst im Griff haben. Unvollendete Angelegenheiten und nicht abgeschlossene Geschäfte schaffen in Zeiten der ERSCHÜTTERUNG Schwierigkeiten. Wenn solche Zeiten Sie jedoch dazu anregen, Ihr Leben, Ihre Beziehungen und Ihr Selbst zu erneuern und zu verändern, gewinnen Sie Lebenskraft und Erfolg.

OBERSTE LINIE
Die Zeiten sind voll von ERSCHÜTTERUNGEN, die die ganze Gesellschaft verwirren. Sie können nicht allein dagegen angehen, und die Betroffenen sind viel zu aufgeregt, um angemessen zu reagieren. Das Beste ist, sich zurückzuziehen, obwohl Ihnen dies von anderen, die Ihr Handeln nicht verstehen, Kritik einbringen kann.

FÜNFTE LINIE
Es kommt zu wiederholten ERSCHÜTTERUNGEN, und Sie sind mit beständigen Scherereien und Schwierigkeiten konfrontiert. Sie können diese Zeit überstehen, wenn Sie sich aktiv den Veränderungen anpassen und sich äußerlich und innerlich einen Bezugspunkt erhalten.

VIERTE LINIE
Das erschütternde Ereignis lähmt Sie. Der Grund liegt in einem vernebelten Sinn, der verwirrt und unvorbereitet ist. Unter diesen Umständen ist Fortschritt unmöglich.

DRITTE LINIE
Ein äußerer Schicksalsschlag prüft Ihre innere Stärke. Versuchen Sie um jeden Preis Ihre Haltung zu bewahren. Suchen Sie nach einer Möglichkeit der Veränderung, die die Gefahr verringert.

ZWEITE LINIE
Ein großer Umbruch kann Ihnen große Verluste bringen. Versuchen Sie nicht, den Kräften zu widerstehen oder sie zu bekämpfen, da dies unmöglich ist. Ziehen Sie sich stattdessen aus der Gefahrensituation zurück und verschließen Sie sich. Nach einer gewissen Zeit werden Sie für Ihre Verluste entschädigt.

▶ GRUNDLINIE
Ein unerwartetes Ereignis mag Sie ängstigen. Ihnen erscheint es gefährlich, und alle Gefühle, die mit der Gefahr einhergehen, werden in Ihnen wach. Doch der Kummer wird ein Ende nehmen und Ihnen große Erleichterung verschaffen. Erfolg ist angezeigt.

Die Meditation

GEN

**OBERES TEIL-TRIGRAMM
GEN: BERG**

**UNTERES TEIL-TRIGRAMM
GEN: BERG**

**OBERES KERN-TRIGRAMM
DSCHEN: DONNER**

**UNTERES KERN-TRIGRAMM
KAN: WASSER**

HERRSCHENDE LINIEN

(DAS STILLHALTEN)

Der Blick nach innen ist jetzt von besonderer Bedeutung. Die Zeit verlangt, dass Sie über das Thema Ihrer Frage meditieren, damit Sie sich erneut dem TAO angleichen können.

MEDITATION bedeutet hier einen Zustand, in welchem Ihre Gedanken nicht über die gegebene Situation hinausgehen. Sie ist keine Einzelhandlung, sondern eine Geisteshaltung.* Sobald der Geist ruhig und das Ich beschwichtigt ist, werden Sie Ihren inneren Aufruhr überwinden. Diese innere Ruhe führt zur Erleuchtung, denn Sie können nun äußere Eindrücke objektiv aufnehmen. MEDITATION und innere Ruhe helfen Ihnen, zu einem Mittelpunkt zu finden. Durch Objektivität wissen Sie, wann es zu handeln gilt und wann nicht. Auf diese Weise machen Sie keine Fehler und haben keine Konsequenzen zu tragen.

Die Komplexität der weltlichen Angelegenheiten macht es besonders wichtig, inneren Frieden zu gewinnen, damit Sie den Zeiten gemäß handeln können, anstatt impulsiv zu reagieren. Konzentrieren Sie Ihre Gedanken auf die Gegenwart und bemühen Sie sich um ein vorurteilsfreies Bild der Situation. Handlungen, die einer solchen Einstellung entspringen, sind angemessen und wohl angesehen.

Beziehungen können nun von der inneren Ausgeglichenheit profitieren. Wenn Sie Gedanken meiden, die zu weit in die Zukunft reichen und sich keine Illusionen machen, was sein kann oder wird, dann gelingt es Ihnen,

---

Die Linien haben keine Beziehung zueinander. Die Bewegung ist zum Stillstand gekommen. Der Herr ist ganz am Schluss und außerhalb, in der Position der Weisen.

Stille, GEN, herrscht im oberen Bereich der kosmischen Ideale und wiederholt sich im unteren Trigramm der menschlichen Angelegenheiten. In seiner unbewegten Form bedeutet das Hexagramm MEDITATION, dass die Zukunft, vor allem hinsichtlich des Gegenstands Ihrer Befragung, nicht genau geplant werden kann. Darüber zu brüten kann nur schmerzhaft sein.

* Der taoistische Philosoph Dachuang Dsi (4. Jh. v. Chr.) beschreibt die praktische Anwendung von MEDITATION: „Sei nicht im Besitz von Ruhm. Sei kein Speicher von Plänen. Übernimm nicht die Funktion der Dinge. Sei kein Meister der Erkenntnis. Verwirkliche für Dich das Unendliche im höchsten Maße und wandle in den Reichen, wo es kein Zeichen gibt. Vollende das, was Du von der Natur erhalten hast, ohne subjektiven Gesichtspunkt. Mit einem Wort: sei absolut leer. Der Geist des Vollendeten ist wie ein Spiegel. In einer Widerspiegelung der Dinge neigt er sich weder nach vorn noch nach hinten. Er antwortet den Dingen und verbirgt nichts von sich selbst. Daher kann er mit den Dingen umgehen, ohne dass seine Wirklichkeit verletzt wird."

Schwierigkeiten, die das Ego erzeugt, zu überwinden. Ebenso kann MEDITATION Sie davor schützen, ärgerliche gesellschaftliche Fehler zu machen.

Ganz allgemein kann MEDITATION Geist und Körper erneuern. Um tiefe Entspannung zu erreichen, müssen Sie den Stress, der auf Projektion und Phantasie beruht, abbauen.**

▶ **OBERSTE LINIE**
Wenn Ihre innere Ruhe selbst über die Situation hinaus alle Aspekte Ihres Lebens erreichen kann, dann können Sie den wahren Sinn der Dinge erfahren. Daraus ergibt sich großes Glück.

FÜNFTE LINIE
Sobald Sie sich gesammelt haben, werden Sie Ihre Worte sorgfältig wählen und vorlaute oder unbedachte Bemerkungen vermeiden. Auf diese Weise werden Sie nicht länger Beschämung oder Bedauern erdulden müssen.

VIERTE LINIE
Ihre Geisteshaltung hilft Ihnen, sich in den Griff zu bekommen. Sie brauchen nur die Impulse Ihres Ego zu überwinden, um das Ideal der MEDITATION zu erreichen.

DRITTE LINIE
Wenn Sie versuchen, rastlosen Bedürfnissen Ruhe aufzuzwingen, dann schaffen Sie nur einen tiefen inneren Konflikt und Widerwillen. Das kann gefährlich sein. Versuchen Sie durch Entspannung und MEDITATION innere Ruhe zu gewinnen.

ZWEITE LINIE
Sie werden von Ihren Zielen und den Ereignissen, die Sie in Bewegung gesetzt haben, mitgerissen. Obwohl Sie anhalten und überlegen, können Sie den Fluss der Handlung nicht unterbrechen. Dieser Zustand bringt Unheil.

GRUNDLINIE
Da die Situation erst am Anfang ist, können Sie die Dinge so sehen, wie sie sind. Auch sind Ihre Interessen und Motive noch nicht selbstgerecht geworden. Ein Fortsetzen dieser objektiven Haltung ist nötig um voranzukommen.

** Laotse, (6. Jh. v. Chr.) führt zur richtigen Meditationshaltung weiter aus:
„Der Wissende redet nicht.
Der Redende weiß nicht.
Man muss seinen Mund schließen
und seine Pforten zumachen,
seinen Scharfsinn abstumpfen,
seine wirren Gedanken auflösen,
sein Licht mäßigen,
sein Irdisches gemeinsam machen."

Die Entwicklung

DSIEN

**OBERES TEIL-TRIGRAMM
SUN: WIND**

**UNTERES TEIL-TRIGRAMM
GEN: BERG**

**OBERES KERN-TRIGRAMM
LI: FEUER**

**UNTERES KERN-TRIGRAMM
KAN: WASSER**

HERRSCHENDE LINIEN

Die Zeit deutet auf eine behutsame und natürliche Entfaltung der Geschehnisse. Rasches, revolutionäres Wachstum ist jetzt unangebracht, vielmehr führt bedächtige und langsame Entwicklung der Situation zu Erfolg und Glück. Nur wenn Sie die Beziehung zu Ihrem Interessengebiet schrittweise entwickeln, können Sie so weiterkommen, wie Sie es sich wünschen. Ruhe und Anpassungsfähigkeit sowie gutwilliges Beharren werden Ihnen weiterhelfen.

Machtprobleme und politische Angelegenheiten erfordern schrittweise Maßnahmen, auch wenn dies ein langsamer und mitunter wenig anregender Prozess ist. Beim Aufbau von Gruppen oder Aufnehmen von Mitgliedern sollten Sie vorsichtig sein. Versuchen Sie nicht, mit agitatorischen Mitteln Anhänger zu gewinnen. Dies ist eher eine Zeit der Wahlen als der Revolutionen, der Beförderung anstatt der Machtergreifung. Führer, die sich bei ihren Pflichten auf Rechtschaffenheit stützen, können nun eine bedeutende Stellung erreichen. Auf diese Weise wird eine geordnete und produktive Umwelt geschaffen.

Ihre gesellschaftliche Welt bietet derzeit kaum Avantgardistisches. Protzige Bemühungen um einen auffallenden Effekt wären unklug und ohne bleibenden Wert. Das beste, mit dem Sie Ihre Zeit nutzen können, ist die ENTWICKLUNG einer Stellung, in der Sie mittels gesellschaftlich anerkannter, auf Zusammenarbeit beruhender Bemühungen, sinnvollen Einfluss ausüben können.

Auch in geschäftlichen Dingen ist es wichtig, dass Sie die langsame ENTWICKLUNG der Angelegenheiten nicht vergessen. Dies ist keine Zeit rascher Gewinne oder schnellen Wachstums. Der Erfolg stellt sich jedoch ein, wenn Sie an einer Klaren Vorstellung von Ihren Plänen festhalten und anerkannte Geschäftspraktiken anwenden.

Die herrschenden Linien auf dem zweiten und fünften Platz entsprechen einander und sind korrekt auf ihren natürlichen Positionen. Es herrscht eine Atmosphäre der sich allmählich entwickelnden Ordnung im Hexagramm.

Eine ruhige und meditative Haltung, GEN, im unteren Trigramm schafft oben kleine, aber wirksame Einflüsse, SUN. Ohne bewegte Linie bedeutet das Hexagramm ENTWICKLUNG, dass Sie sich in Bezug auf Ihre Frage in einer langsamen, organischen Entwicklung befinden. Sie müssen einen traditionellen, erprobten und langsamen Weg wählen, um Ihr Ziel zu erreichen. Dies erfordert Ausdauer und ein beständiges, an Grundsätzen ausgerichtetes Wesen. Auf dem vor Ihnen liegenden Weg gibt es keine Abkürzungen.

Wenn Sie darangehen, die in Ihren persönlichen Beziehungen auftretenden Ansätze, Möglichkeiten und Probleme zu ordnen, können Ihnen bewährte gesellschaftliche Grundsätze als bequeme Wegweiser dienen. Die Zeit begünstigt den Gedanken des Traditionellen, Allmählichen. Das Beispiel, welches der chinesische Originaltext für dieses Hexagramm gibt, ist eine sich langsam entwickelnde Verlobung, die schließlich in die Ehe mündet. Hüten Sie sich vor übereilten oder leidenschaftlichen Handlungen.

Selbst wenn Sie den Wunsch haben, große Veränderungen in Ihrem Leben vorzunehmen, führt Ihr Weg über die traditionelle ENTWICKLUNG der Dinge. Sie sollten versuchen, sich selbst vor dem Hintergrund bleibender gesellschaftlicher Werte zu sehen. Haben Sie sich selbst und Ihre Pflichten in diesem größeren Zusammenhang erst einmal verstanden, dann können Sie sinnvolle Fortschritte machen.

OBERSTE LINIE
Da Sie die größten Höhen Ihres Aufstiegs erreichen, werden Sie zu einem Beispiel für andere. Menschen, die Sie bewundern, eifern Ihnen nach, und das an sich ist bereits die größte Bestätigung. Erfolg für alle Betroffenen.

▶ **FÜNFTE LINIE**
Je größer Ihr Einfluss wird, desto häufiger werden Sie zur Zielscheibe von Angriffen. Es ist möglich, dass hinterlistige Menschen Sie verleumden oder dass Sie gar von den Ihnen Nächststehenden verkannt werden. Da Sie isoliert sind, kann nichts Sinnvolles erreicht werden. Doch schließlich wird das Gespräch wieder aufgenommen.

VIERTE LINIE
Bleiben Sie flexibel. Möglicherweise müssen Sie Schwierigkeiten aus dem Weg gehen, Hindernissen nachgeben oder sich aus Gefahr zurückziehen. Dies sind natürlich nur vorübergehende Maßnahmen. Wichtig ist, dass Sie jetzt Ihre Sicherheit bewahren, damit Sie die Voraussetzungen für spätere Erfolge entwickeln können.

DRITTE LINIE
Wenn Sie einen Konflikt provozieren oder einen kühnen und ungestümen Vorstoß wagen, bringen Sie sich selbst und die Ihnen Nahestehenden in Gefahr. Dies ist sicherlich ein törichtes Risiko. Sie wären viel klüger, wenn Sie den Dingen ihre natürliche Entwicklung erlaubten und stattdessen das sicherten, was Sie haben.

▶ **ZWEITE LINIE**
Sie sind in einer sicheren Situation. Die Tätigkeiten, die auf dem Weg vor Ihnen liegen, werden Ihre Entwicklung weiter festigen. Vielleicht haben Sie das Bedürfnis, Ihr Glück und Ihre Sicherheit mit anderen zu teilen.

GRUNDLINIE
Ihre Stellung ist die eines klassischen Anfängers. Kritik ist nun unvermeidbar – sie kann jedoch zu Ihrem Vorteil genutzt werden, um Ihre Fähigkeiten zu verfeinern. Sie können die ersten Grundlagen für spätere Erfolge legen.

Das Untergeordnete

GUI ME

(DAS HEIRATENDE MÄDCHEN)

**OBERES TEILTRIGRAMM
DSCHEN: DONNER**

**UNTERES TEILTRIGRAMM
DUI: SEE**

**OBERES KERNTRIGRAMM
KAN: WASSER**

**UNTERES KERNTRIGRAMM
LI: FEUER**

HERRSCHENDE LINIEN

Die in dieser Zeit wirksame Kräfteverteilung ist ganz und gar ungerecht. Aufgrund der Umstände sind Sie vollständig von einer Situation abhängig, während diese recht gut ohne Sie auskommt. Wenn Sie versuchen, sich Geltung zu verschaffen oder sich unentbehrlich zu machen, so blüht Ihnen kein Glück. Nie war es leichter für Sie, Irrtümer zu begehen, denn alles, was Sie tun, ist unangebracht. Absolut alles ist Ihrer Kontrolle entglitten, außer der Fähigkeit, Ihre Schwierigkeiten zu erkennen und sich entsprechend zu verhalten. Es ist nun am ehesten in Ihrem Interesse, sich mit Anstand, Passivität und ständiger Aufmerksamkeit als untergeordnet zu geben. Ihre Individualität wird gänzlich von gesellschaftlichen Erwägungen überschattet. Selbst wenn man Sie anhört, so wird sich niemand nach Ihnen richten. Wenn Sie versuchen sich durchzusetzen, so hält man Sie für grob und anmaßend. Ihre Ansichten interessieren niemanden. Bestenfalls haben Sie einigen auf Zufall beruhenden gesellschaftlichen Umgang; schlimmstenfalls werden Sie benutzt. Wie dem auch sei, Sie können an niemanden herantreten, ohne missverstanden zu werden.

Falls Sie eine neue Stellung angetreten haben, sollten Sie gewissenhaft auf Anfangsfehler achten und diese rasch und ohne viel Aufhebens berichtigen. Versuchen Sie nicht, kreativ zu sein, mit Ihrer Arbeit zu glänzen oder einen Vorgesetzten zu verdrängen. Tun Sie nur das, wofür man Sie eingestellt hat; tun Sie dies gut, aber nicht mehr. In politischen Dingen ist es jetzt besser, sich in den Hintergrund zurückzuziehen, als Machtlosigkeit erkennen zu lassen.

Im chinesischen Originaltext heißt das Hexagramm DAS HEIRATENDE MÄDCHEN und deutet symbolisch die Schwierigkeiten an, denen eine nicht-priviligierte zweite Frau gegenüberstand, die der anerkannten Ehe untergeordnet blieb. Übertragen heißt das: In Ihren persönlichen Be-

---

Die nachgebende Linie auf dem fünften Platz (Autorität) ordnet sich selbst dem Hexagramm unter. Im Besonderen der starken Linie des Eigeninteresses auf dem zweiten Platz.

Das machtvolle obere Trigramm DSCHEN, die erregende Bewegung, bemächtigt sich der Energie und des Einflusses von DUI, die Offenheit. Wenn Sie das Hexagramm DAS UNTERGEORDNETE ohne bewegte Linien erhalten, so bedeutet das, dass der von Ihnen eingeschlagene Weg – ungeachtet dessen, wohin er Ihrer Vorstellung nach führen mag – in Wirklichkeit ein Kreis ist. Sie werden dort aufhören, wo Sie begonnen haben, und Ihre gegenwärtige Rolle nicht überwinden. Wenn Ihnen dies ungünstig erscheint, dann kehren Sie zum Anfang zurück: dort ist die Situation entstanden, und dort ist der einzige Ort, an dem sie geändert werden kann.

ziehungen werden Sie nicht als derjenige erkannt, der Sie wirklich sind. Man denkt an Sie in Ihrer Rolle und wie Sie sie erfüllen. Ihre Unterordnung unter diese Rolle ist unbefriedigend, aber das geht vorüber. Versuchen Sie nicht, Ihrem Partner eine Lösung aufzuzwingen, da die daraus folgenden Beschuldigungen verheerend sein können. Bleiben Sie erst einmal passiv, und stützen Sie sich auf die bleibenden Aspekte der Beziehung, um die Krise zu überwinden.

Am besten nutzen Sie die Zeit, in der Sie zur Unterordnung gezwungen sind, mit Gedanken an die Zukunft. Entwickeln Sie ein langfristiges Ideal und halten Sie daran fest. Es wird Ihnen ohne viele Fehler und unter klarer werdender Zielsetzung über diese schwierige Zeit hinweghelfen.

OBERSTE LINIE
Geben Sie sich so, wie Sie sind? Akzeptiert man Ihre vornehme Art? Wenn Sie nur um der Form willen handeln, dann bemühen Sie sich nicht: es bringt nichts.

▶ FÜNFTE LINIE
Wenn Sie Ihre soziale Stellung und Ihr Ansehen zurückstellen können und sich in den Dienst eines anderen begeben, werden Sie Erfolg haben. Um dies zu erreichen, müssen Sie Eitelkeit, Stolz und demonstratives Verhalten ablegen. Sich anderen unterzuordnen, ungeachtet Ihrer eigenen Stellung, ist nun das Richtige.

VIERTE LINIE
Sie sind mit einer Situation konfrontiert, in der Sie sich nun des Handelns enthalten müssen, um eine günstigere Zeit abzuwarten. Es mag so scheinen, dass die Welt Sie links liegen lässt, während Sie warten, aber der Lohn für Ihr beharrliches Festhalten an Ihren Grundsätzen wird kommen.

DRITTE LINIE
Um Ihre Wünsche zu erfüllen, müssen Sie Ihr Selbstwertgefühl aufs Spiel setzen.

ZWEITE LINIE
Die Situation ist enttäuschend. Es liegt allein an Ihnen, den ursprünglichen Gedanken fortzuführen. Hingabe und Loyalität werden schließlich Fortschritt bringen.

GRUNDLINIE
Sie nehmen eine niedere Stellung innerhalb der Situation ein, aber Sie haben das Glück, dass Sie ein Vorgesetzter in sein Vertrauen zieht. Wenn Sie untergeordnet bleiben, ist Ihre Sicherheit gewährleistet. Mit Einfühlungsvermögen und Zurückhaltung können Sie dann die Situation beeinflussen.

Der Zenit

FONG

OBERES TEILTRIGRAMM
DSCHEN: DONNER

UNTERES TEILTRIGRAMM
LI: FEUER

OBERES KERNTRIGRAMM
DUI: SEE

UNTERES KERNTRIGRAMM
SUN: WIND

HERRSCHENDE LINIEN

▶

(DIE FÜLLE)

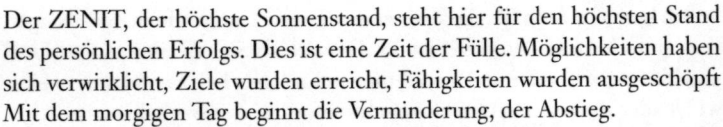

Der ZENIT, der höchste Sonnenstand, steht hier für den höchsten Stand des persönlichen Erfolgs. Dies ist eine Zeit der Fülle. Möglichkeiten haben sich verwirklicht, Ziele wurden erreicht, Fähigkeiten wurden ausgeschöpft Mit dem morgigen Tag beginnt die Verminderung, der Abstieg.

In Bezug auf die Außenwelt sollten Sie Zufriedenheit empfinden. Naht der Niedergang, so gibt sich der überlegene Mensch keinen bangen Ahnungen hin, da er mit solchen zyklischen Veränderungen rechnet. Er versucht vielmehr das Beste aus den anstehenden Dingen zu machen. Mit dieser Haltung kann er mit Leichtigkeit die Führung behalten. Vergeuden Sie keine Energie darauf, den ZENIT Ihrer Größe aufrechterhalten zu wollen. Daran sollten Sie nicht einmal denken. Ihre Leistungen, Ihr Gerechtigkeitssinn, Ihr gegenwärtiges Prestige und alles, was Sie im Augenblick schaffen, werden Ihnen durch den Niedergang helfen.

Erfolg und Gedeihen in geschäftlichen Dingen stehen unmittelbar bevor, da sich Möglichkeiten erfüllt haben und Ziele ihren ZENIT erreichen. Nutzen Sie Ihre Erfolge für späteres Wachstum. Wenn Sie es für nötig halten, kann der bevorstehende Abstieg vorübergehend durch Ausweitung Ihrer Zielsetzungen aufgehalten werden. Wenn Sie mehr Personal oder Material einsetzen und Ihre Absichten ausdehnen, können Sie die Annäherung an den ZENIT Ihrer Möglichkeiten hinauszögern. Sie werden ihn in jedem Fall wieder erreichen, da es dem natürlichen Lebenskreislauf entspricht.

Sie dürften die Zeit, die Sie mit gesellschaftlichen Dingen zubringen, recht befriedigend finden, da Ihr persönliches Ansehen den höchsten Stand erreicht hat. Sie dürfen sich jetzt in Ihren Handlungen völlig auf Ihr eigenes Urteil verlassen. Aufgrund dieses strikten Festhaltens an Ihren Prinzipien entsteht ein Bild von Ihnen, das weiterlebt, wenn Ihr persönlicher Einfluss schwächer geworden ist.

Der Herr auf dem fünften Platz ist zwar schwach, doch gewinnt er an Größe, weil sich die anderen Linien gut führen lassen. Doch da sich der Herr inkorrekt auf seinem Platz befindet (schwach statt stark), wird sich die Situation bald ändern.

LI, das Haftende, im unteren Trigramm weckt DSCHEN, die Erschütterung, im oberen Trigramm. In seiner unbewegten Form ruft das Hexagramm ZENIT den Gedanken von Überfülle hervor. Es ist Zeit, sich von der Verschwendung zu lösen, die Sie umgibt. Lassen Sie sich nicht von dem, was Sie sich gewünscht haben, in Besitz nehmen. Um weiter zu kommen, müssen Sie beurteilen, was gut für Ihre Entwicklung ist, und Ihre unmäßigen Neigungen ändern oder überwinden.

55

In Ihren intimeren Beziehungen sollten Sie vor allem spontanen Gefühlen nachgeben. Wenn Sie gemeinsam ein klares Konzept dessen entwickelt haben, was Sie von der Beziehung erwarten, werden sich die Einzelheiten von selbst ergeben. Dann werden die unvermeidlichen Höhen und Tiefen durch die Beständigkeit der Liebe überstrahlt.

Ihre inneren Antriebe nehmen möglicherweise genau in dem Moment, da Sie sich am gefaßtesten glauben, eine völlig neue Richtung. Wenn Sie lernen, diese natürliche Tendenz der inneren Entwicklung zu begreifen, so haben Sie die Gabe, sich selbst und andere zu verstehen. Der ZENIT innerer Bewusstheit ist eine faszinierende Zeit der Selbstfindung. Beeilen Sie sich jedoch, denn sie wird nicht lange anhalten.

OBERSTE LINIE
Ihr Drang nach Reichtum hat Sie stolz gemacht, und Ihr Wunsch, ihn zu bewahren, hat Sie isoliert. Sie stehen nicht in Einklang mit den Zeiten und außer Kontakt mit den Ihnen Nahestehenden. Dadurch haben Sie bereits Ihren größten Besitz verloren.

▶ FÜNFTE LINIE
Seien Sie für die Meinungen anderer empfänglich. Ermutigen Sie die fähigsten Helfer, die Sie kennen, Ihnen zu raten. Solche Bescheidenheit führt zu unerwartetem Glück und lohnenden Ergebnissen für alle Betroffenen.

VIERTE LINIE
Obwohl Ihre Stellung bei weitem nicht ideal ist, werden Sie schließlich mit denjenigen zusammentreffen, die Ihnen beim Erlangen Ihrer Ziele helfen. Begeisterung und kluge Entscheidungen gemeinsam bringen Glück.

DRITTE LINIE
Die Unfähigkeit ist an ihren ZENIT gelangt. Seien Sie geduldig.

ZWEITE LINIE
Es fehlt Ihnen an Einfluss auf den Gegenstand Ihres Interesses. Hindernisse, für die Sie nichts können, liegen auf dem Weg Ihres Fortschritts. Wenn Sie versuchen, sich aufzudrängen, rufen Sie Neid und Misstrauen hervor. Es besteht nur dann eine Möglichkeit für einen glücklichen Ausgang, wenn Sie beständig offen und ehrlich sind. Dann mag sich Ihr Einfluss ausdehnen.

GRUNDLINIE
Eine Verbindung mit jemandem, dessen Ziele den Ihren ähnlich sind, wird Ihnen Klarheit und Energie bringen. Es ist kein Fehler, diese enge Beziehung fortzusetzen, bis das Projekt vollendet ist.

Das Reisen

LÜ

**OBERES TEIL-TRIGRAMM
LI: FEUER**

**UNTERES TEIL-TRIGRAMM
GEN: BERG**

**OBERES KERN-TRIGRAMM
DUI: SEE**

**UNTERES KERN-TRIGRAMM
SUN: WIND**

HERRSCHENDE LINIEN

Die Erde ist voller Gemeinschaften, die alle ihre Geschichte, ihre Traditionen, Ziele, Freiheiten und Beschränkungen haben. Der Reisende durchs Leben streift sie alle, ohne in einer von ihnen Wurzeln zu schlagen. Die Zeit der REISEN ist vor allem eine Geisteshaltung, die jedoch den Reisenden durchaus an wirklich vorhandene Orte führt. Bewegt man sich sowohl durch die Zeit als auch durch den Raum, so gewinnt die rechte Haltung enorme Bedeutung.

Sie REISEN durch die gegenwärtige Situation. Es ist unwahrscheinlich, dass Sie dort Wurzeln schlagen oder Ihr Leben darauf gründen. Sie probieren, besichtigen und sammeln Informationen. Was auch immer der Grund ist für Ihren Besuch, Sie werden auf jeden Fall weiter wandern. Daher können langfristige und bedeutende Ziele nicht erreicht werden. Der Reisende sollte sich bescheidene Ziele stecken und sich zuvorkommend und manierlich verhalten. Leute auf Wanderschaft sind bewegliche Zielscheiben, deshalb sollten Sie gegenüber den Menschen, denen Sie unterwegs begegnen, vorsichtig und reserviert bleiben.

In keiner anderen Situation müssen Ihre Grundsätze besser definiert sein und bewahrt werden als in dieser. Hüten Sie sich vor Gegenden des Verfalls, und folgen Sie lieber Wegen, von denen Sie wissen, dass sie gut sind. Auf diese Weise können Sie Probleme umgehen, die Sie vielleicht nicht einmal als solche erkannt hätten. Eine eventuelle Strafe wird in Ihrem Fall kaum durch Tradition, Rang oder Recht fern gehalten. Sie sollten daher hilfsbereit, bescheiden und ganz allgemein unauffällig auftreten. So können Sie faszinierende Erkenntnisse gewinnen, ohne über Gefahren zu stolpern.

In Ihren gesellschaftlichen und persönlichen Beziehungen können und sollten Sie zu dieser Zeit keine langfristigen Verbindungen eingehen. Sie sollten ehrlich sein, was Ihre Situation betrifft und sich den Bedürfnissen anderer verpflichten. Halten Sie Leidenschaften auf ein Minimum be-

---

Der Herr in der fünften Position weicht den starken Linien der Gesellschaft auf dem vierten und der Weisheit auf dem obersten Platz. Er ist daher ein Außenseiter der Situation.

In seiner unbewegten Form kann das Hexagramm REISEN ein Hinweis darauf sein, dass Sie so behäbig sind, dass Sie das Gras unter Ihren Füßen wachsen lassen. LI, die Klarheit und das Feuer, brennt auf der Suche nach neuer Nahrung einen Pfad durch das gebirgige, unbewegliche untere Trigramm GEN. Wenn Sie Ihre Mittel erschöpft haben oder knapp werden an kreativer Energie, dann sollten Sie die Zeit des Weiterziehens erkennen. Wenn Sie ihren Aufbruch hinausschieben, kann es sein, dass Ihre Flamme erlischt.

schränkt. Diese Zeit ist nicht dazu geeignet, übereifrig Ihre Ansichten zu vertreten oder anderen Ihre Art aufzudrängen. Vielmehr sollten Sie zuhören und lernen.

Es könnte dies ein Lebensabschnitt sein, in dem Sie eine innere Reise tun, neue Ideen ausloten oder neue Erfahrungen ersehnen. Es kann aber auch sein, dass Sie die Alltagssituationen in einem neuen, sonderbaren Licht sehen. Falls es sich dabei nicht um eine vorübergehende Laune handelt, könnte sich hier eine beginnende Identitätskrise anmelden. Was es auch sei, halten Sie an Ihrer Lauterkeit fest – sie kann womöglich zu Ihrem Leuchtturm im Meer der Ungewissheit werden.

OBERSTE LINIE
Wenn Sie sich im Drama einer neuen Situation verlieren und sich in Einzelheiten verwickeln, die nicht das Geringste mit der Entwicklung Ihrer eigenen Grundsätze zu tun haben, entfernen Sie sich von den eigentlichen Fundamenten Ihrer ursprünglichen Bestrebungen. Unheil!

▶ ### FÜNFTE LINIE
Es mag sein, dass Sie in einer gänzlich neuen Gegend einen Platz für sich finden müssen. Achten Sie auf Ihr erstes Auftreten. Bescheidenheit und Großzügigkeit werden mit Stellung und Aufnahme belohnt. Erfolg ist angezeigt.

VIERTE LINIE
Obwohl Sie auf dem Weg zur Erlangung Ihrer Ziele sind, sind Sie sich ständig bewusst, dass Sie noch nicht angekommen sind. Das gibt Ihnen ein ungutes Gefühl: Sie wissen, dass Sie weiterziehen müssen und sind doch besorgt, das, was Sie bereits erreicht haben, zu schützen und unversehrt zu bewahren.

DRITTE LINIE
Offensives und nachlässiges Verhalten sind in Ihrer Situation ein großer Fehler. Sie sind in Gefahr, die Sicherheit, die Sie haben, zu verlieren, weil Sie sich in Dinge einmischen, die Sie nichts angehen. Jene Menschen, die Ihnen einst ergeben waren, werden sich zurückziehen und Sie in einer gefährlichen Lage lassen.

ZWEITE LINIE
Mit Zuversicht und Selbstbeherrschung können Sie Unterstützung aus neuen Bereichen anziehen. Betrachten Sie dies als eine persönliche Schwerkraft, die durch das Gewicht Ihrer Grundsätze erzeugt wird. Jemand ist bereit, Ihnen in Ihren Unternehmungen zu helfen.

GRUNDLINIE
Nehmen Sie ganz allgemein keine erniedrigende Rolle an. Schenken Sie Nebensächlichkeiten keine Aufmerksamkeit. Dies ist kein Weg, Zutritt zu einer Gruppe oder einer Situation zu erlangen. Bewahren Sie eine selbstbewusste Haltung. Mit Unterwürfigkeit ernten Sie nur Spott.

Der durchdringende Einfluss

SUN

OBERES TEIL-TRIGRAMM
SUN: WIND

UNTERES TEIL-TRIGRAMM
SUN: WIND

OBERES KERN-TRIGRAMM
LI: FEUER

UNTERES KERN-TRIGRAMM
DUI: SEE

HERRSCHENDE LINIEN

(DAS SANFTE)

In der chinesischen Kunst finden sich häufig Darstellungen von der Wirkung des unsichtbaren Windes, wie er die Landschaft prägt. Berge werden in ihrer Verwitterung gezeigt, in skulpturähnlichen, faszinierenden Gestaltungen, Bäume biegen und verdrehen sich in bizarren Formen, Wolken wälzen sich dramatisch über den Himmel und bringen Leben spendenden Regen. Der Wind regt das chinesische Denken an, die Auswirkungen eines beständigen durchdringenden Einflusses und seine Manifestationen in der Menschenwelt zu betrachten.

Sie stehen einer Situation gegenüber, die nur durch schrittweise Bemühungen in gleich bleibende Richtung beeinflusst werden kann. Sanftheit ist hierbei der Schlüssel. Gewalt und radikale Schritte würden nur Verdacht erregen und abstoßen. Um wirksam zu werden, müssen Sie klar umrissene Ziele über lange Zeit hinweg verfolgen. Ihre Bemühungen sollten so unauffällig sein wie möglich. Versuchen Sie, sich den sanften, nie aufhörenden Wind vorzustellen und ihn nachzuahmen. Der Erfolg wird sich schrittweise einstellen und eine zunehmende Klarheit des Zieles mit sich bringen.

Um eine Gruppe zu beeinflussen, müssen Sie deren Gemeinschaftsgeist von Grund auf verstehen. Hat die Gruppe einen starken Führer, ein Vorbild oder ein Ideal, so sollten Sie sich daraufhin ausrichten. Sobald Sie anfangen, beim Handeln wie im Gespräch die Gefühle der Menschen zu berücksichtigen, werden Sie sie allmählich beeinflussen. Dieser DURCHDRINGENDE EINFLUSS bietet keinen großen Reiz und erfordert viel Zeit, hinterlässt dafür aber bleibende und tiefe Eindrücke.

Ebenso können Sie nur allmählich Ihre persönlichen Beziehungen weiterentwickeln. Großartige Gesten und emphatische Erklärungen schaffen bloß Abstand. Die Zeit erfordert Geduld, ein langfristiges Engagement und ein klares Bild dessen, was Sie letztlich zu erreichen hoffen. Ihre geis-

Die korrekte und feste Linie auf dem fünften Platz (Autorität) ist in das Zentrum des oberen Trigramms der kosmischen Ideale eingedrungen. Sie herrscht durch ihre Stärke und die ihr entsprechende Wiederholung im unteren Trigramm.

Das Trigramm SUN, die kleinen, sanften Wirkungen, wiederholt sich im Hexagramm DER DURCHDRINGENDE EINFLUSS. Der obere und untere Bereich beeinflussen sich wechselseitig. Wenn Sie dieses Hexagramm ohne bewegte Linien erhalten, bedeutet das, dass Sie dem Gegenstand Ihrer Frage erlauben müssen, Sie zu beeinflussen. Durch willige Anpassung an die Zeit und die Situation gewinnen Sie Einsicht und Perspektive. Sie können bestimmen, was möglich und harmonisch innerhalb der gegenwärtigen Umstände Ihres Lebens ist.

tige und körperliche Gesundheit verbessert sich parallel zum allmählichen Fortschritt.

Die auf Konzentration beruhende Kraft des Geistes wird während der Zeit des durchdringenden Einflusses gestärkt. Großen Menschen gelingen bedeutende Taten aufgrund ihrer ausdauernden Bemühungen in einer gleich bleibenden Richtung. Wenn Sie ein wichtiges Ziel anstreben, lenken Sie Ihre Gedanken in gleichmäßige, ungestörte Bahnen. Haben Sie stets Ihr Ziel vor Augen, damit Ereignisse, die Ihre Aufmerksamkeit erwecken, für die Verfolgung ihrer Ziele dienlich werden können.

OBERSTE LINIE
Beim Versuch, all die unzähligen Möglichkeiten der Situation zu erkennen, haben Sie die Energie zur Einflussnahme vergeudet. Großes Wissen bedeutet wenig ohne entschiedenes Handeln. Eine negative Entwicklung kann nicht länger verhindert werden.

▶ **FÜNFTE LINIE**
Wenn Sie Ihr Ziel erreichen und die Situation verändern wollen, dürfen Sie in Ihrer Wachsamkeit und Einflussnahme nicht nachlassen. Obwohl der Anfang seine Probleme hat, wird das Ende schließlich gut werden. Doch selbst nachdem die Änderungen durchgeführt sind, sollten Sie von Zeit zu Zeit die Ergebnisse erneut bewerten.

VIERTE LINIE
Tatkräftiges Handeln wird erfolgreiche Ergebnisse zeitigen. Sie werden fähig sein, alle Ihre Bedürfnisse zu befriedigen, wenn Sie voll Bescheidenheit, aber mit Zuversicht Ihren Widersachern entgegentreten.

DRITTE LINIE
Leute, die zu sehr über ein Problem, seine möglichen Folgen und andere Hirngespinste nachgrübeln, verlieren Ihre Initiative und die Fähigkeit, Einfluss auszuüben. Dies führt zu Beschämung.

ZWEITE LINIE
Heimliche Motive, Schwächen oder Vorurteile sind in der Situation verborgen und beeinflussen Sie. Sie müssen ausgeforscht, ans Tageslicht gebracht und aufgegeben werden. Sobald dies einmal erreicht ist, können Ihre Ziele verwirklicht werden.

GRUNDLINIE
Seien Sie nicht unentschlossen und bestürzt. Wenn Sie sich undiszipliniert treiben lassen, kann nichts beeinflusst werden. Treffen Sie eine Entscheidung, und stehen Sie zu ihr.

Die Ermutigung

DUI

OBERES TEIL-
TRIGRAMM
DUI: SEE

UNTERES TEIL-
TRIGRAMM
DUI: SEE

OBERES KERN-
TRIGRAMM
SUN: WIND

UNTERES KERN-
TRIGRAMM
LI: FEUER

HERRSCHENDE
LINIEN

(DAS HEITERE)

Es ist eine Zeit gekommen, in der Sie Ihre Ziele durch ERMUTIGUNG seitens anderer verwirklichen können. ERMUTIGUNG ist eine der großen Kräfte, die auf Menschen wirken. Sie kann ihre Kooperationsbereitschaft steigern und sie sogar so weit bringen, die Furcht vor dem Tod zu überwinden. Wenn Sie andere ermutigen, müssen Sie selbst ein klares Wissen der unverfälschten Wahrheit besitzen, dann können Sie sich freundlich und sanft verhalten. Diese angenehme Haltung bewirkt Treue, Kooperation und schließlich Erfolg. Hüten Sie sich allerdings vor übertriebener Ausgelassenheit oder falschem Optimismus. Die Wahrheit sollte stets im Mittelpunkt stehen.

Soziale Aufgaben werden nun besonders hervorgehoben. Dabei werden Sie durch Zuspruch und Liebenswürdigkeit die Herzen gewinnen, wodurch der Weg zu sozialen Erfolgen geebnet wird. Dies ist keine Zeit für Kritik oder Eigensinn. Lassen Sie sich nicht durch den unmittelbaren und verblüffenden Effekt von Einschüchterungsversuchen täuschen. Bemühen Sie sich vielmehr um Einklang in Ihrer Umgebung, indem Sie andere ermutigen.

Falls es für einen außergewöhnlichen, charismatischen Führer je eine Ansprache gab, dann jetzt. In geschäftlichen und politischen Angelegenheiten schaffen Freundlichkeit, Güte und Offenheit ein Klima unvergleichlicher Loyalität. Die Anhängerschaft nimmt alle nur möglichen Strapazen und Opfer in Kauf, um wertvolle Ziele zu verwirklichen; gleichzeitig erfüllt sie ihre Arbeit mehr als sonst mit Freude und Stolz. Die Situation wird so für alle Beteiligten nutzbringend. Es ist aber nötig, dass der Führende innerlich fest und korrekt bleibt.

Die Kommunikationsmöglichkeiten in Ihren persönlichen Beziehungen sind jetzt besser als je zuvor. Wenn Sie Ihnen nahe stehende Menschen unterrichten, so kommen Sie mit einer ermutigenden Vermittlung des Wis-

---

Die festen Herren in den Zentren der menschlichen Angelegenheiten und der kosmischen Ideale haben starke Linien unter sich und weiche darüber. Deshalb sind sie stark nach innen und sanft nach außen, das Bild der ERMUTIGUNG.

Das Trigramm DUI, die Offenheit und Freude, ist verdoppelt und verteilt sich sowohl auf die Bereiche der kosmischen Ideale wie der menschlichen Angelegenheiten. Das Hexagramm in unbewegter Form lässt andauernden Erfolg erwarten, der von Ihren Beziehungen mit anderen abhängt. Vergessen Sie das vor allem nicht in Bezug auf den Gegenstand Ihrer Frage. Ihre Ziele können in einer Atmosphäre der Freundlichkeit und Verständnisbereitschaft anderen gegenüber zur Reifung gefangen. Schwierigkeiten werden auftauchen, wenn Sie sich vor allem um Ihr eigenes Wohlergehen kümmern.

sensstoffs gut voran. Halten Sie sich jedoch stets Ihre Ziele vor Augen, werden Sie nicht leichtfertig, und verlieren Sie sich auch nicht in der Freude des Augenblicks.

Ganz allgemein gilt, dass die Zeit der ERMUTIGUNG am besten in Diskussionen mit anderen zugebracht wird. Kommunikation gelingt jetzt wesentlich besser, und Sie haben Gelegenheit, tiefe philosophische Übereinstimmung mit Ihren Mitmenschen zu erzielen. Sie können Ihre Prinzipien offen hinterfragen und deren Wirkung abschätzen. Prüfen Sie ihre Ideale. Dringen Sie zu den tiefsten Schichten Ihrer Gefühle vor. Sie sollten all dies mit anderen besprechen und von ihnen so viel wie möglich lernen. Suchen Sie nach dem Körnchen Wahrheit, das in allen Dingen steckt. Auf diese Weise fallen Dogmen und Gewohnheitsdenken fort.

OBERSTE LINIE
Sie hängen ganz von äußeren Bedingungen ab. Ihr Wohlgefühl rührt nicht von innen her, sondern von dem, was Sie an Befriedigung in der Außenwelt finden können. Daher sind Sie dem Zufall und dem Schicksal anderer unterworfen und preisgegeben.

▶ FÜNFTE LINIE
Sie erwägen eine Beziehung zu einem Menschen mit schlechter Gesinnung. Wenn Sie sie eingehen, werden Sie in Gefahr geraten. Sie müssen besser wählen, um sich selbst zu schützen.

VIERTE LINIE
Sie können sich nicht zwischen minderwertigen und hoch stehenden Freunden entscheiden. Wenn Sie dies erkennen und sich dann der höheren und positiveren Form der Freude zuwenden, finden Sie wahres Glück. Fällen Sie vor allem Ihre Entscheidung bald.

DRITTE LINIE
Die völlige Hingabe an äußere Vergnügungen und Ablenkungen ist nur vorübergehend erfüllend. Das Frönen müßiger Zerstreuungen bringt sicher Schlechtes. Echte Zufriedenheit findet sich in dem Menschen, der von seinem eigenen Wesen erfüllt ist.

▶ ZWEITE LINIE
Indem Sie Ihre Integrität und Grundsätze stärken, werden Sie nicht durch Zerstreuungen abgelenkt, die Ihre Beachtung nicht verdienen. Damit wird jeder Anlass zur Reue ausgeräumt – Reue, die mit der Vergeudung Ihrer Fähigkeit einhergeht.

GRUNDLINIE
Genügsame Selbstsicherheit in Bezug auf Ihren Weg und Ihre Grundsätze führt zum Erfolg. Mit einer solchen Haltung brauchen Sie nicht auf äußere Umstände zu bauen, um glücklich zu sein.

Die Wiedervereinigung

HUAN

**OBERES TEIL-TRIGRAMM
SUN: WIND**

**UNTERES TEIL-TRIGRAMM
KAN: WASSER**

**OBERES KERN-TRIGRAMM
GEN: BERG**

**UNTERES KERN-TRIGRAMM
DSCHEN: DONNER**

**HERRSCHENDE
LINIEN**

(DIE AUFLÖSUNG)

Alle Kulturen kennen den bedeutenden Zeitpunkt, wenn sich die separatistischen Flügel der Bevölkerung unter der allgemeinen Begeisterung und dem Einsatz für eine gemeinsame Sache auflösen. Obwohl Zeiten wie diese seltene Ausnahmezustände sind, haben sie für die Entwicklung des Volkes wie auch für das Wohl des Einzelnen tiefe Bedeutung.

Alle Kulturen haben gesellschaftliche, politische und religiöse Rituale. Sie streben nach geistiger Einheit, um Streit auszuräumen und die Herzen und Gedanken der Menschen wieder zu vereinen. Unternehmen Sie nun alle notwendigen Schritte, sich mit Ihrer gesellschaftlichen Umgebung wieder zu vereinen. Dies ist die Zeit, das Trennende zu zerbrechen, denn Isolation führt zu Uneinigkeit und blockiert die schöpferischen Kräfte. Sie müssen sich für eine Sache oder Aufgabe engagieren, die wirkliche Bedeutung hat, oder vielleicht an einem Ereignis teilnehmen, das die Mitglieder der Gemeinschaft zusammenführt. Dieses gemeinsame Erlebnis sollte in einer emotionalen Atmosphäre stattfinden.

Personen, die sich kreativ betätigen, sollten sich nun der Kommunikation widmen. Meiden Sie elitäre oder egoistische Züge in Ihrer Arbeit, damit Sie nicht die wahre Quelle der Kreativität aus den Augen verlieren. Suchen Sie nach jenen Symbolen, Rhythmen und Mustern, welche die Menschen zu allen Zeiten inspiriert haben, und machen Sie diese zum Bestandteil Ihrer Arbeit. Bemühen Sie sich mit allem Ernst darum, die gesellschaftliche Verantwortung des Künstlers zu erfüllen, nämlich die Menschen mit ihrer Wirklichkeit zu versöhnen, sie wiederzuvereinen. Streben Sie danach, Produkte oder Leistungen anzubieten, die ein möglichst großes Publikum für nützlich und attraktiv hält.

Diese Zeit ist besonders für persönliche Beziehungen und innerhalb der Familie bedeutsam. Die Familie als die kleinste soziale Einheit ist eine unmittelbare Spiegelung der Gesellschaft. Eine Gesellschaft oder Familie, die vergisst, woher sie gekommen ist, kann auch nicht wissen, wohin sie geht.

Der Herr auf dem fünften Platz steht in Eintracht mit der starken Linie im unteren Trigramm der menschlichen Angelegenheiten. Die vierte Linie auf dem Platz der sozialen Belange weicht dem starken Herrn.

Das untere Trigramm wird von KAN, das Geheimnisvolle, eingenommen. Es wird durchdrungen von SUN, sanfte Bemühungen, im oberen Trigramm der kosmischen Ideale. Das Hexagramm WIEDERVEREINIGUNG ohne bewegte Linien symbolisiert eine ständige Absonderung von den wahren Ursprüngen. Deshalb bleibt die wahre Natur des Gegenstands Ihrer Befragung unverstanden. Sie werden sich so lange unwohl in Ihrer Haut fühlen, bis Sie dieses Geheimnis gelöst haben.

Ohne regelmäßige Erneuerung und WIEDERVEREINIGUNG unter den Familienmitgliedern – in Form von praktizierten Familientraditionen, gemeinsamer Religionsausübung oder gemeinsamer Erholung etc. – treiben die Angehörigen immer wieder voneinander fort und verlieren schließlich den Kontakt zu ihren Wurzeln. Die Beziehungen zur Familie gehören zu den wichtigsten im Leben. Falls Sie sich entfremdet haben, sollten Sie sich daher besonders anstrengen, das Trennende zu überwinden. Die Zeit der WIEDERVEREINIGUNG hat einen direkten Bezug zu Ihrer inneren Entwicklung. Sie sollten nun Ihren inneren Glauben erneuern, was Sie auch immer darunter verstehen. Auf dem Wege der Selbsterkenntnis sollten Sie sich mit Ihren als wahr empfundenen Ursprüngen erneut verbinden.

OBERSTE LINIE
Sie und besonders die Ihnen Nahestehenden, sollten jetzt jede Gefahr meiden. Dies sollte auf jedem erdenklichen Weg erreicht werden. Meiden Sie eine Situation, wenn notwendig. Sie werden für solches Handeln nicht getadelt werden.

▶ **FÜNFTE LINIE**
In Zeiten von Streit und Trennung bedarf es eines großen Aufrufs oder einer ansteckenden Idee, um die Situation zu bereinigen. Dadurch werden andere ihre parteiischen Bestrebungen aufgeben und wieder miteinander arbeiten.

VIERTE LINIE
Sie können Meinungsverschiedenheiten und Missklänge beenden. Eine Einstellung, die von weitreichenden Idealen getragen wird und sich auf das allgemeine Wohlergehen bezieht, ermöglicht es Ihnen, Spaltungsgedanken zu überwinden. Auf diese Weise werden Sie außerordentlichen Erfolg haben.

DRITTE LINIE
Die vorgenommene Aufgabe ist so groß und schwierig, dass Sie alle persönlichen Interessen zurückstellen müssen. Die Arbeit für öffentliche Belange wird Ihre innere Kraft in besonderer Weise fördern. Sie werden die Selbstlosigkeit nicht bereuen.

ZWEITE LINIE
Ihre Probleme kommen aus dem Inneren. Sie müssen Ihre Haltungen verändern und jedes Gefühl der Entfremdung überwinden. Wenn Sie Ihre Anschauungen und Gefühle gegenüber Ihren Mitmenschen verbessern können, finden Sie Ruhe und vermeiden unnötiges Leiden.

GRUNDLINIE
Sie können die ersten Anfänge von Streit sehen. Das ist sehr günstig, denn es ist bei weitem leichter, die Trennung beim ersten Auftreten zu überwinden und aufzuheben. Erfolg.

Die Beschränkungen

DSIE

OBERES TEILTRIGRAMM
KAN: WASSER

UNTERES TEILTRIGRAMM
DUI: SEE

OBERES KERNTRIGRAMM
GEN: BERG

UNTERES KERNTRIGRAMM
DSCHEN: DONNER

HERRSCHENDE LINIEN

Das älteste und elementarste Anliegen des Menschen ist die Regulierung von Erzeugung und Verbrauch im Rahmen der Naturgesetze. Zur Erhaltung der Kulturen wurden daher BESCHRÄNKUNGEN errichtet. Das erste Gesetzbuch war vielleicht der Kalender. Die wechselnden Jahreszeiten bringen Zeit und Ordnung in das bewusste Leben. Dieses wiederum richtet sich innerhalb der es umgebenden Schranken ein. Diese BESCHRÄNKUNGEN in der ganzen Natur verleihen dem Leben und der individuellen Existenz des Menschen Sinn.

Haushalten ist jetzt besonders wichtig. Sie sollten Ausgaben und Investitionen einschränken, einerlei ob es dabei um Geld, Kraft oder Gefühle geht. Es ist allgemein das Klügste, sich vor extremen Verhaltensweisen zu hüten, was von blind gläubiger Loyalität auf der einen Seite bis zur Apathie auf der anderen reicht. Falls Sie eine radikale Reform oder einen belanglosen Rückzieher planen, dann befinden Sie sich nicht mit den Zeiten in Einklang.

Richtig ist es vielmehr, wenn Sie Vorschriften oder Organisationen schaffen, die übertriebenes Handeln einschränken. Auch in Geschäftsinteressen sollten Sie BESCHRÄNKUNGEN vornehmen. Selbst wenn derartige Einengungen lästig sein können, sind sie angesichts der gegenwärtigen wirtschaftlichen Atmosphäre das Klügste. Sorgen Sie dafür, dass Ihre Stellung gesichert ist, falls Schwierigkeiten auftauchen. Gehen Sie jedoch mit den BESCHRÄNKUNGEN nicht zu weit, da Sie sonst angespannte Beziehungen schaffen. Sie sollten auch Ihre BESCHRÄNKUNGEN beschränken. Hüten Sie sich in Ihren persönlichen Beziehungen vor Extremen, was Versprechungen, Pläne und Leidenschaften betrifft. Akzeptieren Sie Ihnen Nahestehende so, wie sie sind, dann werden Ihre Beziehungen gestärkt. Wenn Sie in der Einschränkung anderer zu weit gegangen sind,

---

Der Herr auf der fünften Position (Autorität) ist stark und damit korrekt. Er wird von korrekten Linien umgeben – auf dem Platz der Weisheit oben und dem der sozialen Bewusstheit unten –, die er vereint, um die Situation einzugrenzen und zu kontrollieren.

Das untere Trigramm der menschlichen Interessen DUI, der Auswuchs, wird von KAN, das Abgründige und Bedeutsame, im oberen Trigramm der kosmischen Ideale kontrolliert. Wenn das Hexagramm BESCHRÄNKUNGEN ohne bewegte Linien auftritt, gibt es zu verstehen, dass eine Situation noch genau bestimmt werden muss. Sie müssen Ihre Beziehung und Verpflichtungen gegenüber der gegenwärtig blockierten Situation einschätzen. Der nächste Schritt ist, die BESCHRÄNKUNGEN anzunehmen und sich angemessen zu verhalten. Sie können einen entscheidenden Schritt vorwärts machen, wenn Sie den richtigen Weg finden.

hat das nichts als Rebellion und Unannehmlichkeiten zur Folge. Setzen Sie stattdessen dem Ausmaß Ihrer Bindungen Grenzen.

Künstler und Personen, die kreativ tätig sind, haben jetzt BESCHRÄNKUNGEN nötig, um zur vollen Höhe ihrer Schöpferkraft zu gelangen. Wenn Sie sich selbst Richtlinien und Prinzipien setzen, werden Sie etwas wirklich Bedeutendes mit Erfolg verwirklichen. Ohne BESCHRÄNKUNGEN treiben Sie in einem Meer von Möglichkeiten und bewegen sich von einer Sache zur nächsten, ohne jemals zu einem echten Engagement fähig zu sein. Hüten Sie sich aber davor, dass Ihre BESCHRÄNKUNGEN Sie binden oder, schlimmer noch, zu einem Vorwand für Trägheit werden. Setzen Sie sie als natürliches Regulativ ein, das zu Gesundheit und Erfolgen führt.

OBERSTE LINIE
Wer unmäßige Einschränkungen von anderen fordert, wird schließlich auf Empörung stoßen. Auf diese Weise kann nichts Wertvolles vollbracht werden. Für eine gewisse Zeit jedoch dürfen Sie Einschränkungen fordern, damit Ihre Entwicklung unterstützt wird und Fehler vermieden werden.

▶ FÜNFTE LINIE
Sie müssen beispielhaft werden, was das Einwirken auf andere betrifft. Wenn BESCHRÄNKUNGEN und Einengungen notwendig sind, dann nehmen Sie diese als Erster auf sich. So wissen Sie, dass sie annehmbar sind, und gewinnen zugleich Lob und Nachahmer. Erfolg.

VIERTE LINIE
Lassen Sie Ihre BESCHRÄNKUNGEN zu natürlichen Erweiterungen Ihres Verhaltens werden. Fügen Sie sich den gegebenen Bedingungen der Situation und führen Sie keine endlosen Debatten über das Prinzip einer Sache. Setzen Sie sich mit den anstehenden Fragen auseinander, und Sie werden Erfolg haben.

DRITTE LINIE
Ihr überspanntes Leben und Ihr Mangel an Zurückhaltung haben Sie in eine schwierige Lage gebracht. Wenn Sie darüber Bedauern empfinden und den Fehler nicht bei anderen suchen, vermeiden Sie künftige Irrtümer.

ZWEITE LINIE
Gelegenheit und Möglichkeit zum Handeln sind in Sicht. Wenn Sie beim richtigen Zeitpunkt zögern, werden Sie Ihre Chance gänzlich verpassen. Eine falsche Wahl des Zeitpunkts ist das Ergebnis übermäßiger Beschränkung.

GRUNDLINIE
Auch wenn Sie in der gegenwärtigen Verfolgung Ihrer Ziele gerne gewisse Maßnahmen ergreifen würden, müssen Sie dennoch innehalten, wenn Sie Hindernisse vor sich sehen. Solche BESCHRÄNKUNGEN sollten erkannt und akzeptiert werden. Halten Sie sich an die Möglichkeiten und sammeln Sie ruhig Ihre Kraft.

Die Einsicht

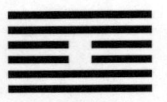

DSCHUNG FU

**OBERES TEIL-TRIGRAMM
SUN: WIND**

**UNTERES TEIL-TRIGRAMM
DUI: SEE**

**OBERES KERN-TRIGRAMM
GEN: BERG**

**UNTERES KERN-TRIGRAMM
DSCHEN: DONNER**

HERRSCHENDE LINIEN

(INNERE WAHRHEIT)

Diese Zeit verlangt bedeutende Errungenschaften durch die Kraft der EINSICHT. Um zur EINSICHT zu kommen, ist es nötig, dass Sie sich vertrauensvoll auf die innere Stärke und Lauterkeit Ihres Charakters stützen und gleichzeitig die Kräfte der gegenwärtigen Situation voll auf sich wirken lassen. Auf diese Weise stellen Sie einen direkten Kontakt zwischen diesen Polen her, sodass Sie deren Kräfte verstehen und lenken können. Es geht hier darum, Kräfte zu koordinieren, damit ein Minimum an Konflikt zu einem Maximum an Wirkung führt. Meister dieser Kunst sagen: Man nutzt vier Gramm, um tausend Pfund zu biegen.

Wenn Sie auf den Gegenstand Ihrer Frage eingehen, sollten Sie vollständig offen und vorurteilsfrei seiner Natur gegenübertreten. Gehen Sie über die Objektivität hinaus bis zur reinen Anschauung und Aufnahme. Jetzt wird Ihr Denken von dem, was Sie beobachten und erfahren, vollständig beeinflusst. Nun sollten Sie innehalten. Kehren Sie wieder zurück in Ihren Charakter, Ihre Grundsätze, Ihr Selbst, und nehmen Sie jene tiefe EINSICHT mit, die auf tatsächlichen Erfahrungen beruht. Auf so einer Reise des Einfühlens verlieren Sie nicht etwa Ihre Sichtweise oder werden Ihren Prinzipien untreu, sondern erlangen vielmehr wertvolle EINSICHT in Dinge, die vielleicht einen Teil Ihres Lebens steuern. Derartige EINSICHT ist ein großer Vorteil: Sie sind nicht um Worte verlegen, wissen, welche Schritte bei geringstem Aufwand den größten Effekt haben und welche Haltung angemessen ist, um Ereignisse zu bestimmen.

In Ihren Beziehungen sollten Sie Kameradschaft und Freundschaft auf Höheres gründen als auf einfache Wechselbeziehungen oder müßige Vergnügungen. Die Zeit ist ganz allgemein günstig, sinnvolle Beziehungen mit den Menschen Ihrer Umgebung aufzubauen und die Kräfte, die dabei ausgetauscht werden, zur Erreichung bedeutsamer Ziele zu nutzen. Vergessen Sie nicht, dass ein aufrechter Charakter nötig ist, damit es nicht zu

---

Das Hexagramm ist in der Mitte offen und legt den Gedanken an ein offenes Herz nahe. Die starke Linie auf dem fünften Platz (Autorität) ist korrekt und übt daher die Herrschaft aus.

Das obere Trigramm der durchdringenden Bemühungen, SUN, wird durch das sich emporbewegende untere Trigramm DUI, die Offenheit, gestärkt und erweitert. Eine offene Haltung erreicht also das wahre Durchdringen und die EINSICHT in die Situation. Dies muss vollbracht werden, bevor überhaupt gehandelt werden kann. In seiner unbewegten Form bedeutet dieses Hexagramm, dass der Gegenstand Ihrer Frage in keiner Weise beeinflussbar ist, noch auf Sie wirken wird, solange keine aufrechte Beziehung existiert. Fangen Sie damit unverzüglich an.

einer EINSICHT kommt, die durch Täuschung und mangelnden Wirklichkeitssinn verzerrt ist. Haben Sie erst EINSICHT gewonnen, dann ist es nicht mehr nötig, radikal oder mit Druck vorzugehen, um Harmonie und Gerechtigkeit zu erlangen. In dieser Zeit erreichen mitfühlende und dennoch wohlgezielte Worte weit mehr.

Wenn Sie sich zur EINSICHT erziehen, schaffen Sie sich selbst einen Charakterzug von echtem Wert, der Ihnen die Auseinandersetzung mit allen Fragen Ihrer Umgebung erleichtert. Durch EINSICHT vermögen Sie nunmehr andere mit Umsicht zu führen oder ein ruhiges Leben bei guter Gesundheit zu wählen, das weitgehend ungestört und dennoch bemerkenswert reich an Erfahrungen ist.

OBERSTE LINIE
Ihre Persönlichkeit hat sich an einen Punkt entwickelt, an dem Sie einen formalen Appell um Unterstützung und Gefolgschaft verkünden können, um hoch gesteckte Ziele zu erreichen. Ihre Stellung ist jedoch solchem Streben nicht angemessen. Die Verfolgung dieser Ziele führt zu Unglück und gibt Anlass zur Reue.

▶ FÜNFTE LINIE
Dies ist die Position des wahren Herrschers. Ein solcher Mensch hat ordentliche Ziele und Grundsätze und strahlt auf seine Umgebung die beeindruckende Kraft seiner Persönlichkeit aus. Andere halten sich an ihn; daran ist nichts Schlechtes.

VIERTE LINIE
Wenden Sie Ihre Aufmerksamkeit einem großartigen Menschen oder Ideal zu, um EINSICHT in seine Stärke zu erlangen. Bei der Verfolgung eines größeren Ziels ist es möglich, dass Sie andere hinter sich lassen. Dies ist kein Fehler.

DRITTE LINIE
Sie hängen von äußeren Beziehungen ab, die Ihnen Stimmungen vorschreiben oder das Maß Ihres Selbstvertrauens bestimmen. Dies kann Sie sowohl in die Höhen der Freude heben als auch in die Tiefen der Trauer stoßen. Möglicherweise empfinden Sie dieses emotionale Wechselbad als angenehm.

ZWEITE LINIE
Die ist die Stunde der EINSICHT und des Einflusses. Die Dinge, die Sie tun, und die Worte, die Sie sagen, erreichen Herz und Geist der Menschen. Sie können ein günstiges und wohlwollendes Echo von Ihrer Umgebung erwarten.

GRUNDLINIE
Konzentrieren Sie sich nun auf Ihre inneren Stärken. Vertrauen Sie auf Ihre Grundsätze und jene Einsichten in Ihre Natur, die Ihrem Wissen nach wahr sind. Diese Haltung führt zu Erfolg. Falls Sie außerhalb nach Hilfe suchen, geraten Sie möglicherweise in ein Chaos, und all Ihr weiteres Handeln wird inhaltslos und falsch sein.

Die Gewissenhaftigkeit

(DES KLEINEN ÜBERGEWICHT)

SIAU GO

OBERES TEILTRIGRAMM
DSCHEN: DONNER

UNTERES TEILTRIGRAMM
GEN: BERG

OBERES KERNTRIGRAMM
DUI: SEE

UNTERES KERNTRIGRAMM
SUN: WIND

HERRSCHENDE LINIEN

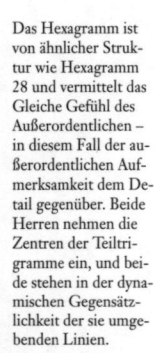

Sie müssen nun bei Ihren Kontakten mit der Außenwelt so gewissenhaft wie möglich sein. Nie war der Sinn für den richtigen Zeitpunkt wichtiger. Selbstkontrolle und Sorgfalt bei Details sind die Charakterzüge, die Ihnen helfen, Ihre Ziele zu verwirklichen. Dies ist nicht die richtige Zeit, um die Gipfel Ihrer Träume zu erklimmen. Widmen Sie sich der täglichen Routine, und übersehen Sie nichts.

Was die Dinge der Macht und Politik betrifft, so kann es sein, dass Sie in eine Stellung aufrücken, die wesentlich mehr Verantwortung erfordert, als Sie tragen können. Sie sollten bei der Ausführung Ihrer Angelegenheiten ganz besonders sorgfältig sein. Lassen Sie nichts unbemerkt vorbeigehen, und versuchen Sie vor allem nicht rebellisch zu sein oder mit Ihrer Meinung aufzutrumpfen. Dies ist nicht die Zeit für große Vorhaben. Wenn Sie sich zur GEWISSENHAFTIGKEIT gegenüber Ihren Pflichten und Verantwortlichkeiten erziehen, so wird Ihnen das Glück bringen.

Sie sollten bei allen finanziellen Unternehmungen besonders wachsam sein. Halten Sie sich mit Ausgaben zurück. Lassen Sie sich durch Aussichten auf große Gewinne nicht blenden. Bringen Sie Würde und GEWISSENHAFTIGKEIT in Ihre Kontakte mit der Handelswelt. Auf diese Art winkt Ihnen Erfolg.

Ihre Beziehungen zu anderen Menschen verlaufen am vorteilhaftesten, wenn Sie den anerkannten, gesellschaftlichen Richtlinien folgen. Alle Übertreibungen führen ins Negative. Schlichte, von Herzen kommende Gefühle schaffen Harmonie zwischen Ihrer Umwelt und Ihnen, während Anmaßung oder Großtuerei Sie in eine gefährliche Lage bringen. Gesellschaftliches Entgegenkommen ist der Schlüssel, der Ihnen die Tür zum Erfolg öffnet. Dies ist vermutlich nicht gerade der Augenblick Ihrer tiefsten emotionalen Erfahrung. Womöglich sind Sie sogar mit trivialen Gefühlsdingen überlastet. Es lohnt sich jedoch, diesen empfindlichen, mitunter auch dramatischen Gefühlen Aufmerksamkeit zu schenken. Halten Sie

---

Das Hexagramm ist von ähnlicher Struktur wie Hexagramm 28 und vermittelt das Gleiche Gefühl des Außerordentlichen – in diesem Fall der außerordentlichen Aufmerksamkeit dem Detail gegenüber. Beide Herren nehmen die Zentren der Teiltrigramme ein, und beide stehen in der dynamischen Gegensätzlichkeit der sie umgebenden Linien.

In seiner unbewegten Form spiegelt das Hexagramm GEWISSENHAFTIGKEIT ein beständiges Gefühl der Pflicht und Schlichtheit hinsichtlich des Gegenstands Ihrer Frage. Die erregende Macht von DSCHEN im oberen Trigramm der kosmischen Ideale konzentriert sich auf die sinnende Stille von GEN im unteren Trigramm der menschlichen Angelegenheiten. Ihre Beziehung zur Situation ist unerbittlich an die Forderung des Bewahrens und Beschränkens gebunden.

sich in dieser Zeit an gesicherte, vorgezeichnete Verhaltensweisen und unterlassen Sie ausführliche Zurschaustellungen Ihrer Gefühle, ohne das Bewusstsein Ihrer wahren Empfindungen zu verlieren.

Ihre innere Entwicklung erfordert eine gewisse Demut. Jede Regung von Stolz kann Sie von wichtigen Einsichten fern halten. Die momentan wirksamen Kräfte kommen ehrgeizigen, persönlichen Plänen nicht entgegen. Das Glück wird auf Ihrer Seite stehen, wenn Sie bescheiden bleiben und Ihre Arbeit mit GEWISSENHAFTIGKEIT und Würde leisten.

OBERSTE LINIE
Ihr Ehrgeiz ist vielleicht zu groß. Bei einem aggressiven Versuch, ein unrealistisches Ziel zu erreichen, werden Sie scheitern.

▶ FÜNFTE LINIE
Ihre Stärke reicht zwar aus, um das zu schaffen, was Sie möchten, aber Ihre Position ist nicht angemessen. Sie brauchen Hilfe von anderen. Suchen Sie mit Bescheidenheit solche Unterstützung von befähigten Menschen, und Sie werden Ihr Ziel erreichen.

VIERTE LINIE
Achtung: Drängen Sie nicht vorwärts und erzwingen Sie nichts zu dieser Zeit. Bleiben Sie unauffällig und bewahren Sie innere Beharrlichkeit.

DRITTE LINIE
Da Sie im Recht sind und sich die Dinge in der Vergangenheit glatt entwickelt haben, könnten Sie versucht sein, Einzelheiten zu übersehen und im Übermaß zuversichtlich zu werden. Gefahren halten sich verborgen, die nur mit GEWISSENHAFTIGKEIT vermieden werden können. Ergreifen Sie jetzt Vorsichtsmaßnahmen.

▶ ZWEITE LINIE
Nutzen Sie jede Verbindung mit anderen, wie gewöhnlich sie auch sein mag, um in eine sichere Stellung zu kommen. Es ist bedeutungslos, welche Art der Verbindung Sie eingehen, wichtig ist die Verbindung selbst. Halten Sie sich jedoch so fest wie möglich an die traditionellen Methoden.

GRUNDLINIE
Machen Sie sich nicht die Mühe, einen außerordentlichen Plan in Erwägung zu ziehen. Weder die Zeit noch Ihre Stellung könnten unangemessener sein. Ihre Bestimmung liegt jetzt im Gewöhnlichen und Traditionellen und alles, was darüber hinausgeht, führt Sie in Gefahr.

Nach der Vollendung

GI DSI

**OBERES TEIL-TRIGRAMM
KAN: WASSER**

**UNTERES TEIL-TRIGRAMM
LI: FEUER**

**OBERES KERN-TRIGRAMM
LI: FEUER**

**UNTERES KERN-TRIGRAMM
KAN: WASSER**

HERRSCHENDE LINIEN

Ein Zustand völligen Gleichgewichts ist erreicht. Alles scheint in bester Ordnung. Der Übergang ist vollendet, und Sie sind geneigt, sich zu entspannen und selbstzufrieden zu werden. Dies ist eine Tendenz, wie man sie normalerweise NACH DER VOLLENDUNG oder nach dem Höhepunkt einer bestimmten Phase erfährt. Die Situation gibt ein wohl bekanntes historisches Muster wieder: nach dem Aufstieg einer Kultur zu ihrer glorreichen Blüte setzt der Niedergang ein; in Alltagsdingen werden Abgestumpftheit und Verantwortungslosigkeit sichtbar, wichtige gesellschaftliche Bindungen werden schwächer, Dekadenz und Korruption herrschen selbst in Bereichen, die als über jeden Zweifel erhaben galten. Da die allgemeine Tendenz auf das weniger Vollkommene zielt, sollte Sie die bevorstehende Veränderung veranlassen, Wachsamkeit und Abwehrkraft zu entwickeln. Diese Fähigkeiten helfen Ihnen in Situationen, die gemieden oder rasch und deutlich verworfen werden müssen. Alles deutet darauf hin, dass kleine Anstrengungen zu guten Erfolgen führen. Sie können den Niedergang nicht aufhalten, der NACH DER VOLLENDUNG kommt, aber Sie können lernen, solche Zeiten zu überstehen und gestärkt aus ihnen hervorzugehen.

Vor allen Dingen sollten Sie sich nicht der Illusion hingeben, der jetzt existierende Idealzustand bleibe bestehen. Eine derartige Haltung steht nicht im Einklang mit dem großen Ablauf und wird Sie den Wirren schutzlos preisgeben.

Es ist möglich, dass gesellschaftliche und zwischenmenschliche Beziehungen jetzt Probleme aufwerfen. Diese können mit Wachsamkeit überwunden werden. Wenn Sie im Voraus wissen, dass Ihnen emotionale Schwierigkeiten bevorstehen, kann deren Auftreten Sie nicht mehr hilflos machen. Besonders wachsam sollten jene sein, die in geschäftlichen oder

---

Der schwache Herr ist korrekt im unteren Trigramm der menschlichen Angelegenheiten. Alle Linien sind vollkommen korrekt, und das Hexagramm kann sich nur insgesamt verändern.

Das untere Trigramm LI, die Klarheit, betritt den Bereich von KAN, das Tiefe. Sie können zwar sehr klar erkennen, was NACH DER VOLLENDUNG geschieht, doch ohne bewegte Linien im Hexagramm ist es schwierig, auf die Situation einzuwirken. Sie sind unmittelbar im Zentrum dessen, was sich gestaltet und bewegt. Es ist gerade so, als würden Sie sich im Auge eines Hurrikans befinden. Alles scheint so ruhig, sein Einfluss und seine Kraft sind außerhalb Ihrer Reichweite. Vielleicht tröstet Sie der Gedanke, dass Sie umso weniger von dieser Situation betroffen werden, je weniger Sie auf sie einwirken können.

politischen Angelegenheiten stecken. Es handelt sich jetzt nicht um eine einfache Talsohle, wie bei Hexagramm 41, DER NIEDERGANG. Es ist vielmehr die Zeit NACH DER VOLLENDUNG dessen, was langfristig vorbereitet wurde. Karrieren, die sich auf ihrem Höhepunkt befinden, können eine entscheidende Wendung nehmen; langfristig entwickelte Verfahren und Erzeugnisse können plötzlich veralten. Finden Sie Kraft in der Erkenntnis, dass mit Vorausplanung und Vorbereitung selbst absolute Veränderungen erfolgreich überstanden werden können.

Bleiben Sie wachsam in Ihrer Haltung gegenüber dem Gegenstand Ihrer Frage. Wenn die Möglichkeit besteht, dass irgendetwas schief geht, dann wird es auch schief gehen. Nur Wachsamkeit und Vorsicht können Sie gegen Unglückszeiten gefeit machen.

OBERSTE LINIE
Sie haben eine bedeutsame Handlung in die Wege geleitet. Glauben Sie aber nicht, dass die Dinge ihren Lauf nehmen, während Sie zuschauen und warten. Diese Art der Haltung ist sowohl vergeblich wie auch gefährlich. Sie haben Verantwortlichkeiten übernommen, und wenn Sie sich ihnen entziehen, fordern Sie große Gefahren heraus.

FÜNFTE LINIE
Dies ist eine unpassende Zeit für demonstrative Zurschaustellung von persönlichem Erfolg und Größe. Suchen Sie in der Einfachheit Ihres Lebens nach wahrem Glück. Sie werden mehr durch kleine Bemühungen als durch großen Aufwand erreichen.

VIERTE LINIE
In der Situation Ihrer Befragung finden sich Verfallserscheinungen. Seien Sie vorsichtig.

DRITTE LINIE
Das Erreichen eines höchst ehrgeizigen Ziels ist möglich. Es wird lange Zeit brauchen und Sie erschöpft zurücklassen, aber wenn Sie es für lohnend halten, ist Erfolg angezeigt. Seien Sie dennoch vorsichtig und setzen Sie nur die qualifiziertesten Personen für Ihre Bemühungen ein.

▶ ZWEITE LINIE
Sie sind plötzlich ungeschützt, sei es durch Ihr Dazutun oder durch Umstände außerhalb Ihrer Kontrolle. Tun Sie nichts! Versuchen Sie nicht, etwas zu bemänteln oder Vorteile für Ihre Stellung daraus zu ziehen. Diese Zeit wird bald vorübergehen.

GRUNDLINIE
Während Sie Ihre Pläne weiterentwickeln, beginnt der Druck zu steigen und Sie spüren das Bedürfnis, die ganze Angelegenheit neu zu überdenken. Sie müssen sich darüber klar sein, dass Sie von den Ereignissen betroffen werden, die Sie selbst in Bewegung gesetzt haben, allerdings nicht auf negative Weise, da Sie generell eine korrekte Haltung haben.

Vor der Vollendung

WE DSI

**OBERES TEIL-TRIGRAMM
LI: FEUER**

**UNTERES TEIL-TRIGRAMM
KAN: WASSER**

**OBERES KERN-TRIGRAMM
KAN: WASSER**

**UNTERES KERN-TRIGRAMM
LI: FEUER**

HERRSCHENDE LINIEN

Die Vollendung eines Zieles wird sichtbar. Es scheint, als ob mit vernünftigem Aufwand lang anstehende Angelegenheiten zum Erfolg gebracht werden können. Situationen, die man früher für düster hielt, werden zusehends klarer. In Zeiten VOR DER VOLLENDUNG sieht die Zukunft viel versprechend aus.

In den menschlichen Angelegenheiten herrscht eine einzigartige, weise Sicht der Dinge. Verfahrene Situationen können geordnet werden. Da Sie jetzt mit dem Wesen des Gegenstands Ihrer Frage ungewöhnlich vertraut sind, können Sie seine Elemente abschätzen und auf jede zur Erreichung Ihres Ziels notwendige Weise arrangieren. Es sollte relativ einfach sein, Menschen zur Bewältigung gesellschaftlicher Probleme zu Gruppen zusammenzuschließen. Indem Sie die Lage der Beteiligten ergründen, können Sie die Einzelnen Bedürfnisse innerhalb der Gruppe befriedigen und die Kooperation der Gruppe sichern. Die Zeit VOR DER VOLLENDUNG kann mit einem langen Zug über die Berge verglichen werden. Bevor Sie den Gipfel erreichen, können Sie an bestimmten Punkten ganz genau sehen, wie weit Sie noch zu gehen haben. Sie wissen aufgrund Ihrer bisher beim Steigen gemachten Erfahrungen, welche Mühen der Aufstieg erfordert. Haben Sie jedoch endlich den Gipfel erreicht, der seit so vielen langen Tagen der Mühe vor Ihren Augen stand, so haben Sie noch nichts weiter getan. Sie haben wenig Informationen und keinerlei Erfahrung über den Abstieg auf der anderen Seite. Ein zu rascher Aufstieg und ein zu selbstsicheres Überqueren des Gipfels kann zur Katastrophe führen.

Der Text des I GING warnt bei diesem Hexagramm sehr ausführlich vor den Gefahren unvorsichtigen Vorgehens unmittelbar VOR DER

Die herrschende Linie auf dem Platz der Autorität ist schwach. Alle Linien stehen in logischer (alternierender) Abfolge, aber auf den falschen Plätzen und schaffen Empfänglichkeit für einen völligen Wandel.

Das obere Trigramm LI, die Klarheit, steigt empor und entfernt sich vom unteren Trigramm KAN, das Tiefe und Bedeutsame. Wenn Sie dieses Hexagramm in seiner unbewegten Form erhalten, könnte es bedeuten, dass Sie nicht vorbereitet sind, das, was getan werden muss, klar zu erkennen und abschließende Schritte zu tun. Dies mag die Angst vor der Leere sein, die manchmal dem erreichten Ziel folgt oder – auf einer ursprünglichen Ebene – die Furcht vor dem Tod. Der Höhepunkt kann nur bis zu einem gewissen Grad vorweggenommen werden, sonst verliert er seine Unmittelbarkeit und seinen Sinn. Alle Aspekte des Lebens und der menschlichen Angelegenheiten müssen ein Ende finden und neu anfangen. Die Bewusstheit dieser Einsicht und ihr Akzeptieren macht den Reichtum der menschlichen Erfahrung aus.

VOLLENDUNG. Sie sollten sich in Alarmbereitschaft halten und Reserven vorbereiten. Die bevorstehende Situation wird in jedem Fall fremd für Sie sein und keiner ähneln, die Sie je erfahren haben. In der nahen Zukunft können Sie sich nicht auf Ihren Erfahrungsschatz stützen, denn die Zeit stellt in vielerlei Hinsicht nichts Geringeres dar als eine Wiedergeburt.

Der Gedanke der Wiedergeburt, wie er hier erscheint, ist ein Schlüssel zum Verständnis des ganzen I GING. Das Buch endet mit einem neuen Anfang und kehrt zum ersten Hexagramm, DAS SCHÖPFERISCHE, zurück und so immer fort ins Unendliche.

OBERSTE LINIE
Nachdem die Kämpfe vorüber sind, herrscht ein Gefühl des Wohlbefindens, das der Ankündigung einer neuen, erholsamen Zeit entspringt. Genießen Sie diese Zeit des Feierns, aber geben Sie sich nicht Exzessen hin, sonst könnte Ihr Ideal – und damit Ihre Zuversicht – verloren gehen.

▶ FÜNFTE LINIE
Ehrliche Entschlossenheit und korrekte Grundsätze haben die Schwierigkeiten vertrieben und die anregende Atmosphäre einer fortgeschrittenen Gesellschaft geschaffen. Eine überlegene Persönlichkeit kann nun andere um sich scharen und sie in eine strahlende, neue Zeit führen. Große Dinge können erreicht werden.

VIERTE LINIE
Ein unvermeidbarer Kampf, vielleicht um Grundsätze, steht bevor. Entwickeln Sie Disziplin und Entschlossenheit, denn der Kampf muss ohne Bedenken zu Ende geführt werden. Der Lohn wird später kommen. Erfolg!

DRITTE LINIE
Die permanente Verfolgung Ihres Ziels wird Sie entmutigen, da es in Ihrer gegenwärtigen Situation nicht erreichbar ist. Wenn Sie dieses Ziel unbedingt erreichen müssen, ist es am besten, mit der Hilfe von neuen Freunden zu beginnen, weil sonst Ihre Energien und Ideale durch Entmutigung abstumpfen.

ZWEITE LINIE
Sie mögen zwar wissen, was getan werden muss, aber die Zeit ist nicht reif zum Handeln. Üben Sie sich in Geduld und entwickeln Sie Stärke. Wenn Sie die innere Entschlossenheit bewahren voranzuschreiten, sobald sich die Gelegenheit bietet, werden Sie erfolgreich sein. Lassen Sie sich durch diese Verzögerung nicht von Ihrem Ziel abbringen.

GRUNDLINIE
Es gibt ein starkes Bedürfnis, eine wirre Situation zu beenden, doch jetzt ist nicht die Zeit für gezieltes Handeln. Sie sehen die Verwicklungen und Konsequenzen noch nicht deutlich. Jeder Schritt wird Ihnen Probleme und vielleicht Schande bringen.

Anhang

ÜBERSICHT DER HEXAGRAMME NACH KÖNIG WEN

Die dargestellte Anordnung der 64 Hexagramme ist die älteste, die bekannt ist, und diese Reihenfolge wird auch im I GING eingehalten. Auf jedes Hexagramm mit ungerader Nummer folgt entweder sein Gegenstück oder seine Umkehrung (d. h., es ist auf den Kopf gestellt). Die Reihenfolge der ungeraden Nummern ist geheimnisvoll. Gelehrte und Mathematiker haben den Code, der ihr zugrunde liegt, bisher nicht lösen können. Vielleicht ist die Logik der Anordnung nur intuitiv zu erfassen, d. h. durch die Bedeutung, die die Hexagramme für die Menschen haben.

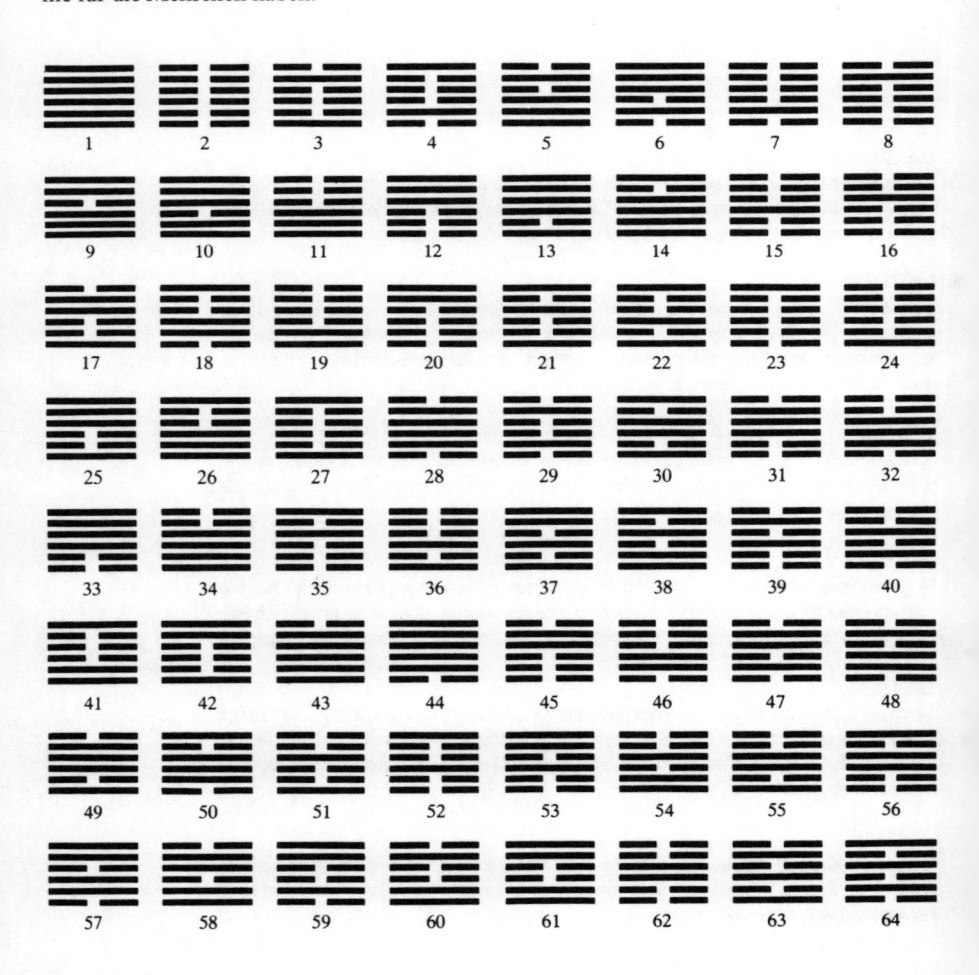

TRANSKRIPTIONSTABELLE

Die Schreibweise der chinesischen Namen in diesem Buch, ist die, die Richard Wilhelm, der große Sinologe und Übersetzer des I GING, benutzt hat. Da es eine beträchtliche Anzahl von Umschriftsystemen gibt, werden die wichtigsten Begriffe hier zwei bedeutenden anderen Schreibweisen gegenübergestellt.

WADE-GILES ist ein hauptsächlich im englischsprachigen Raum und seiner Literatur benutztes System; PINYIN (zu deutsch: Laute zusammensetzen, Buchstabieren) ist das in China entwickelte, wenn man so will „autorisierte" System der Transkription. (Die Namen der Hexagramme mit unterstrichenen Nummern sind gleichzeitig die Namen der acht Trigramme.)

Die Wilhelm'sche Schreibweise ist in Bezug auf die Aussprache dem Deutschen am ehesten gemäß. Bei den Hexagramm- bzw. Trigrammnamen KIEN, HIEN, GIEN, HIE, DSIEN und DSIE ist allerdings Folgendes zu beachten: Das i wird kurz und vom e getrennt gesprochen, also nicht „Kiin", sondern „Kjen". Ebenso ist das i in SCHI und SCHI HO ganz kurz.

R. WILHELM	WADE-GILES	PINYIN
I Ging	I Ching	Yi Jing
FU Hi	Fu Hsi	Fu Xi
Wen	Wen	Wen
Dschou	Chou	Zhou
Yin	Yin	Yin
Yang	Yang	Yang
Laotse (Lau Dsi)	Lao Tzu	Lao Zi
Tao (Dau)	Tao	Dao
Tao Te King	Tao Te Ching	Dao De Jing

DIE HEXAGRAMME

<u>1</u>	Kien	Ch'ien	Qian
<u>2</u>	Kun	K'un	Kun
3	Dschun	Chun	Chun
4	Mong	Meng	Meng
5	Sü	Hsu	Xu
6	Sung	Sung	Song
7	Schi	Shih	Shi
8	Bi	Pi	Bi
9	Siau Tschu	Hsiao Ch'u	Xiao Chu
10	Lü	Lu	Lü
11	Tai	T'ai	Tai
12	Pi	P'i	Pi

13	Tung Jen	T'ung Jen	Dong Ren
14	Da Yu	Ta Yu	Da You
15	Kien	Ch'ien	Qian
16	Yü	Yu	Yu
17	Sui	Sui	Sui
18	Gu	Ku	Gu
19	Lin	Lin	Lin
20	Guan	Kuan	Guan
21	Shi Ho	Shih Ho	Shi He
22	Bi	Pi	Bi
23	Bo	Po	Bo
24	Fu	Fu	Fu
25	Wu Wang	Wu Wang	Wu Wang
26	Da Tschu	Ta Ch'u	Da Chu
27	I	I	Yi
28	Da Go	Ta Kuo	Da Guo
29	Kan	K'an	Kan
30	Li	Li	Li
31	Hien	Hsien	Xian
32	Hong	Heng	Heng
33	Dun	Tun	Dun
34	Da Dschuang	Ta Chuang	Da Zhuang
35	Dsin	Chin	Jin
36	Ming I	Ming I	Ming Yi
37	Gia Jen	Chia Jen	Jia Ren
38	Kui	K'uei	Kui
39	Gien	Chien	Jian
40	Hie	Hsieh	Xie
41	Sun	Sun	Sun
42	I	I	Yi
43	Guai	Kuai	Guai
44	Gou	Kou	Gou
45	Tsui	Ts'ui	Zui
46	Schong	Sheng	Sheng
47	Kun	K'un	Kun
48	Dsing	Ching	Jing
49	Go	Ko	Ge
50	Ding	Ting	Ding
51	Dschen	Chen	Zhen
52	Gen	Ken	Gen
53	Dsien	Chien	Jian
54	Gui Me	Kuai Mei	Guai Mei

55	Fong	Feng	Feng
56	Lü	Lu	Lü
<u>57</u>	Sun	Sun	Sun
<u>58</u>	Dui	Tui	Dui
59	Huan	Huan	Huan
60	Dsie	Chieh	Jie
61	Dschung Fu	Chung Fu	Zhong Pu
62	Siau Go	Hsiao Kuo	Xiao Guo
63	Gi Dsi	Chi Chi	Ji Ji
64	We Dsi	Wei Chi	Wei Ji

Weitere Titel zum
I Ging
bei Diederichs

Georg Zimmermann
I Ging leicht gemacht
Das Einführungsbuch
Festeinband, 218 Seiten

In übersichtlichen Erläuterungen für den Einsteiger werden grundlegende Fragen geklärt, z.B. die Erstellung eines Hexagramms mit der Münz- oder Stäbchenmethode, das Wesen der Trigramme und die Herkunft und der Nutzen des umfangreichen Textmaterials des I Ging. Der Leser erhält Zugang zu den bildhaften Worten der Orakelsprüche und erfährt, wie sie in den Gesamtzusammenhang des Buches der Wandlungen gebettet sind.

Georg Zimmermann
I Ging für Meister
Festeinband, 303 Seiten

In diesem Handbuch werden Erkenntnisse erweitert und die Fähigkeit geschult, dem I Ging sowohl mit Gefühl und Intuition wie auch mit Verstand zu begegnen und es so in die Lebenspraxis zu integrieren. In sieben Kapiteln entwickelt Georg Zimmermann ein Lehrmodell, um zur Meisterschaft des I Ging zu gelangen. Er stellt zentrale, schwer zugängliche Hexagramme dar, interpretiert sie neu und beleuchtet sie im größeren Zusammenhang.

DIEDERICHS

I Ging
Das Buch der Wandlungen

Aus dem Chinesischen übertragen und herausgegeben
von Richard Wilhelm

644 Seiten, Leinen mit Schutzumschlag

Das älteste Weisheitsbuch Chinas, seit Richard Wilhelms epochaler Übersetzung aus dem chinesischen Original als Orakel weltweit gelesen, studiert und befragt. Hier liegt der bahnbrechende Wilhelmsche Text vor, der das I Ging, das älteste Buch Chinas – und zugleich eines der aktuellsten – zu einem Stück Weltliteratur machte. Die Gesamtausgabe der drei Bücher mit den Kommentaren Richard Wilhelms.

»*Das I Ging bietet sich nicht selbst mit Beweisen und Resultaten an; es rühmt sich nicht einfach, sich ihm zu nähern. Es ist wie ein Teil der Natur, wartend, bis man es entdeckt.*«
C.G. Jung

I Ging
Text und Materialien

Aus dem Chinesischen übersetzt von Richard Wilhelm

Diederichs Gelbe Reihe Band 1, 352 Seiten, Paperback

Die handliche Taschenausgabe des I Ging in zwei Büchern. Seit drei Jahrzehnten die populärste Textfassung im deutschsprachigen Raum.

»*Du mußt unbedingt das I Ging lesen. Ich will nicht darüber reden, nur soviel: Es ist das einzige, was phantastisch wahr ist. Du liest es, und du weißt einfach, daß es wahr ist. Es ist etwas, an das man glauben kann.*«
Bob Dylan

DIEDERICHS

Yijing
Das Buch der Wandlungen
Erstmalig von Grund auf entschlüsselt
und neu aus dem chinesischen Urtext übersetzt
von Frank Fiedeler

592 Seiten, Leinen mit Schutzumschlag
Auch als Set mit Diskette lieferbar

Der Sinologe Frank Fiedeler enthüllt die komische Urbedeutung der 64 Hexagramme und geht erstmalig zu den Ursprüngen der chinesischen Deutungstradition zurück.
Er leitet die Bedeutung der 64 Hexagramme aus den kosmologischen Vorstellungen der chinesischen Frühzeit ab und sieht in ihnen die systematische Darstellung des Mondwandels.

Hellmut Wilhelm
Sinn des I Ging
Diederichs Gelbe Reihe Band 12, 224 Seiten, Paperback

Eine Einführung in chinesisches Denken und der dem I Ging innewohnenden Systematik, die die Kategorien und vielfältigen Bezüge des I Ging begreifbar macht und damit auch für den fortgeschrittenen Leser nützlich ist.

DIEDERICHS